無框旅人 任性出走

周佳蘭以自助旅行探索世界

作者◎周佳蘭

無框旅人任性出走

——周佳蘭以自助旅行探索世界

目錄

SUPER SOFT ICE
E762 VSW

第二章　竹安的童年往事／作者：邵竹安

第三章　浪闖秘魯

Art Gallery
SAN BLAS
COCA
MUSEUM

（自序）走不同的路，看更寬廣的景

常有人問我：「爲什麼要獨自旅行，有特別願景或目標？」我一向胸無大志又好逸惡勞，做事常憑著浪漫的想像，與直覺的衝動，從未有什麼偉大抱負，爲何努力堅決做一件費力麻煩的事呢？我認眞思索探究……

人生像行走在一座沒有護欄的高架橋樑，由此端到彼端；爲了防止摔落也方便管理，我們從小就被限定行進路線、告誡嚴格規矩，乖順聽話者獲獎勵、違逆抗辯者受責罰，以致大多被教育得聽命服從、不再做夢。

這條限定通道或許安全，但狹窄擁擠、枯燥無趣、限縮視野不見風景。天生好奇質疑的我，總喜歡站在邊界觀望、甚至跨界探索，因而發現了規範之外，還有一大片廣闊的安全空間；只是這片沒有修整的空曠園地，荊棘遍布崎嶇難行，必需自己定位方向、開闢路徑，我在跌撞中看見風景、恐懼中發現欣喜、辛苦中體會自由，孤獨欣賞自己尋見的美好！

如此闖蕩不容於集團管理，恫嚇嚴懲孤立排擠，我固執的挑戰權威，堅信有能力自我掌管。不服管教當然付出代價，貼上「叛逆」標籤。

其實我並沒有滋擾惹事、破壞體制；我遵行社會規範、恪守團體秩序、重禮儀講道理；只是在個人領域堅持自己做主，不接受他人制訂的單一標準、不依別人的價值過日子，不要任何人干涉指揮，管我幾點起床？讀不讀書？是否上班？賺多少錢……

叛逆，不是胡作非爲、逞凶鬥狠，

叛逆，爲了爭取奪回生命主導權，

叛逆，是能力的宣示、負責的態度！

平日生活已經太多妥協配合，旅行還要繼續忍受支配指揮？

找到答案了！對我而言，自由旅行是如此自然與必然！

這樣比較快樂嗎？

生命不能重來、無法比較，只知道每一步都是自己的選擇決定，無論艱辛或平順，沒有卸責怪罪的藉口與權利，我無怨無悔、樂於概括承擔，滿意浪跡旅行串起的精彩人生！

對我而言，旅行不只是遊山玩水看風景，更是一段生命歷程、一種生活態度與一個心情故事。我很少拍照或分享，如果沒有時間、興趣聽我細說故事，看幾張照片是沒有意義的。

秘魯旅行期間，我隨手寫下見聞感動，拜智慧手機之賜即時傳送，沒想到迴響熱烈，朋友們說：宛如身歷其境與我同遊；有時太累幾天沒寫還被催促，驚喜之餘也鼓舞我再接再厲完整紀錄，並集結成冊與大家分享。

一個六十歲嬌小弱女子，獨自浪闖秘魯幾個月？大家好奇不解！

天后總編建議釋疑，鼓勵我寫出過去三十多年的遊歷傳奇。討論過程，美好回憶歷歷在目鮮活湧現，爲了不枉瀟灑走一回，勇敢接受挑戰。

這本書沒有行程建議、景點介紹，不是爲寫作搜集資料而旅行，而是「無框旅人」純粹豪壯「任性出走」的故事！

愛好旅行喜歡新奇的朋友，聽聽不一樣的浪跡趣事吧！

（女兒推薦序）

媽媽的人生比電影還精彩

美國 Bernard's 公司土木工程師　邵竹安

幾個禮拜前跟一些朋友下午茶小聚。我們同年，都是即將滿三十歲的人，面對這個數字說不上憧憬，倒是夾雜點惶恐。

一個對生活要求非常有秩序的朋友拿出一本筆記本，裡面洋洋灑灑寫下一長串她想在三十歲前達成的目標，像是人生的里程碑。

「我想要去北極圈內玩。」她說，眼睛裡閃耀著期盼的晶光。

其他兩個朋友附和著，也開始說起自己的夢幻旅遊國度或形式——荷蘭，秘魯，搭郵輪，跳傘，背包客……

一個朋友反對道，「背包客我現在不行，二十幾歲的時候可能可以，現在要我住 hostels，可能不能天天洗澡，背那麼重的行李一整天，我覺得開始賺錢之後，口味被養刁了。」

然後他們轉向我，因爲我截至此時，都還沒有對這個話題有所發言。並不是我對旅遊沒有熱忱，只是旅遊從來不是我的一個里程碑，它存在我的血液裡，像呼吸一樣自然。

媽媽在我小學的時候就帶我去了極圈內的芬蘭，我們的足跡遍佈各地，走過歐美，闖蕩過東亞。乘過破冰船，搭過郵輪。我十四與十五歲的時候，在媽媽的鼓勵下，獨自參加了兩屆女童軍國際大露營，去愛爾蘭與奧地利當了總共兩個月的小小背包客。自己紮營，自己生火，睡帳棚，住森林。

即使後來媽媽與我分隔兩地，我在美國唸書工作，她在台灣，這樣喜好探索的性格依然深深刻印在我們的靈魂，我一時興起，便決定去跳傘，手頭有點閒錢，便決定去墨西哥。

媽媽也不遑多讓，拜訪我的同時，順道去紐奧良，拉斯維加斯。有時獨行，有時還帶人。但不論如何，都堅持著自己查資料，自己計劃行程，不跟旅行團。兩年前她領隊與阿姨和表姐去希臘，去年更是趁訪美之便，前進不講英語的秘魯，撰寫了這本「無框旅人任性出走」。

「無框旅人任性出走」可不是一本旅遊書，它並不會告訴你走哪條路可以省多少錢，去哪個國家跟哪個旅行團CP值最高。這是一個不甘於小島侷限且熱愛生命的人，把四十年濃縮成一本書，從旅遊解禁，結婚，生子，離異，經歷人生高低潮，卻總是在旅遊中尋找到最純粹的自己的旅人。

每個年紀有屬於自己的迷惘，之於每個人的救贖也不同，對於媽媽，讓她平靜，回歸原點的，莫過旅遊。這本書裡，你看到的不僅止於各國迴異的風采，更感嘆於一個女人勇於前進不受束縛的作風。她人生中的挫折或成就，矛盾或義無反顧，都反射在一次次的旅程，萃取在幾千字的篇幅。

媽媽從沒有想過會將自己的旅遊故事集結成冊，但是我很高興她這麼做了。我老是覺得她的人生比電影還精彩，希望讀者們在閱讀完這本書，也能感受世界之大。

第一章 浪跡回顧

'01 7 19

驚天大案就此展開

從小沈迷於亞森羅蘋、福爾摩斯、白羅的推理世界。

書中城堡貴族、莊園主人總因故獨自外出旅行，短則一、兩個月，長則數年……

不管什麼原因，潛沉改變、逃避放逐、探索追尋、刺激狂歡、甚至任性撒野，總之，一個驚天大案就此展開……

原來，旅行是詭異的佈局，隱藏著錯綜複雜的悲歡離合，是一個旅人心靈深處的秘密故事，多麼深奧難懂，又多麼引人入勝，我隨著書中人物神遊去了！也夢想著寫自己的故事……

長大後才知道，完成這樣的夢想不容易，時間、金錢、膽識、意志、勇氣……

我一向慵懶閒散，夢想多、行動少，只有在做爲徜徉世界的自由旅人，我堅持、努力並完成，旅行不只是遊歷，有我深層的心情故事！

我還要繼續寫故事！

開放觀光第一次出國

在我求學的年代，同學們愛玩各種命理推算遊戲，大家最常問的是：「我有沒有出國命？」當時出國幾乎是不可能的夢想，除了留學、商務考察等特定目的外，政府不允許出國觀光。直到一九七九（民國六十八年），政府才開放出國觀光。以當時物價，到最近的香港，都得花掉幾個月薪水，也沒有週休二日或年假可利用。出國，只能望洋興嘆！

我一九八二年結婚，家族自營公司，經濟狀況穩定；時間、旅費都不是問題了。但是，另一半自己有機會商務出國，對陪我旅行卻毫無意願，也不贊成我獨自遠行；所以，還是可望不可及。其實，爲什麼要出國旅行，我也沒什麼概念，只覺得是時髦的玩意兒，怎能落後於人！於是鍥而不捨、極力遊說，經過兩年威脅利誘、軟硬兼施，終於得到一句話：「只要找得到伴，愛玩就去吧！」

當年旅行風氣不普遍，出國觀光大多是年紀稍長的人，認爲年輕人應以工作爲重，不該玩樂優先；同齡友人不是事業忙碌就是家庭牽絆，有意願也得不到支持。找個同伴，還眞不容易！

我驚覺，這句話——不是同意，而是要我知難而退！我接受溝通、可以講理，但厭惡恫嚇、拒絕愚弄。不再多說，我默默到旅行社報名繳費。直到機場集合，才發現我是一個人參加。木已成舟，有帳回來再算吧！

一九八四年、我第一次出國旅行！矇矇懂懂跟著旅行團，前往菲律賓、香港一星期。一團約十人，導遊帶領、巴士接送，趕場奔波、行程緊湊。去了哪裡？什麼地名？不甚清楚！

然而，馬尼拉市區豪華氣派的飯店、混亂的交通；郊外湍急的溪流泛舟，衝水飆浪、漩渦翻船，急流漂浮、匍匐上岸，新奇刺激！

香港櫥比鱗次的摩天大樓，百貨公司華麗時尚的櫥窗；登上太平山，美麗的夜景，耀眼奪目、璀璨迷人！

兩地不同的風華，開了眼界、觸動心靈；探索的種子，已經悄悄萌芽！

▲繽紛艷麗的 jeepney。

▲乘坐竹筏激流泛舟。

▶香港餐廳紀念照。

泰國旅行意外的衝擊

凡事有一就有二，第二年我仍舊獨自報名參加新加坡、泰國旅遊，雖然又是一番抗爭，但順利多了！先遊新加坡再到泰國，團體行程走馬看花，景點多停留短；每到一處，大家匆忙拍照，證明來過此地。可笑的是，我居然沒有相機可紀錄呢！兩次出國都是爭議中成行，我不會使用家中傳統相機，又不好要買新上市的傻瓜相機。省去了照相，利用那短短的時間，用眼用心、多看多記，也自得其樂。

最後一天在曼谷，吃完午餐，本應搭機返台，但旅行社聯繫失誤，當日沒有機位，只好整團十餘人再回飯店。旅行社補償晚餐及一夜住宿，並由台灣公司通知家人，當時沒有網路，撥打國際電話貴又不便。在 lobby 領隊、導遊極力安撫，但團員們個個面色凝重；年長的叔嬸掛心家人晚餐、中年的兄姊心繫小孩課業，一片愁雲慘霧。

只有我，為多出的一天，興奮不已！一直詢問可以去哪兒玩？在安頓妥當每位團員後，可能看我好奇愛玩，又怕我一人亂跑闖禍，導遊讓我隨行去公司。我們在飯店門口叫了一輛三輪噗噗車，車子在小路間拐繞，行走路線與遊覽車大不相同。沿途店家小舖、飲食攤商，人們揮汗忙碌工作，逛街採買的顧客三五閒聊，廊下孩童追逐嬉鬧，噗噗車司機頻按喇叭與來車打招呼；微風撲面夾著陣陣暑氣，空氣中有熱帶水果的味道……鮮活、生動的日常景象，我在其中！

到了旅行社，領隊們忙著處理機位事宜，我則附近逛逛。這是一條很熱鬧的街道，公司行號間有各式商店，販售商品琳琅滿目，許多我沒見過的衣飾用品、食物蔬果……我好奇的一家一家審視觀看；中秋將至，竟然還有賣中秋月餅呢！

等導遊安排就緒，已是下班時間，連同幾位男女同事一起去一家類似啤酒屋的露天餐廳。道地泰國菜的酸甜辛辣，驚豔了味蕾，四周客人說著我聽不懂的話；迷惑中，眞實的感覺到：我在泰國！閒聊間，略知旅行社作業流程，及機票使用規則，學到一些旅行相關的基本常識。

餐後，有人提議去 disco 舞廳，我樂得跟隨！舞廳裝潢新潮前衛，銀色冷調充滿未來感；客人穿著時髦，還有不少西方面孔。舞台上龐克裝扮的樂團炫技演出，震撼的音樂、激情的嘶吼；舞池裡的人們隨著強烈節奏、熱力勁舞；燈光眩目耀眼、變化閃爍，明滅之間，好似定格卡通，怪誕奇趣！我兩、三年沒到 disco 舞廳了，異國相逢，熟悉、陌生又懷念！大家興致高昂、氣氛熱烈、玩得很 high，深夜才回飯店。

導遊說，這是高級的飯店，有完善的設施：泳池、水療、三溫暖、健身房、回力球場……等，都可免費使用。於是，我捨不得多睡，第二天一早起床，吃過早餐，立刻去體驗每一樣設施。住過這麼多次飯店，都被帶著團體行動，不但沒使用過、甚至不知道有這些設備！中午集合，結束旅程、搭機返台。出乎意料的二十四小時，我像劉姥姥一樣，眼花撩亂！

這奇妙的經歷，我有所感觸。之前旅行，我就像坐在寵物車上的狗狗；讓主人推著遊逛，尊貴呵護、安全舒適；腳不著地，好奇的探頭張望、興奮的揮動吠叫……這一天，車壞了，狗狗自己走。突然發現：路邊的青草、清新芳香，可以翻滾；花叢的蝴蝶、盤旋飛舞，可以追逐；腳髒了，累趴了，但嘗到了追趕跑跳碰的喜悅。什麼皇宮、廟宇、博物館……僅是被牽著匆促一瞥，水過無痕！激起波瀾的是：這意外的一天，嶄新的衝擊，猛烈、深刻！

▲泰國「與虎謀皮」。

▲泰國小艇出海。

▲泰國摩托三輪車。

▼新加坡人力三輪車。

▼潑猴侵犯？!

任性規劃個人旅遊

一九八六年是我旅行值得紀念的一年！

八月，姊姊帶著高一、高三兩個女兒到加拿大蒙特婁讀書，她是公教人員，只能陪同兩周。出發前跟我說，如果有計劃出國，就選擇北美，可彎去看看她們、幫忙安頓。

我和外甥女只差十來歲，自小一起長大、十分親密。什麼「如果」？是「必需」得去一趟！

雞毛當令箭，身懷重任、理直氣壯規劃行程。

找幾家旅行社商討，比價結果：參加美西旅行團，開團體票和購買個人票，價錢差不多，等於賺得十四天免費旅行，於是決定這個方案。

這張機票只需團體出發，不限團體回來，並可用優惠價格延伸北美兩段航程，回程可選美西溫哥華、西雅圖、洛杉磯任一城市啓程。

初步規劃是：隨團出發，由洛杉磯一路北上至溫哥華，行程結束後，脫隊自行前往蒙特婁，一個月後回溫哥華搭機返台。

就在開票與簽證作業中，接到在商船工作的朋友來信，提到十月下旬，輪船將抵達紐約，停留數周；字裏行間傳達了對大都會的憧憬與歌頌，也令我十分嚮往。

十月份，我都已在東岸的蒙特婁了，紐約近在咫尺，爲何不順道過去？我大膽的把回溫哥華的機票改為到紐約！

在通訊不便的年代，這是很冒險的。因為不知友人船期是否變動？停留多久？如何碰面？機票只能延伸兩段，紐約至溫哥華該如何安排？簽證也得從單次入境改為多次入境。

在此同時，洛杉磯親友也邀我前往。這些親友都情同兄姊，因此沒人敢有意見，就隨我意願自由安排。

這下可複雜了，連旅行社都搞混了！大幅更動後的行程是：隨團出發經夏威夷到洛杉磯，北上至溫哥華，脫隊前往蒙特婁；十月底到紐約，回程由洛杉磯出發、在東京轉機回台。而紐約至洛杉磯段，則另外購買單程機票。

但臨出發前，仍無法與船上友人取得聯繫，不知確切停留時間。沒有確定日期，不能購買單程機票，也無法填寫回程日期。

完美計畫突然變得如此薄弱，要不要退回原點？

渴望戰勝了憂慮！

我放棄購買單程機票，到美國再隨機應變吧！而回程日期乾脆開立「OPEN」。

於是九月初，我帶著新買的傻瓜相機、一張沒有額度限制的ＡＥ卡，和一張沒有回程日期的機票，上路追夢了！

夏威夷到溫哥華邊走邊學

跟隨旅行團出發，第一站來到 Honolulu 。一出關，夏威夷女郎為每一位旅客戴上花環，再一句 Aloha 表示歡迎，誠摯熱情！

隨即登上遊覽車市區觀光，一棟棟美侖美奐的飯店互別苗頭、各具特色的露天餐廳互相較勁；穿過一排椰子樹，細白的沙灘上，排列整齊的躺椅和戲水的群眾，熙攘熱鬧；車行速度緩慢，因為穿著泳衣的觀光客，穿梭馬路、遊走車間，一幅歡樂昇平景象。

參觀亞利桑那紀念館時，我對「偷襲珍珠港」的黑白記錄片興趣不大，倒是目不轉睛盯著一身白色制服的美國海軍，一個個英姿煥發、帥氣挺拔，彷彿從電影中走出來！

晚上戶外歌舞show，火炬、鼓聲中，草裙女郎婆娑起舞，嫵媚撩人；微風吹拂，月光、燈光下，椰子樹影搖曳，似在伴舞……

如此浪漫詩意的島嶼，竟然停留不到二十四小時，實在失禮！

第二天一早離開，在車上，當地導遊拿出地圖，介紹夏威夷七個群島。我仔細聆聽、並且要資料，他說沒攜帶但可寄給我，我隨手留了蒙特婁地址。

到了洛杉磯，一團不到十人，所以派來一輛中型巴士，不論市區觀光或公路奔馳，這是未來十天的交通工具。

從洛杉磯、拉斯維加、舊金山……邊玩邊趕路，每個城市、景點都是蜻蜓點水，看似豐

▲夏威夷女郎為旅客獻花。

▲機長特許爬上機翼。

▲墨西哥邊界小鎮騎驢。

▲舊金山金門大橋。

富、卻是空心，但至少見識到美國的無垠廣闊！

團員們到美國各有目的，沿途陸續有人脫隊，到西雅圖只剩五人；分配房間時，我自告奮勇要求單人房。

晚餐後單獨回房，個人空間、恬靜放鬆，享受孤獨片刻；拉開窗簾，一輪明月圓又亮，又是中秋時分，我連續三年中秋節都離家在外！革命成功的喜悅、浪跡江湖的瀟灑，沒有思鄉情愁，只是笑傲得意！

翻閱茶几上的城市介紹，看著地圖、照片、說明，對於白天走過的景區，有較清楚的概念。孤獨讓人清明！

團體旅行從出發的那一刻，所有人都綁一起集體行動。睡覺以外，整日寒暄招呼、進退有禮，沒有獨處靜思時刻；加上行程匆忙，倉促塞進太多訊息，沒時間建檔、沒空間儲存，就自動刪除了。

難怪！旅行結束、印象模糊！花錢、花時間，只是昭告到此一遊？值得嗎？

我思索著旅行的意義？我要的是什麼？

走出房間四處參觀，在 lobby 看到很多 local tour 資訊。專心研究時，飯店人員主動過來詢問是否需要旅遊服務，並詳細介紹：有半日、全日、多日，城區、郊區，知性、野性……各種選擇；最後還給我一張城市地圖，畫出知名景點，告訴我如何前往。

非常感謝他熱心教我一課。這次用不上，但我知道，對即將的獨行，是最棒的教育！

獨自單飛前往蒙特婁

團體旅行最後一天，我們在溫哥華機場分手，團員們回台灣，我前往蒙特婁。

獨自一人拎著行李，站在偌大陌生的機場，我以為我會害怕；但是，沒有！反而覺得釋放！沒有時間興奮或恐懼，我得自己辦理登機手續。第一次操作生疏笨拙，但服務人員耐心和氣，協助我掛運行李、挑選舒適座位，這是團體旅行享受不到的權益！

到達蒙特婁，與久別的外甥女相見，大家都激動欣喜。回家一看，除了床與書桌，家徒四壁；打開冰箱，餅乾、冰淇淋以外，空無一物。怪不得，姊姊交代要陪同添置家具。

看來，我們三人都得努力學習新生活！

首先，我到 downtown 的豪華飯店，取得旅遊介紹、城市地圖和交通指南。根據這些資料，搭乘 subway 或公車，一區一區造訪。

蒙特婁是法語區，有法式的從容優雅，人民活潑友善。當我佇足街頭，尋找方向時，總有人主動相助，不但清楚指示，甚至直接帶領前往；知道我是初來乍到，更熱心介紹當地美食、景點特色。在超市賣場，疑惑的看著食材用具，不知如何挑選？服務人員或其他顧客好心解說，關鍵字加肢體語言，務必比劃到我明白。結帳時，不清楚流程、搞不懂貨幣，收銀員費心點收、耗時良久；我深感抱歉，但後面等待長龍，沒有不耐催促，而是微笑鼓勵。處處流露的關愛溫情，令人感動不已！

晚上帶回滿滿食物，和外甥女一起練習烹煮，失敗中求進步；周末一起逛 mall，購買電視、餐桌等大型家具，並自己接線組裝……

迥異的生活方式，新鮮有趣，天天有驚奇、日日都喜悅！

我像海綿一樣努力吸收，逐漸熟悉後就出城跨區旅行，踏足渥太華等鄰近城市、及周邊度假勝地。大眾運輸可達的自行前往，交通不便的就參加 tour。

這當中度過了感恩節，才知道加拿大的感恩節是十月的第二個星期一。生活旅行學習到的民俗文化、地理景觀，印象深刻，甚於讀萬卷書。更難忘與外甥女們共同闖蕩探遊的美好時光！

十月，滿城楓紅、美的夢幻；厚厚的落葉、柔軟如地毯，踩在上面、沙沙作響；我用遊客的心情融入在地生活，大街小巷、愜意散步；走累了，找家咖啡館放鬆一下，欣賞街頭景象、觀察往來行人，爲他們編織故事。

香醇咖啡與精緻糕餅，是視覺、味覺的完美遇見！我迷醉在沒聽過的音樂、不了解的語言中，領悟出自己想要的旅行方向……

旅行不只是遊山玩水看風景，更要有人文交流。缺少人的互動，風景不過是天地布幕；反之，則更顯靈氣神韻！旅行是「過」不同的生活；伸手觸摸，才知道溫度！

美好日子轉瞬即逝，打包行李時，收到夏威夷導遊寄來的旅遊資料，厚厚一疊、精美詳盡，我放入旅行箱。

十月底，淚眼婆娑中與外甥女不捨分離，踏上下一段未知的旅程！

▲紐約萬聖節鬼怪出沒。

▲蒙特婁地鐵。

▲無預警嚇人驚恐又好玩。

▲渥太華火車站。

▲黑色嘉年華，恐怖又歡樂。

▲楓紅、落葉、街頭藝人。

群魔亂舞萬聖節在紐約

紐約，是整趟旅程中最不可測的部分。

由於出發前都無法與船上友人取得聯絡，只好寄封信告知到達班機、時間。不知是否收到？輪船如期在紐約嗎？會不會來接機？雖然有蒙特婁經驗，知道應變處理，仍是七上八下。

當一到出口，看到朋友，眞是喜出望外！

我們住到另一位剛落腳紐約的朋友家。是一間倉庫改裝的公寓，位於二樓；有高高的天花板，除了衛浴以外，全無隔間，顯得開闊寬敞；僅靠家具擺放做區隔、簡單實用；裸露的管線與風霜的磚牆、斑駁但乾淨；沒有燈罩的燈泡發出昏黃光線，粗獷、豪邁的工業風。

我們各據一個沙發，來個 couch surfing！

隔兩天是萬聖節，有數萬人參與的盛大遊行。我們下午就到會場，綿延幾條街的管制區，已經擠滿人潮。搞怪變裝的群眾與維持秩序的警察，歡慶的樂聲和餐車飄出的陣陣香味，宛如遊樂場！我們找到理想位置，拿出預備的食物，邊吃邊聊等待，好像 picnic；旁邊群眾自發性的玩起遊戲，邀我們加入同樂，氣氛熱烈開懷，看見美國人的熱情開放！

越晚人越多，擠得寸步難移；電線桿、鷹架上爬滿人群，兩旁窗戶、屋頂黑壓壓一片。

晚上，遊行隊伍熱鬧登場，巫婆、精靈，狼人、吸血鬼，骷髏頭、木乃伊……群魔亂舞、鬼怪橫行；陰森恐怖又充滿歡樂，怪誕詭譎的黑色嘉年華，正悄悄滲入人們的靈魂……

長長隊伍沒有盡頭，創意無限、顛覆想像，數小時後才全部通過；我們混入人群，跟隨隊伍吶喊前行！深夜，遊行結束、人群不散。附近酒吧、咖啡館人聲鼎沸，街頭滿是嬉鬧人群；隨時有妖魔鬼怪冒出嚇人，驚呼聲此起彼落；大家樂得被整，情緒沸騰的玩著「死亡遊戲」。這是地獄死靈的夜晚，瘋狂撒野沒有極限！

狂歡之後、回到現實，我到洛杉磯機票還沒處理呢！邊逛街邊找航空公司。或許還沈浸在昨日的玩樂氣氛，購買餐車熱狗時；不知怎麼開始的，朋友竟然和一位很有藝術家氣質的 homeless 聊起來，還多買一份熱狗請他。閒話中，談到要找旅行社買機票；他說，到洛杉磯不一定搭飛機，也可以坐長途巴士或火車……

火車！乘載著多少悲歡離合、多少糾結情仇，滄桑夢斷又希望無窮，過去的了斷、未來的憧憬……，一語驚醒夢中人！我道謝後，立刻衝到中央車站買了一張臥鋪火車票！

搞定了交通，心情放鬆。搭著地鐵，各區隨興踩街。

奢靡的時尚精品、華美貴氣，價格令人瞠目結舌；收藏豐富的博物館、美術館，包羅萬象的展品，傳統、現代，古典、前衛，穿越時空相逢。高聳入雲的大樓拔地而起，是宏偉氣派的水泥叢林；綠意盎然的中央公園、悠然閑靜像城市綠洲。百貨公司商品琳琅滿目、跳蚤市場尋物挖寶，目不暇給、各有趣味。百老匯經典音樂劇、街頭藝人遊唱耍技，不同風格、一樣精彩。衣著筆挺的華爾街多金人士，長髮亂鬚、蓬頭垢面的街頭遊民……

自由女神高舉火炬，冷眼凝看世態炎涼。極大的反差，說明了紐約的多元自由！

我慶幸當時一意孤行，豐富了閱讀的眼。十天後，與友人分手，各自奔向下一站！

四天三夜搭火車橫越美國

世界最大的火車站——紐約中央車站，根本就是個迷宮。我到處詢問往洛杉磯的列車，卻無人知曉，只好到服務中心尋求協助。經過說明才知道：美國幅員遼闊，火車分好幾線，匯集到一些大城市再調度轉換。

雖然我的車票終點站是洛杉磯，但是目前要搭的是東線火車——紐約到芝加哥！原來如此，難怪問不出結果。

在迷魂陣中，能正確搭上火車，我都佩服自己！

列車上，服務人員介紹環境：臥鋪車廂有免費飲料吧、寬敞的衛浴間，並且包含三餐。進入房間，門的另一側細狹空間，剛好放置旅行箱；上面是置物櫃，整齊擺放毛巾等盥洗衛生用品；最上層則是衣櫥；旁邊有一個櫥櫃式的小桌子。正前方整片玻璃窗戶，兩旁各有一張舒適座椅，中間是活動的摺疊桌。

麻雀雖小，五臟俱全！只是，床呢？

服務人員說，需要時按鈴就會來鋪床。我心急欲知，請他直接鋪床。

就像變形金剛：立櫃桌面掀起吊掛壁上，是一面鏡子，櫃子是隱藏式的洗漱台，還放著肥皂及杯子。窗邊兩張椅子往中間靠攏、椅背攤平，即是一張床；天花板斜掛的板子拉下，就是上鋪。枕頭、毯子、床頭燈一應俱全，簡直變魔術！

完美的巧思設計，令人讚嘆！

這是兩人房，幸運的只有我一位旅客。所以請他保留上鋪，下鋪恢復成兩張椅子，讓空間寬敞舒適。鋪設妥當、鎖上房門，在這屬於個人的小巧房間，到處摸摸看看、上上下下攀爬、兩張座椅隨意變換躺臥，興奮難以言喻！

火車開動，隨著窗外景物變化，各種電影情節一一浮現，文藝的、驚悚的、打鬥的……行動旅館正在飛奔，心中澎湃洶湧，有種脫離常軌，解放的暢快！

中午到餐車（dining car），這可不是飛機上的加熱簡餐；而是主廚現做、侍者服務的典雅高級餐廳。由於座位有限又全是四人桌，服務人員帶位併桌。

同桌有一對白髮老夫婦、和一位單獨旅行的年輕男士。與陌生人同桌共餐，起初很不自在；然而美國人擅於社交、風趣幽默又健談，適當貼切的問候，氣氛輕鬆自然。

▲餐車精緻美食，窗外細雪美景。

我那單字拼湊的聱腳英語，在台灣常被當笑話，在此卻受到鼓勵；老先生甚至對四周旅客說：「這兒有位勇敢的東方女孩，她會說我們的話，而我不會說她的話。」大家鼓掌稱許，我的自卑轉爲驕傲與感激，反而流暢許多。

菜單種類繁多，牛排、海鮮任選。前菜到甜點飲料，全套餐點豐盛美味；火車上，如此奢華饗宴，出乎預期！

每個人旅行目的不同，老夫婦到紐約探視兒孫，現在返回芝加哥；年輕男士是小提琴手，要到洛杉磯試鏡，怪不得這麼帥！我們相談甚歡，相約晚餐再續。

餐後看到帥哥付帳，才知道普通車廂（coach）旅客，用餐需另外付費。我瞄了一下帳單，眞不便宜呢！

隨後我參觀列車，餐車的下一節是簡餐檯（snack car），販售三明治、披薩、糕餅、飲料等。再往前走，哇！眼睛一亮，漂亮的景觀車廂（lounge car）！整片玻璃由地面延伸至車頂，椅子面向窗戶，景色一覽無遺。白天晴空下白雲微笑、夜晚黑暗中星星眨眼，一杯酒或咖啡、對影成三人，何等飄逸豪放！

我也好奇的參觀普通車廂，座位相當寬敞，椅背可調整近乎平躺、前方腳踏板調高，像飛機的商務艙；美國火車不劃位、乘客也不多，幾乎都是一個人使用兩個座位，和台灣一票難求、甚至還有站票大相逕庭。

看來買不買臥鋪票沒什麼差別，除了睡覺，大家幾乎都在餐車或景觀車聊天。

第二天到芝加哥，停留六小時，所有旅客都得下車。我以爲要換車廂，其實不用，而是直接整節車廂換軌。難怪不限定座位，但車廂絕對不能更換。

所以等會兒上車，是不同月台、不同車次、連服務人員也換班，一定要核對車廂編號；芝加哥聯合車站歷史悠久、也是個大迷宮，稍不注意就會搭錯車。珊卓．布拉克和班．安佛列克主演的「觸電之旅」就描述這樣的烏龍窘境，應該眞實發生過吧?!

和老夫婦告別，他們叮嚀音樂家要照顧我，以免搭錯車。萍水相逢的溫情，令人感動。

再度上車，不同旅客、不同工作人員，但車上唯一的東方人，依然很快受到關注。西方民族，或許不容易深入交談，但他們對陌生人的善意友好，直接坦率；只要願意敞開心胸、學習接受，會感受到濃濃溫暖。

不同於搭飛機，每個人被安全帶綑綁在狹小座椅，封閉冷漠、無視彼此，只盡力保護那僅有的空間不被侵犯；而火車上的陌生人，關懷問候、談笑風生，很快成爲旅途遊伴。

在幾個停留較久的大城市，芝加哥、丹佛、鹽湖城、拉斯維加斯等，都有車上乘客帶我周邊漫遊、導覽參觀。

一個人旅行，孤獨並不寂寞！

從白雪皚皚的山林小溪、到一望無際的平原田地，深邃的巨石峽谷、到枯黃的炙熱沙漠；不同風貌、旖麗多變。

火車之旅奔放快意！

四天三夜，抵達洛杉磯。

不會開車一樣暢行洛杉磯

「天使之城」洛杉磯，我住在如同兄嫂的親友家，備受關照寵愛。他們白天上班，晚上帶我到處品嚐美食；quiche、pasta、lasagna 等，至今都是我追尋的經典美味；懷念那月光下、海岸邊的餐廳，幽雅的用餐環境、三分牛排軟嫩多汁的口感，是此後不能妥協的堅持！

假日開車出城旅遊，哥哥博學多聞，從各種層面領我進入美國文化、嫂嫂詼諧風趣，是我學習與人相處的最佳榜樣。

洛杉磯高速公路網便捷發達，幾乎人人以車代步；大眾運輸反而不是很方便，路線少、班距長，往往一、兩個鐘頭才一班。儘管如此，想出門還是得學習搭公車。

離家十多分鐘有一公車站牌，可直達 downtown。哥哥教我出門前，先打電話到公車服務中心，詢問發車及到站時間，大約估算後才出門候車，以免浪費時間、焦急空等；更要問清楚回程最後班次，因爲七、八點早早收班，錯過就回不了家。

服務人員態度很好，聽我英文就知道是初來的外國人，更是耐心、仔細解答，也一再叮嚀不要錯過末班車。試搭幾次，順利掌握時間，downtown 不但摸熟，還發現其他路線可轉乘延伸至更遠地區。我觸類旁通，出門前打電話到服務中心查詢更多轉乘資料，並一一紀錄。服務人員熱心詳細告知，幾天下來，電話中彼此熟識，他乾脆直接問我想去哪兒，再幫我安排轉乘路線；有時更建議一些值得參訪的景點。他似乎每天都在等我打電話呢！

◀LA警察送的加州警徽。

雖然麻煩，但在「沒有車等於沒有腳」的城市，找到助行器，一樣暢行無阻，覺得開心驕傲。只是當時哥哥家的電話費一定很貴，哈哈！謝謝啦！

就這樣，好萊塢、比佛利山莊、長堤瑪麗皇后號……等逐一拜訪。我時間充裕又不趕行程，一片樹葉飄落、幾隻海鷗搶食，都讓我佇足觀察良久，龜速慢行更能專注細微瑣事；一隻大狗搖尾示好、路過行人寒暄問候，置身度外的旁觀異客更有機會感受人情溫度。

有次晚上六點多，我在一棟大樓外等末班車。過了預定時間車仍未到，不知錯過了還是塞車延遲？我問大樓管理員是否看到公車經過？他熱心的幫我打電話查詢，確定是嚴重塞車，大約要再等半小時。於是邀我進大樓

▲巨大的仙人掌公園。

▲1984 LA奧運場館。

等候以避免汽車廢氣，還請我喝咖啡、陪我從玻璃門往外看，直到公車到站、送我上車。

另一次在大學校園，也是趕搭最後一班車。校區廣大、迷失方向，問一位巡邏警察，他看看時間說：「走路一定來不及，上車吧！我載妳去。」

到了路口，卻看到末班車呼嘯而過！我懊惱著急、不知所措，員警好心安慰說：「這樣吧！我一小時後下班，載妳回去。」不勝感激！我在警車上，像個出巡女王，陪同視察一小時；還送我一枚洛杉磯警察徽章呢！回到家已經很晚了，兄嫂耽心的在門口等，看到警車送回，還以爲出了什麼事呢！

這個讓人著迷的「天使之城」，沒有批判論斷、沒有指指點點，沒有人指揮妳該怎麼做、或告誡妳什麼不能做；只要誠實勇敢做自己。在這裡，我感覺相當自在放鬆、如魚得水。嫂嫂笑說，我上輩子應是西方人投胎的。但這輩子，畢竟不是我歸屬之地；終究得離開！

由於回台機票未訂日期，我到航空公司劃位。一進門，大大的海報寫著：

「洛杉磯——夏威夷，單程機票特惠價，US$99！」。

我想起夏威夷導遊寄來的旅遊資料，詩情畫意又冒險刺激，心動了！然而機票載明必需由西岸城市出發，詢問櫃台人員，也說無法變更。

海報像一幅幻術圖畫，令我迷惑不能自拔，情不自禁買了一張單程機票！

回家告訴兄嫂這個轉折。嫂嫂爽快的說：「沒關係先去再說，萬一不能在夏威夷搭機，就買張單程票回來吧！」

眞感謝這積極鼓勵的答案！吃了定心丸，開始預訂飯店、規劃行程。同時打電話告知台北家人，下一站：不是回家，是夏威夷！

下一站：不是回家，是夏威夷

三個月後再度來到 Honolulu 。不是旅行團，沒有美女獻花；但飯店附帶接機，來了一位帥哥、開著跑車迎接。飯店位置很好，前面是熱鬧的主街、後面直通 Waikiki 海灘。每天早餐提供水果爲主的豐盛 buffet ，各種熱帶水果繽紛排開、鮮豔欲滴，精緻切工擺盤，華麗大氣、誘人垂涎。

我選擇面海的座位，悠閒用餐也掃描周邊環境：幾個東方女孩在大傘下互相擦防曬油，傳出愉悅笑聲；西方女郎則穿著比基尼，一個個躺在沙灘上日光浴、享受陽光與孤獨；有人拚命挖坑，再把自己埋進沙堆中；另一群人陶侃搬「沙」，努力堆砌蓋碉堡；海面上，有帥氣炫技的衝浪客；也有不敵浪襲的落水者……我像個出任務的偵探，不放過一絲線索，連海浪翻騰、雲朵飄移都仔細監看。隔兩桌有位頭髮略微花白、看起來斯文和藹的日本歐吉桑，對我微笑並舉杯致意，我禮貌回應。他是否也在偵查什麼?我們彼此監視嗎?

我持續警戒，深怕錯過任何蛛絲馬跡。突然看到一個不協調的畫面：一個穿著襯衫、長褲、皮鞋的男人，戴著深色墨鏡、手拿一根長長杖子，低頭蹣跚、在沙灘上邊走邊挖。

起初我以爲是位盲人，但挖掘動作俐落、似乎在尋找東西，就這樣來來回回走了好幾趟。

怪異行徑喚起我偵探靈魂，難道眞有驚世疑案?!欲解謎團，直接詢問服務人員。

原來，這個“fall in love”的浪漫之島，很多人到此定終身或度蜜月，都會配戴貴重定情飾物。沙灘戲水，一不小心很容易滑落，淹沒白色細沙中。主人可能根本沒發現，或者發現了，來不及找回就得離開。眼前這個人，手裡拿著金屬探測器，正在搜尋這些無主寶物。聽說收獲頗爲豐富呢！因地興起的特殊行業，哈哈！他是「拾荒者」？還是「掏金客」？

隨後我遊逛大街，整個區域熱鬧非凡，餐廳、酒吧林立，遊人如織。這次我不是枯坐車內、隔窗翹盼的好奇乘客，而是手拿冰淇淋、招搖過街，迫使汽車緩速慢行的街頭霸王！

十二月的夏威夷，豔陽依舊高照、海風清涼吹拂、舒爽怡人；步調悠閒慵懶、散發濃濃的度假氣氛。放鬆悠活氛圍下，人們卸下武裝面具，更是友好和善；沿路逢人就一句“aloha”互相招呼，好像相識滿天下。夏威夷日裔居民很多，日本遊客更是絡繹不絕，因爲說日文就能通。無論在大型商場、或小店市集，我都被當成日本人。幾天下來，我已可分辨：穿著輕便夏威夷衫、口說流利英語的是日裔本地人，而襯衫筆挺、嚴謹有禮、英語結巴的就是日本觀光客。

黃昏時遊客蜂湧到海灘，看著夕陽從強烈耀眼、到金黃柔和，在海天一片絢爛之際、在不經意的 aloha 聲中，悄悄沈入海底……一陣驚嘆譁然、大家抒發感受，因而認識了一群來自不同國家的背包客。此後幾天，我們經常相約共遊。坐公車遠離觀光區，到一般社區的超市、小館，採買物美價廉的在地用品、食物；有時隨著他們騎摩托車，奔馳在濱海公路，太平洋旖旎風光盡收眼底，路邊草亭喝著新鮮現打的熱帶水果汁、小鎮餐廳吃著香醇濃郁的傳統牛尾湯……

恣意暢快、念念不忘！旅行可以不同、多樣。背包客們以經濟實惠的方式、深入道地的探索、豪情無懼的闖蕩，是一種勇敢、極致的奢華！

不過，看過他們住的「hostel」，我很慶幸又感恩的回自己的「hotel」。

盡情玩樂中，有個小小煩惱——回台機票仍懸而未決。最後只好請上次認識、會說中文的導遊幫忙處理；希望能直接從夏威夷出發，就算需補差額、只要不高於回洛杉磯的單程機

▲帥哥演員邀請上台。

▲飯店跑車接送。

▲三輪車遊市區。

▼坐船出海，絢爛晚霞。

票，都可接受。等待的同時，我參加了五天的 island hopping tour，到Maui 及Hawaii（The big island）。車子來接時，發現每天彼此監視的日本阿伯也同行，突然覺得親切熱絡。我們寫漢字加比手畫腳，也相談甚歡。其他旅客以爲是父女同遊呢！

Maui 海灘寧靜許多，不管搭船出海或近灘水邊，隨意探頭入水裡，就可看到大大的海龜與成群的熱帶魚，眞是驚喜連連的難忘經驗！

來這兩個島嶼，除了水上活動，最主要是參觀火山國家公園。Maui 是休眠火山。開車登上一萬英呎的山頂，舉目望去一片褐黑、荒蕪、寸草不生，宛如月球表面。火山口像被隕石砸中、圓弧凹陷如巨大湯碗；四周霧氣瀰漫上騰、朵朵白雲圍繞下探，雲霧交纏、沒有界線；地面是大小不一的黑色石礫、崎嶇顚簸，走在上面如同行在雲端，小心翼翼、深怕稍一不愼掉落地心、萬劫不復……天地悠悠、遼闊蒼茫，彷彿置身混沌，離世隔絕、憂傷悲涼。

The big island 更是嘆爲觀止，是座會噴發的活火山；熾熱冒煙的火山熔岩滾滾流動，銳不可當往下奔竄，直到遇見冰冷海水。冰與火的撞擊，冒出陣陣白色蒸汽，猶如戰場上的騰騰殺氣；紅色岩漿前仆後繼、汩汩不絕，藍色海水不甘示弱、翻騰興浪；永不休止的戰爭，讓島嶼不斷增大。相對於冰火較勁的驚心動魄，不遠處火山泥沙形成的黑色沙灘，成群海龜攤在岸邊曬太陽、平靜祥和，讓人對平日的庸碌有新的省思。

Tour 結束、回到飯店，櫃台人員轉交一份旅行社留置的文件。我立即拆看：一張夏威夷往東京的機票，而且不用加價，太棒了！最後一天早餐，我一樣凝視著沙灘上的一舉一動；想著第一天剛到的歡欣雀躍，而今奇幻旅程結束，回歸平淡日常，說不出傷感悵然……跟日本歐吉桑告別，跑車帥哥相送到機場。上次不到二十四小時旋風粗魯，我以兩個星期致意回敬！

搭頭等艙入境東京

機場 check in，服務人員說了一大串注意事項。我似懂非懂，只知道幾個重點：

一、必需在東京轉機。

二、東京——台北航段暫不劃位，一到東京，立刻到航空公司櫃台報到。

三、行李只寄送到東京，到達後務必要提領。

登機時，空服員看了我的登機證，主動帶領入座。是駕駛艙後面前窄後寬的梯形區域，前兩排只有左右兩個大座椅、第三排是三個獨立座位、四排以後是左右兩個相連座位，空間寬敞、隱密。我是第二排的獨立座位，椅子大如沙發，還可像按摩椅一樣前後攤平，坐臥都舒服。

好棒的位子！心想：以後搭機要早點到機場 check in，好要求劃此區位。用餐時，有多種選擇，空服員一道一道上餐。難道是飛往東京，提供日式風格的細緻服務？

到達東京，航空公司櫃台有說中文的服務員，經過解釋、終於明白。原來，夏威夷至東京機票是頭等艙！怪不得座位舒適、服務周到。

土包子！還想以後都指定這個區位。謝謝夏威夷導遊，不知怎麼辦到的?!

不過，東京至台北航段仍是經濟艙；由於是連續航程，若有空位可安排升等。

我懂了！這就是夏威夷沒有預先劃位的原因。當時一直問我是否到東京再決定，我一知半解、胡亂回應……

當然要升等嘍！但得等隔天班機，如此一來就得入境過夜，而我沒有簽證！服務員看一下我的護照說：「使用台灣護照可以申請九十六小時落地簽證。」

眞的?!二話不說，立刻辦理落地簽證，並且預訂四天後機位，頭等艙喔！

太爽了！這好像吃完牛排大餐，主廚加送巧克力伴手禮，意外驚喜、欣然接受啦！

雖是完全沒有計畫的旅程，幾個月來的磨練，身經百戰無所懼了！請航空公司代訂飯店，我自行尋找交通工具。搭乘機場巴士到市區，拎著行李、看著地圖、邊問邊找，抵達飯店已近深夜，覺得自己像個英雄！只有三天、時間寶貴，我快速做了安排。

第一天搭地鐵市區觀光，新宿、淺草，皇宮、鐵塔……等。東京人多擁擠、行色匆匆，和夏威夷的悠閒氣氛大異其趣。適逢周末，銀座地區封街只供行人徒步，街頭成了咖啡座和藝人表演場所，讓緊張的步調有一絲舒緩空間。夏威夷有很多日本人，在這兒卻看到不少西方人。不畏遙遠阻隔，探索異地的熱情，是人們共同的渴望！

第二天搭新幹線到箱根，這是東京近郊名勝景點，風光明媚、環境優美，湖泊、火山、溫泉公園。走在曲折蜿蜒的山路，綠樹掩映下的傳統日式房舍，和新北投山區幾分相似，只是放大許多。難怪日本人對新北投情有獨鍾！

第三天參加 local tour 遊日光，guide 活潑、幽默帶動大家互相介紹認識，氣氛熱絡。車上都是西方人，很高興看到一位東方面孔，是新加坡人，可惜不會說華語。

山上很冷，旅程突然、準備不周，穿上最厚衣物仍不足禦寒。尤其在瀑布旁，水花噴濺、細雪輕飄，銀白美麗但冰凍水寒，冷得瑟瑟發抖。一位先生好心把他的外套借我，頓時身心溫暖，對於西方紳士的風度禮貌，無限感激！

我喜歡參加國際旅行團。西方人旅行比較注重休閒度假，而非景點數量。所以不趕行程，玩得輕鬆愜意。並且各國人士齊聚，可觀察不同文化與生活習慣。參觀名勝古蹟同時，等於多一趟免費、生動的人文之旅，更增加旅行的寬度。白天郊外踏青，晚上也捨不得休息，每天夜遊至深夜。天上掉下來的禮物，每一分鐘都珍貴！

最後一天，我向台北家人保證，一定如期回家。不管多隨性、率性、任性，飛機直飛，不會再有奇蹟！四個月後回到台北，這段期間：

圓山動物園變成了木柵動物園；台灣民主大躍進，民進黨成立。

而我，也爲旅行訂立了標竿！

▼▲日光一日遊。

▲山上很冷，好心的老外借我外套。

懷孕仍要周遊韓國

隔年懷孕了！看到周遭朋友因小孩綑綁，好似身陷囹圄，既期待又怕受傷害。趁行動尚俐落時，來個告別「單身」之旅吧！

家人堅持不能單獨旅行，我是通理的人，努力尋找同伴。剛好一位朋友工作轉換，有一個月空檔，想嘗試自助旅行，正在找伴去韓國。我沒有特定目的，只是想出走聊慰，於是一拍即合，著手準備。

原本安排二十天，由首爾一路南下，經釜山到濟州島。籌劃中，朋友說前公司兩位同事，很有興趣、希望同行。我見過她們、不是很熟，但何妨呢！四個人正好一部計程車，why not？

哪知道！開始訂票訂房時才發現，豈止多兩位？而是包括她們的親友們總共六位，而且彼此都不認識！

同時各種聲音出現：有人覺得二十天太長，有人不放心自由行，有人對預算有意見，有人看景點不滿意……人數眾多、互不熟識、溝通不易，何況我成了少數！從主導變配合。

幾經折衝，時間縮短爲兩周；路線景點計畫好，交由旅行社安排交通食宿。也好，有規範遵循；否則，意見紛雜難以擺平。

發展至此，完全變調走樣！還要參加嗎？進退兩難！朋友深覺過意不去、一再致歉，我也無言。騎虎難下、硬著頭皮走下去，至少是「半」自助。

這是一個沒有領隊隨行的旅行團，得自己辦理登機、出入境手續。對於沒有經驗的同伴，已是相當挑戰！如同我在溫哥華機場的第一次，緊張慌亂。但一個人容易獲得關照禮遇，一群人則依照流程、自行摸索解決。我盡力協助，了解旅行業者的辛苦，也慶幸當時決定由旅行社處理。否則，未來兩周，出現各種疑難雜症，我無能也不想負責。

到達首爾，有中文導遊接機，開始參觀行程。旅行社與當地旅遊業都有配合，所謂「客製化行程」，其實是制式路線加幾個指定景點，催眠一下。所以，每到一地，下車走一圈、拍照留念，上車繼續下一站……中規中矩、平鋪直敘，像沒有劇情的紀錄片。

其實前往過程與抵達目的一樣多彩繽紛。西遊記引人入勝，在於旅途中的驚險傳奇，襯托抵達時的功德圓滿。如果沒有這些精彩歷程，取經只是平淡無奇的出使任務。

幾天下來，重複的到達與離開，沒有過程、不必認眞，顯得漫不經心。

而同行遊伴也像紅花綠葉相配，影響旅行色彩。假設唐三藏率領一群和尚前往取經，暮鼓晨鐘、早晚誦經，讀來一定枯燥乏味；而孫悟空、豬八戒、沙悟淨等反差活寶相隨，讓旅程驚奇生動、高潮迭起！

過去參加國際旅行團，不同國家旅客齊聚一堂、人文薈萃，旅程未開始已先豐富閱歷；而語言隔閡、文化差異，更讓人聚精會神，熱心專注任何變化。

台灣團體和中文導遊，因相同邏輯、一致想法，經常是一樣的笑話、甚至一樣的抱怨；窗外景色不同，車內思維不變，沒有新奇刺激，大家意興闌珊，上車睡覺了！

缺少衝撞謀和的趣味省思，名勝古蹟顯得貧乏單調！

以旅行社的慣性安排，每個景點只需走、看一圈，不用多留靜思冥想喝咖啡時刻；行程快

韓國留影經典紀念

速緊湊，韓國本土旅行匆匆結束，剩餘時間通通放到濟州島。

無心插柳得到我喜歡的悠閒步調和經歷體驗，反而對濟州島留下深刻印象。火山運動形成的島嶼，爬了一段山路到達火山口。和夏威夷一樣像個巨型湯碗，只是噴發年代久遠，已經長滿綠草，看不到任何冷卻的岩漿石礫；沒有天崩地裂的震懾驚悚，而是綠野平疇的安逸恬靜。

海邊小漁港，漁民在嶙峋的礁石邊擺放小炭爐及簡單鍋具。海女下水捕魚，撈上岸直接烹煮；一口咬下，鹹香海水湯汁與新鮮Q彈魚貝，滑嫩入喉，純粹的原汁鮮味，是極簡的奢華。

我在岸邊學樣捕撈，卻一無所獲；年長漁民示範幫忙，笑聲在海浪拍打中迴盪；這裡不需語言，已感受淳樸良善。

我樂在其中，卻聽到有同伴抱怨無聊。

是的，這是個無奈！每個人興趣、喜好不同，但團體旅行的安排是採取最大公約數，就像運動會的T-shirt，不管燕瘦環肥，只有一個size；幸運的勉強合身，其他人只好將就。

穿衣服注重個人風格，旅行也應該有自己個性。

如果找不到合宜的尺寸，就學做衣服吧！已經會做的呢……

對於旅行，我曾設立標竿；寧缺勿濫、無法妥協。

回不去了，也不想回去！

此行的領悟是：沒有志同道合的夥伴，寧可獨行、甚至不去，不能遷就！

另外，值得紀念的是：日後我對女兒說，妳可以大言不慚的昭告全世界「我打從娘胎就開始旅行」！

帶著三歲小孩新加坡自由行

全職媽媽是辛酸的，尤其爸爸總是缺席時。我像 7-11，一天二十四小時、全年無休，日夜獨自面對小孩，手銬相鎖，不知道什麼叫「個人」？

一個海闊天空的玩咖，不怕身體疲累勞碌；但對幾乎囚禁的生活，覺得苦悶窒息。

由於沒經驗又求好心切，一絲不苟照書養；偏偏女兒個性鮮明、倔強不妥協，經常一大一小劍拔弩張、互相對峙。那段日子，崩潰多於欣慰！沒幫手、沒社交，自閉的生活失去了夢想與盼望；只在偶爾翻閱過去旅行照片，靈魂出竅追憶時，證明曾經活過！

直到小孩上幼稚園，儘管只有短短六小時，有如大旱望之雲霓。同時認識老師和家長，再度走入人群，才慢慢回神，有了想像與追求。

我覺得需要休息充電。和爸爸商量，希望幫忙照顧小孩幾天，我放假出去走走。居然，斷然拒絕！蟄伏三年、一周休假，竟然不得？情以何堪！人權何在？

雖然憤怒錯愕，但小孩實在無人可託。只好委屈求全、退而求其次，邀請爸爸一起出國旅行。搬出所有冠冕堂皇道理：擴展孩子世界觀、增進親子關係……等，大概被我「盧」得受不了，鬆口說：「隨便！」隨便=同意，不是嗎？我立刻著手進行。

我們個性南轅北轍，我好奇求新、對陌生事務興趣盎然；他傳統守舊、喜歡留在習慣安全的舒適圈。因此不能太冒險挑戰，於是選擇距離不算遠、語言文化相近的新加坡。城市不大，我曾經去過、略有印象，不致因摸索探路而不快。我告知計畫，不置可否；開票確認，也沒反對。卻在出門前兩天，打包行李時大發脾氣。說他從未答應，都是我獨斷獨行設下圈套。我也被激怒了！把機票、護照還給他。隨便啦！反正錢都付了，愛去不去由你！

結果出發當天，大家心不甘情不願，帶著滿腔怒火搭機。

台北陰雨綿綿的冬日，看到新加坡溫暖和煦的陽光，情緒和緩許多。我沒特別安排活動，知道爸爸只會在飯店睡覺。爲了和諧度假，小心翼翼、不踩紅線！好在我一向認爲，旅行不是只爲「看」名勝古蹟，更喜歡「過」不同生活。身在陌生的環境，轉換新思維，重燃生命熱力。所以每天睡到自然醒，我帶著女兒飯店附近玩樂。只要是不熟悉的景物，我都覺得新奇有趣、興致勃勃。等爸爸爽的時候，再一起去較遠的景點。遊動物園、逛虎豹別墅，戲水東海岸、夜訪聖淘沙……倒也相安無事、平和愉快！

爸爸從沒有這麼長時間陪我們，可能感到無聊沈悶；或許陪伴家人不是他追尋的價值，到後兩天明顯不耐。最後一天吃過晚餐，我和女兒興奮地想搭三輪車夜遊。突然，爸爸面色一沈說：「妳們去吧！我要回飯店休息。」然後招了計程車——走人，莫名其妙！亞斯伯格症嗎？

我有行動能力，何須忍受掣肘？帶著女兒坐三輪車到碼頭，一個西方人聚集、濃濃異國情調的區域。沒有枷鎖，不用刻意迎合，輕鬆自在；我們玩到盡興才回，不甩威嚇！

就這樣有始有終，帶著怒氣來，一樣的怒氣回，結束了新加坡之旅。

然而幾年後，外甥女定居新加坡，成了我和女兒定期必訪之地。

出境時，發生一個小插曲。女兒有一隻可愛的小綿羊玩偶，是一歲半時外婆從紐西蘭帶回送她的。她非常喜愛，從此形影不離，到哪兒都相隨。安全檢查時，需把隨身行李放置X光掃瞄，玩具當然不例外。

可是女兒抱著小綿羊，不肯鬆手。不管怎麼勸說，海關人員幫忙哄騙都沒用。女兒用生命護衛小綿羊，不准任何人碰觸，並且放聲大哭、淒厲響亮！大家束手無策，後面排隊人龍引頸觀望。

女兒的哭聲一向叫我抓狂。此時，我卻像局外人冷眼看戲：你們如何應付？

僵持一會兒，一群大人不敵一個小孩的堅毅不屈，只好讓她抱著小綿羊，直接通過金屬偵測門。旁觀者一陣爆笑，海關人員無奈眨眼。我理解安慰也幸災樂禍，終於有人嘗到：三年來，我就是如此挫敗！我帶著惡意的喜悅，爸爸似乎覺得難堪尷尬，在機上撂下一句：「有辦法自己帶小孩出國，不要叫我來丟臉！」我最痛恨帶著鄙夷的狠話，認定妳不行！

望出窗外，飛機穿破烏雲，直上青天！

我懶得爭論，默默盤算著自己獨力帶女兒旅行的可能性！

▲遊樂場。

▲動物園。

▲虎豹別墅。

大手牽小手東京初體驗

要獨自帶女兒出國旅行？其實，我自己都害怕！

女兒個性倔強，天生是甘地的信徒；用哭聲徹底落實「非暴力不合作運動」，經常誘發出我的暴力。曾有一次，我帶她坐公車到二二八公園玩，推著摺疊娃娃車、背著大包小包用品，坐在司機後面位子。不知那根筋不順，一上車開始哭鬧；哄騙無效還變本加厲，尖銳哭喊一路沒停。司機受不了大吼：「妳們下去坐別的車啦！」

我可以理解他的煩躁，但不能接受無禮對待。我也在抓狂臨界點，就直接情緒轉移。那段時間，我像鬥雞一樣，到處爭吵！到了二二八公園，女兒玩得可開心；而我火氣未消、久久難平。

諸如此類、不勝枚舉，出門一趟有如戰爭一場，現在要把戰線延長至國外，豈不自討苦吃？況且情緒積壓，何來興致？

如此未戰先降嗎？不是我的風格！不入虎穴焉得虎子？咬緊牙關、放手一搏！

於是安排了以小孩為主的東京之旅。我們住在 Disneyland 旁的飯店，每天吃飽睡足出門，玩到最後一班接駁車才回。迪士尼是夢想天堂，女兒熟悉的床邊故事、卡通人物居住的異想世界。她像愛麗絲夢遊，進入天馬行空、奇幻冒險的仙境。而我過去只著眼瘋狂刺激的遊樂挑戰，這次用小孩的眼光走進童話世界，找到久違的純淨童心。

繽紛奇麗的新世界，讓我們都忘了一些平日的堅持！一天，我們排著長長的隊伍玩旋轉飛車。到了入口處才發現，女兒身高不夠、不能搭乘。不甘辛苦排隊，自己更想嘗試，請工作人員幫忙看一下小孩。在大家還沒反應過來時，我已坐上車、飛天去了！

聽見女兒大哭，不知是因爲不能玩？還是找不到媽媽？反正排隊一小時，體驗只有三分鐘！

迪士尼三天，女兒童話成眞；我也再過一次童年，圓夢、回味、重拾歡樂！

美國人創造Mickey「鼠」，日本人以Kitty「貓」別苗頭；美日情結糾葛不清，我來一探究竟！

Hello Kitty是室內遊樂園，不受天候影響，但需人數管制。我們九點多到達時，天空飄著細細雨絲；大家穿著雨衣排隊，長長隊伍井然有序。園內人數已滿，有人出才能進。

哇！九點剛開園，不等到下午去了！我沒帶雨具，想先到入口處詢問何處可買？意外看到一個售票口，竟然沒幾個人排隊！而且拿了票就直接入場。奇怪！大家看有人排隊就跟著排，都沒注意到這個窗口嗎？我前去買票，售票員說了一大串我聽不懂的日文，比劃著旁邊排隊。我指著小孩和天氣，納悶明明有售票，爲何不能賣？

雞同鴨講一陣，還是不清楚，她示意我等一下。一會兒一位主管出來，用和我一樣水平的生硬英文解釋；濃重的日本口音，實在不容易聽懂。我猜，這窗口可能是預約取票處。

看著雨越下越大，見首不見尾的巨龍，不想猜了，繼續聽不懂。

發現無法溝通，再看看一身濕的我們，女兒不耐拉扯、適時取鬧，我疲於安撫……他們討論一下，對著旁邊人群說了一些話，似乎在解釋什麼，說完深深一鞠躬；然後很有禮貌的協助我買票。我買了二日票，主管要我預約明日入場時間。

這下我完全懂了！這是二日以上遊客預約報到窗口；剛剛應該是向排隊群眾說明先讓我入場的權宜之計。工作人員再次鞠躬。我眞心感謝大家包容讓行，也深深鞠躬致意。女兒似乎覺

▲Hello Kitty樂園。

▲富士山雪堆翻滾。

▲鬧中取靜的湖畔。

▲東京人行色匆匆。

▲兩個可愛小孩。

▲僧侶街頭化緣。

得很有趣，一再學樣彎腰鞠躬，頭低得快接近地面。可愛的模樣引人發噱，周邊遊客直叫我們趕快入場，不要淋雨。就這樣得到VIP禮遇，對日本人的服務禮貌及靈活變通，深感敬佩！

我們也到上野動物園、水族館、和鄰近公園。正值櫻花盛開季節，美得夢幻；走在白色花海隧道，宛如下凡仙女。我學著日本媽媽，買了壽司樹下野餐。女兒在草地上奔跑，揀拾片片白色花朵，編織各種圖案；不知不覺中和旁邊日本小孩一起追逐嬉戲。小孩不需語言！陽光撥開雲霧溫和照拂，在春寒料峭之際，是最暖心的禮物！我用不同角度，領略純眞的感動！

其中一天參加 tour 到富士山。我很懷念聯合國旅遊，上次在東京參加 tour 遊日光，已是五年多前往事，感嘆光陰似箭、歲月如梭！女兒第一次看到雪，興奮躺在雪堆中翻滾，玩得不亦樂乎。她新奇探索，我紀念緬懷，各自得到需要的養分！不知是出門在外，無法執行書上教條規矩，女兒並沒有太抗拒的不合作，輕鬆愉快完成了兩周旅行！

最後一晚，跟飯店櫃檯預定第二天機場巴士，並付車資。當天在 lobby 等候，超過預訂時間十幾分，巴士仍未到。我詢問櫃台人員，他打電話聯絡後，對我說：「很抱歉，因爲塞車，還要再等一會兒……」我看了錶，擔心趕不上飛機，打算退費，改搭計程車。暗想，這下可失血了！然而，服務人員繼續說：「對不起，我們的失誤讓你著急，現在馬上派計程車送妳到機場，一定會在預訂時間內抵達，不會耽擱，也請妳原諒。」不但不需付費，還一再爲巴士延遲致歉。我受寵若驚！對日本人的服務水準，五體投地！

這樣直接的人文經歷，是旅行的精髓！

整趟旅程出奇順利，原本的擔心都是庸人自擾；曾因害怕設限怯步，謝謝爸爸「推」我跨出！我信心滿滿，開啓了大手牽小手的旅行新階段！

紐西蘭是小綿羊的故鄉

一位好友移民紐西蘭，另一位到澳洲探視讀中學的小孩；彼此多年不見，經過幾次書信聯絡，決定在紐西蘭相聚。我跟女兒說：「紐西蘭是小綿羊的故鄉，妳的寶貝小綿羊是外婆從那兒抱回來的。」她很高興要帶小綿羊回家找媽媽和朋友。於是，十二月初到了奧克蘭。

我們住在朋友家，美麗洋房有超大庭院；好友敘舊閒聊話家常，幾個大哥哥陪女兒玩，不出門也樂趣多多。有時一起外出用餐、市區逛街購物、或郊外踏青散步，很輕鬆的居家生活。

奧克蘭人口不多，有獨特的氛圍。人口稠密的城市，人們必須維護自己的空間，也要避免觸犯別人領域，顯得緊張壓抑；這裡的人享有寬廣間距，少了擁擠摩擦，更加從容和氣。但也不像度假城市，無所事事、慵懶閒散；是放慢腳步的輕快悠活。奧克蘭綠地很多，羊口更多。不論是觀光景點或住宅社區，任何一處公

▲「祖孫」樂融融。

▲農莊午茶、糕餅、果醬全部自製。

園，都可看到羊群悠閒散步吃草。小孩在羊群旁邊玩耍，保持適當距離不會驚嚇牠們；看得出教育用心，從小教導對生命的尊重。

在朋友家住一段時間，我們參加 tour 外出旅行，以免她太操勞。

我們到出名的 Waitomo 螢火蟲洞。在一片原始森林中，guide 帶領走到一個巨樹掩映的山洞，發給每位旅客一頂有頭燈的安全帽，並說明注意事項。

狹窄步道僅容一人通行，微弱燈光下，大家依序、一步一步深入洞穴，展開神奇地心探險。女兒很勇敢，牽著小手、邁開小步，跟進黑暗中。

在昏暗的光線中，看到洞頂垂下的鐘乳石、和地底冒出的石筍，巨大壯觀！洞中潮濕滴水，千萬年的奇石，繼續吸收精華，讚嘆大自然的鬼斧神工！

慢慢前行到水邊搭乘小船。由於藍色螢火蟲（glow worm）對光線和聲音非常敏感，所以關掉頭燈、保持絕對安靜，連小船都是用手拉行。無聲無息進入伸手不見五指的闇黑世界……

忽然，看見水面有光點晃動。仰頭一望：滿天星星、湛藍閃爍，層層疊疊、璀璨耀眼；彷彿飄浮在無邊無際的浩瀚銀河，寂靜、奇幻、虛渺……

走出螢火蟲洞，一時無法適應明亮光線，眨眨眼再度睜開，已從虛擬返回實境。

扣人心弦的神祕奇觀，感動難以言喻。女兒還小，不一定有這樣觸動，但她全程合作；步道難行、努力跟隨；不能說話時，也安靜無聲，令我十分驚喜欣慰。

隔天前往 Rotorua，此鎮居民有一半是毛利人，並且以獨特的地熱景觀聞名。坐在遊覽車上遠遠望去，整個小鎮白煙裊繞，空氣中有著濃濃的硫磺味。

午餐後來到地熱公園，到處坑坑洞洞、一片焦土，好像戰爭過後。

公園內有個佔地廣闊的熱水池，煙霧瀰漫、熱氣騰騰。池中架著長長的步道，沒圍欄杆、視線開闊；遊客謹慎、秩序走在上面，感受地心釋放的熱度。

我想到北投地熱谷，基於安全、層層圍住。此處面積大上幾十倍，但沒有圍籬阻隔，更具震撼。不禁想問：與其一再消極禁止隔離，是否更需積極教育遵守規矩、爲自身安全負責呢？

另一區，大小不一的泥漿池多不勝數。滾燙的泥漿沸騰冒泡、洶湧跳躍，可想像地底下的劇烈翻騰。毛利人在泥漿池上架起大鍋煮東西。我們小心翼翼行走期間、好奇觀看，如此貼近自然奇景，心生敬畏！

晚上參觀毛利文化村，欣賞毛利傳統歌舞表演。那幾天，女兒學著毛利人吐舌頭打招呼！

另一天到一處牧場參觀綿羊秀。訓練有素的牧羊犬趕羊吃草，還要隨時追回脫隊的迷途羔羊，專業盡責；快速俐落的剪羊毛，肥羊瞬間變瘦羊、煞是有趣。並且邀請小孩上台用奶瓶餵食小小羊，女兒興奮上去擁抱活蹦亂跳眞實小綿羊。

小孩瓶子尚未拿穩，小羊已追著奶瓶跑；小孩、小羊互相追逐玩樂，亂成一團、可愛逗趣。我一向很喜歡動物，藉著照顧小孩前去幫忙，也餵食、擁抱小綿羊。

眞謝謝女兒，有些大人不好意思做的事，因爲她顯得自然；我才有機會，一圓童稚心情。

回到朋友家，女兒念念不忘小綿羊。乾脆參加 farm stay，直接到農場住幾天。

一幢漂亮房舍座落藍天綠野間，大片落地窗、寬敞明亮；典雅佈置、溫馨舒適。主人是對年長夫婦，兒女成年離家，空下房間接待旅客；秀才不出門，結識滿天下。

每天配合農場作息；一大清早坐上農務車，跟著爺爺放羊去。牧羊犬幫忙帶領羊群分區吃草。另一邊有幾十頭乳牛，主人卸下牧草，牛群慢條斯理、細細咀嚼，可見生活安適。

farm stay 農莊生活。

放眼一片翠綠草原，成群牛羊低頭吃草，蔚藍天空抹上幾朵白雲，一幅療癒、唯美的圖畫。農場也有現代化的牛奶生產設備。一隻隻乳牛排列站著，機械擠乳器連接透明軟管，牛奶直接流入巨大桶子；經過殺菌消毒設備，進入另一個牛奶桶；桶子下面有出水口，主人打開龍頭，流出一杯，直接飲用——不是市面上人工添加的濃醇香，而是天然、純粹的真正「鮮」乳！

除了牛羊，也養其他禽畜寵物。經常看到雞飛狗跳、貓狗競逐，女兒也加入戰局。還有豬和馬。肥豬搖頭擺尾閒晃；農場太大，馬是交通工具。爺爺有時抱著女兒騎馬巡視農場，有天倫之樂的溫馨。

奶奶手藝絕佳。房子周邊種植的蔬果，經過巧手調製成了餐桌上的佳餚。麵包、果醬都是自製，絕美滋味、畢生難忘。日後無論如何尋尋覓覓，也無緣再嚐這獨家美味。

奶奶有時開車帶我們兜風，或到附近小鎮走走、陪她購物。紐西蘭公路平坦寬闊，車輛少、車速都很快。所謂「附近」得開車三、四十分，而「隔壁鄰居」也要開車五分鐘。

有次外出，看到兩個騎馬牛仔，趕著上百頭牛過馬路；龐大牛群悠哉漫步，甚至邊走邊吃路旁青草，無視於車輛等候。新奇壯觀場面，令人驚喜連連，希望走慢一點，可以看久一些！我是道地都市成長的人，或許無法長久過農村生活，但這幾天的田園樂趣，圓滿了生命初始的本質。我想，農莊的人們一定都是仁者、智者，他們懂得喜愛、親近、享受這片靈秀山水！

我們與朋友共度聖誕節，當北半球雪花紛飛、壁爐邊取暖；南半球卻是沙灘烤肉、陽光比基尼……世界之奇，妙不可言！感謝好友招待，共寫一段美好回憶。

三周後，女兒抱著大大小小、各種不同造型小綿羊回家。她雖然還小，但我相信，這趟旅行在她小小心中，會佔有地位！

多倫多的四歲小小留學生

姊姊兩個女兒上大學，從蒙特婁搬到多倫多，小兒子也前去唸中學，三人住在新購的大房子；我還沒去過，計畫暑假拜訪。自從帶小孩，出國旅行不再那麼隨心所欲，行程安排必需考慮小孩的體力和興趣。這次在多倫多停留時間較長，或許可以讓女兒上幼稚園暑期班，至少白天是我個人時間，可以自由闖蕩。打著如意算盤，六月初帶女兒「遊學」去！

兩年多不見，老大畢業有男朋友、老二忙於大學課業、小外甥剛上高中，長得又高又壯，稚嫩童音變成低沈嗓音，叫「阿姨」時，我還愣了一下，不知是誰呢？女兒很親暱的叫他「胖哥哥」。第一件事就是找學校。翻開電話簿查附近幼稚園，打電話一一詢問是否收短期學生？學費及交通？選定幾家前往參觀，發現不如預期方便。幼稚園沒有校車，必需自行接送。所謂「附近」是開車要二十分鐘，我走路搭地鐵，一趟就要一小時。學校下午三點半下課，每天接送反而被綁住，更無法活動。找了一個多星期，覺得很沮喪！

有一天帶女兒在住家附近散步，住宅區每條街道都很像，不知不覺偏離方向、越走越遠。突然看到：前面有個遊樂場，一群小孩在玩耍。

起初以爲是公園，就帶女兒過去，但欄杆圍起無法進入。我喊了裏面的大人，問她從何進去？她說：「這裡是 day care，不是公園，學生才可進入。」

Day Care！我眼睛一亮！指著女兒，問她收不收短期學生？她說可以！並熱心帶我找主任洽談。主任親切的說歡迎！帶領參觀學校、介紹環境。這是day care，配合上班家長，早上七點就可上學，最遲下午七點接回。可以試讀一天，學費以「周」計算。

不用等試讀，當天女兒就和小朋友玩得不想離開。太棒了！時間、地點、學費全部符合需求！真是踏破鐵鞋無覓處，得來全不費工夫！於是每天早上九點左右帶女兒上學後，就直接變身城市遊俠。一個人單獨旅行，輕鬆無掛，真是懷念啊！

大多倫多地區範圍廣闊，一如其他北美大城市，居民大多自行開車，大眾運輸似乎只是輔助工具。班次少、距離遠，下車後往往得走一大段路才到達目的地；地圖上兩棟建築，實際也許要走十分鐘，穿過一個公園，可能需花二十分鐘；尤其是郊區或周邊小鎮，甚至連公車都沒有。由於沒有小孩跟隨，我安步當車，隨性旅行。沿途街頭雕塑、裝置藝術、藝人表演、餐車美食……處處有驚喜！

▲女兒喜歡表哥接送上下課。

▲周末參加各種遊樂活動。

◀老師製作紀念卡片。

▼描繪同學小小手印

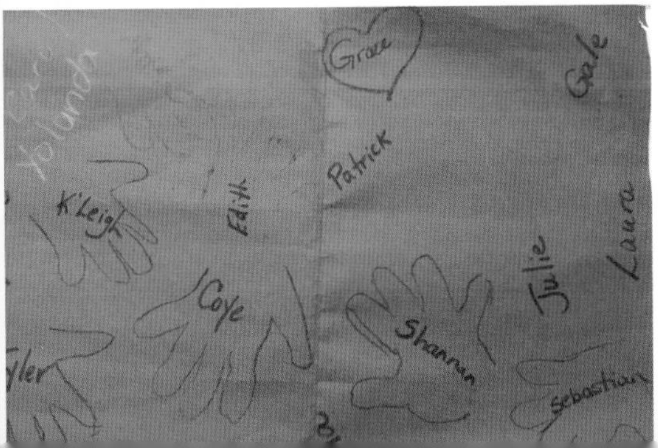

多倫多是個多元的移民城市。除了中國城，還有希臘區、印度區、義大利區、阿拉伯區……各區語言、文物、餐飲都不相同，有其本國風情。遊走其間，餓了尋找特色餐廳，品嘗各國美食；累了喝杯咖啡，欣賞過往人群，好像周遊列國。

我以旅人的觀點，熱情好奇、細微觀察，積極認識這個城市、感受獨特氛圍。一段時間後，竟比居住多年的外甥們有更多的發現！我儘量趕在六點前接小孩，有時來不及就請表哥接，女兒甚至更喜歡胖哥哥騎腳踏車接她。

學校佔地廣大，一棟三層樓校舍，四周空地有適合各年齡層的遊樂設施、球場、跑道……等，根本是完善的小型運動公園。多倫多夏天舒爽宜人，太陽九點多才下山；住家前後大庭院，常有松鼠、浣熊拜訪，晚餐後還可戶外奔跑追逐。女兒白天學校玩樂一整天，晚上外出嬉戲；上床後，不用床邊故事就睡著了。

小孩適應快、學習強。一、兩周後我去接女兒，她坐在鞦韆上不會擺盪，聽到她對老師說"Can you push me?"女兒每天帶小綿羊上學，上課時間必需放櫃子。有次我去教室，小朋友觸摸小綿羊，她立刻抱起，大聲說"This is my little lamb, not yours!"

老師說，她活潑、合群，守秩序、有禮貌。我很欣慰也很納悶，爲何出國都聽話合作，回家卻如此彆扭難搞呢？我觀察上課情形，只要安全規範下，不會有太多限制。午餐不想吃，自行把餐具歸位，並不強迫吃完；積木不想玩，放回原處換其他教具，不知如何使用，再請老師或同學指導；不用排排坐等發號施令，孩子主動學習。戶外活動時間很多，空間、器材充足，不必搶用；小孩玩得盡興，身心都得到滿足，不需爭取或對抗。

我想：是否我訂太多規則，又不知融通應變？求好心切反而揠苗助長？女兒哭鬧反叛是否在呼求？箝制過多無法呼吸？是否像我和她爸爸觀念差異，巨大鴻溝難以跨越，經常有窒息感覺，而需要一再藉旅行脫逃呢？我自省檢討，嘗試調整改變。

周末我帶著女兒到適合她的地方玩，平日已先探過路，所以駕輕就熟，非常順利。這裡眞是兒童天堂，無論市區樂園、博物館、科學館……都有各年齡的專屬區域，並且空間廣闊，小孩玩樂一整天不會無聊；一旁有休息座位，大人輕鬆看顧不疲累。

有時參觀牲畜市集，各種禽畜齊聚，還可互動。幾個月的小牛、小豬就像家中寵物，溫馴可愛；讓人對另一區飲食攤的熱狗、漢堡難以下嚥。

我們也常到湖邊，女兒和小孩們一起舀水到沙坑蓋碉堡；或者盪鞦韆，這時已會自己擺盪，可以玩一小時。地方大、器材多，沒有人排隊催趕，不需輪流使用，玩得盡興。

我買杯咖啡旁邊閒坐，望著無邊無際的安大略湖，和騎車、慢跑的人們，悠然自得。不必謙讓共享，沒有緊張壓制，少了自我約束的潛規則，帶小孩似乎簡單許多！

女兒上課八周，最後一天老師製作紀念品；在圖畫紙上描繪班上同學的小手，在上面寫名字。感謝老師用心，小孩上課，我也獲益良多。

最後兩周我們外地旅行。和表兄姊們一起到 Wonderland——類似迪士尼的遊樂園。多倫多冬天很長，一年只開放四個月，其他時間不但閒置還得維護，經過大雪冰封，春天再整理開放。我很驚異如何經營又能獲利？

我們也到農場採草莓，一望無際的草莓園，需要坐農務車載送到特定採收區。草莓盛產、數量多到讓人變得挑剔，只選體型碩大、形狀優美的摘取。女兒不只採草莓，也在園中追小鳥、玩泥土、撿石頭，與大自然共舞。大家邊採邊吃，享受田園樂趣，並帶了幾大籃回家。那幾天看食譜，忙著做草莓蛋糕、草莓果醬、草莓冰淇淋……。

另外我單獨帶女兒前往世界七大奇景之一的尼加拉瀑布。旅行兩個多月已熟門熟路，不需參加 tour，買了長途巴士票，自行前往。飯店就在瀑布旁，頂樓的景觀房面對瀑布，氣勢磅礡、壯闊美麗；夜晚彩色燈光投射，夢幻如仙境。

我們坐船展開刺激的瀑布之旅。穿上雨衣、汽笛鳴響，海鳥伴行航向瀑布。強大水霧撲面而來，眼前一片昏暗迷濛；在萬馬奔騰、雷霆萬鈞的瀑布前，這一葉小舟顯得很單薄，但仍勇猛衝進去；狂風暴雨似的水流如千軍萬馬迎面撞擊，雨衣抵擋不住，大家都是落湯雞！

瞬間，小船已在瀑布後方；水瀑狂瀉聲音，轟隆巨響、如雷貫耳，震撼嚇人！瞠目結舌失神時，船隻出了瀑布，迎接的是一道豔麗的彩虹，幾乎觸手可及。

經過宏偉瀑布澆灌，好似醍醐灌頂，心靈也如彩虹般繽紛燦爛！

尼加拉小鎮不只有瀑布，它本身就是大型遊樂場，很多商店、餐廳二十四小時營業；我們晚上十一點，坐摩天輪、旋轉木馬……，是座熱鬧的不夜城！

城外也有許多景點：葡萄酒莊、鳥園、蝴蝶園……等等。我們在梅花鹿園區，手拿飼料，幾十隻大、小花鹿圍繞搶食；要離開時，群鹿追逐、咬著衣服不放無法脫身，趣味難忘！

我們在這家飯店住了好幾天。有天早上警鈴大作，我開門察看，左右、對門旅客也面面相覷，反正先下樓再說。叫醒睡夢中的女兒，她很乖跟隨，從安全梯一步一步往下走。十幾樓呢，心中叫苦！走了兩層，跑得快的已陸續上來。警報解除！原來只是某處溫度過高。北美警報系統嚴格，之前在朋友家，只因水開了，拖延一下沒馬上關就警鈴大作。

大家相視苦笑，虛驚一場，也慶幸平安無事。事後有人問我，以後還住高樓層嗎？

當然！生命總有風險，何須因微乎其微的機率而自我設限？況且，沒有驚險的旅行，平淡無味如嚼蠟。

我們在尼加拉畫下完美句點！

九月，「學成」歸國！

▲廣闊公園，野鴨搶食。

▲與表哥表姊同遊Wonderland。

▼尼加拉瀑布，雨衣擋不住仍是落湯雞。

唯一一次全家旅行——馬來西亞

外甥女要結婚了！新郎是馬來西亞人，回怡保舉辦婚禮。我們熱切期盼前往參加，女兒更是自告奮勇當花童。

怡保位於馬來西亞中北部，沒有國際機場，必需搭機到吉隆坡或檳城，轉換國內交通到達。既然如此，順道旅行吧！我計畫提早出發，吉隆坡旅行後，再去怡保參加婚禮，然後北上檳城度假，由此返台。

知道爸爸對旅行沒興趣也不愛帶小孩，這幾年的默契，已不再邀約他，只告知出發時間和大約回國日期。我旅行一向只訂大方向，不綁小細節，到目的地視情況機動調整。不知何時身在何處的自由隨性，俠女般的漂泊流浪，滿足我極致的浪漫幻想。

我著手訂機票、飯店，添置行頭、準備禮物，帶女兒選購禮服。爸爸看著我們歡喜忙碌，似乎感染喜氣，他也很疼愛外甥女；一天，突然自己說，想要一起去參加婚禮。

他不知道我計畫一個月旅行呢！怎可能「一起」去？多次討論協商，決定我先帶女兒吉隆坡旅行，並安排到怡保的交通，爸爸兩周後再來會合前往怡保。婚禮結束一起到檳城，如果願意就陪我們度假，否則自行返台。於是幫他預訂機票及旅遊事宜，六月初我和女兒出發了！

馬來西亞種族多元，又經過歐洲長期殖民，形成風格迥異、多樣共存的樣貌。首都吉隆坡是個縮影，可見馬來人文、印度風情、中華文化和殖民遺風；各自保留特色又彼此相容輝映，成了獨特的城市魅力。

在沒有網路的年代，都得到當地才能取得較完整的旅遊資訊。我習慣利用到達後的一、兩天，拜訪當地旅遊服務中心，蒐集資料、規劃行程；我喜歡透過這種方式與在地人互動、結交朋友，這是旅程重要且迷人的一環！儘管在網路發達的今天，我仍然如此操作。

小孩隨行步調緩慢，我也享受悠閒慢活；看看伊斯蘭中心，清眞寺中戴頭巾的穆斯林婦女、印度佛寺淨心參拜的修行僧人、道教宮廟裏虔誠敬香的華人父老，吃吃當地美食、買買異國文物；一天一主題，輕鬆走訪、隨意探究。

邊參觀邊安排行程，我買了客運票前往麻六甲。

這是歷史悠久的古城，過去因麻六甲海峽成爲繁華的貿易港口，是海上絲路的必經之地，鄭和下西洋幾度來過；也經歷葡萄牙、荷蘭、英國統治。麻六甲居民多數具有華人血統。古城區盡是華文華語，中華料理、中華文物，寺廟宗祠香火鼎盛，甚至鄭和博物館……濃濃的中華文化與殖民建築，感覺像放大版的三峽老街加幾座紅毛城。

身處陌生環境、不熟悉的事物、聽不懂的語言，讓我專注靈敏、認眞體會；相近的文物、雷同的話語，缺少衝擊令人遲緩散漫。沒有迥異人文吸引，也沒有壯麗奇景震撼，覺得意興闌珊，停留兩天就回吉隆坡。

此時正值吉隆坡大力建設，整個城市像個大工地，雙峰塔興建中，到處都是鷹架、吊車……因此，形成極端的對比。

寬闊筆直的大馬路，兩旁名牌精品的購物中心、豪華氣派的高級飯店、富麗堂皇的名廚餐廳，現代進步、生氣蓬勃。

幾條街外，尚未整頓的另一區，飛沙走石的窄巷、簡陋陰暗的小屋，婦女們在門口做零工，小孩穿著不合身的舊衣服，追逐玩耍、開朗歡笑。

看看女兒優質的時尚裝扮，與我飄洋過海四處旅行，感恩油然而生。其實，只要有父母陪伴疼愛，不論物質如何，都是幸福小孩！

我到火車站，買了怡保火車票。我喜歡坐火車旅行，浪漫懷舊、度假漫遊，輕鬆無壓力。等爸爸抵達，一起搭車。吉隆坡火車站是一棟華麗古典的歐式建築，但火車老舊。我買包廂座位，可能搭車旅客不多，明顯看到灰塵，擦拭後才能使用。六人包廂只坐我們三人，寬敞舒適，女兒可隨意活動，不會無聊也不受干擾；沿途熱帶林木、農村田園，風光明媚。

火車迷人就是：只要懶洋洋閒坐放空，就可欣賞景緻變化，神往遨遊。然而火車嚴重誤點，晚了兩個多小時才到。選擇坐火車的人，多半閒情逸致、悠哉從容，不介意時間；只是辛苦了等候的準新娘、新郎。

幾年後，這條鐵道整頓再發，跨國行駛豪華、尊榮的「亞洲東方快車」。

怡保是群山環繞、景色秀麗的靜謐小鎮，居民半數是華人。親家幫我們預訂當地最好的飯店，每天拜訪、認識新郎親友。這裡多是大家族、彼此相識，走在街上沿途招呼，親切熱絡，有著阡陌交通、雞犬相聞的濃厚人情味。

結婚當天，新娘美麗優雅、新郎英挺帥氣、小花童們天真可愛，女兒穿上台北訂製的花童禮服，興奮穿梭盡責幫忙，或者越幫越忙？

婚禮盛大隆重，席開數十桌。道地的中華料理，精工細作、美味可口；賓客們穿著正式禮服盛裝出席，長輩們更是唐裝、旗袍，莊重高貴；典禮儀式遵循古禮，勾起我幼時回憶，和台灣現今婚禮追求創意革新，大異其趣。是否身處多元民族文化，更有維護先人傳統的使命？藉共同的價值而凝聚團結？

喜氣洋洋的婚禮後，親友們陪我們怡保小旅行。

這兒有很多巨大的巖洞石窟，在鐘乳石和石筍間，供奉著一尊尊精美佛像，是人類與大自然共創的鬼斧神工之作！

洞外驕陽曝曬、洞內幽靜清涼，聽著禪鐘梵音，不只消暑，心情也平和寧靜。

我們也到高爾夫球場揮桿。一棟白色建築座落於廣大翠綠草坪中，不愛打球的人坐在露台上喝下午茶，英式優雅和馬來美食如此融合！那濃郁香醇的美味「沙嗲」，只有在每隔幾年遊新加坡時才能回味。

天氣很熱，閒暇時我們經常泡在飯店游泳池，池畔餐廳無節制點用冷飲、女兒冰淇淋吃得盡興；度假的慵懶，我們享用 room service ，極盡享樂！沒想到 check out 時，親家已結清全部費用，眞是不好意思，如此放縱奢侈；也可見他們對新娘的疼惜而愛屋及烏了！

很高興參與外甥女人生的重要時刻，分享他們的喜悅，擁有美好的共同記憶！一個多星期後，依依不捨和滿心祝福中，帶著知名的怡保白咖啡，搭巴士前往下一站。

檳城是國際有名的度假勝地，終年陽光普照、海風輕輕吹徐，舒爽不悶熱。綿延數公里的細白沙灘、高檔的度假酒店，餐飲娛樂、水上活動，完善的設施，及相對低廉的物價，吸引了大批國際旅客前來。

這裡的飯店不以樓高取勝，而是寬闊引人。每間飯店後面都有一片廣大的私人沙灘，又彼此相通，戲水散步，安全自在。我們住進一家知名的 resort，從陽台望出，花木扶疏、椰林泳

▲騎馬奔馳海邊，水花噴濺臉上。

▲沙灘騎馬新體驗。

▲五歲小娃，教練抱著乘坐水上拖曳傘。

▲海邊戲水樂開懷。

▼外甥女結婚，女兒當花童。

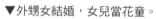

池、陽傘躺椅，再過去則是沙灘海水；白天晴空浮雲、夜晚月影燭光，唯美浪漫！

水上活動很多樣，有適合小孩的水上三輪車、香蕉船等，也有驚險刺激的水上拖曳傘，女兒看我乘風破浪、忽高忽低海上暢遊翱翔，好奇又羨慕。

她只有五歲，不會操控、不能乘坐。最後，由教練抱著，一起扣上安全帶，飛翔藍天碧海間；看到她下來時的得意笑容，知道心滿意足了！

沙灘騎馬也是難忘的經驗，騎馬奔馳海邊，激起陣陣水花、噴濺臉上，嚐了一口、鹹鹹的味道，是海洋的禮物！

除了海邊，我們也到市區觀光，這裡也是華人多數的城市。走進古老的社區，任何一條街道，整排中式的屋簷瓦頂建築；到處是宗親會、同鄉會、宗祠寺廟，人們虔敬焚香祭拜，比台灣老街更傳統守舊。我興趣缺缺，坐三輪車逛碼頭更新鮮有趣。我還是喜歡海邊的異國情調！

不只玩樂，也品嘗各國美食，由於是海邊，點了許多海鮮料理。

有次在餐廳點一道清蒸鯧魚，上來一隻佔滿盤子的大白鯧；服務員用刀子和叉子，熟練俐落的分開魚的上半身，放置旁邊盤子；然後剔除整條魚骨，再把魚身擺回去。

又是完整一條魚，但沒有魚刺了！是否西方旅客不會食用有刺的魚而應變的服務？

總之，太感動了！因為我也是愛吃魚卻不會挑魚刺的人！一向只吃鮭魚、鱈魚……等魚排，現在可以享用鮮美、無骨的大鯧魚，真是超級幸福！此後幾天用餐，我都點用整隻鮮魚料理，得到一致的服務，吃得快樂滿足！真期盼台灣餐廳也是如此！

不知是悠閒的度假氛圍適合爸爸？還是沈浸參加婚禮的愉悅？這次旅行竟然沒有任何爭執，出奇的開心順利。任何美好都有結束，我記下這唯一一次的全家旅行！

溫哥華：世界最宜居住城市

幼稚園階段是帶小孩旅行的黃金時間，沒有功課壓力，愛走就走，兩個月、三個月不受限制。上了小學，配合課業進度，也教育孩子規矩與負責，只能寒、暑假出遊。

升小一時，戶籍地的學校，搭公車需半個多小時，接送是個難題；而住家附近走路五分鐘，就有一私立小學，省時方便。

因此決定抽籤試試，結果竟是「候補名額」等待通知。學校未定，一個暑假哪兒都不敢去！

幸運的就讀離家近的小學。私立學校有自己的教學進度，必要時得配合暑期課程。全新的環境，小孩的學習、適應尚在觀察中，不知能力如何？能否跟上？不敢輕舉妄動。

一年過去，女兒各方面表現優異；升小二時，我簽名確定不參加暑期輔導。但是我的旅行方式需要幾個月前安排，這一延宕，只能國內旅遊了！

▲朋友的房子，環境優美可安全溜冰。

蟄伏兩年，我好像深海憋氣到極限，不浮出水面吸氣，就溺斃了！

那幾年很多朋友計畫移民、海外置產，但往往各種因素不能成行。有次聚餐，一位朋友提到，她在溫哥華買了一棟房子，因兒女就學及家中事業，無法配合移民居留規定。空屋閒置，每年還得自己花時間或花錢請人去居住整理。

我開玩笑說，暑假可以幫妳住兩個月，免費！

沒想到她馬上興奮說定，還謝謝我不收費。

其實，我好像很少眞正做旅行計畫，它就是這麼順理成章、水到渠成了！

到了溫哥華機場，這是值得紀念的地方；想起幾年前第一次單獨搭機，check in 的陌生慌亂，不禁莞爾。

溫哥華氣候宜人，是個美麗的城市。朋友的房子位在高級社區，寬闊雅緻的兩層洋房，四周大院子有修剪整齊的花木草坪，環境優美；並且請附近人家定期打掃維護，乾淨舒適又一應具全。她只是希望出售前，有人居住走動；以免長期空蕩無人，引來不速之客，增添麻煩。

感謝朋友！我太幸運了，住進這豪華別墅！

大溫哥華地區非常遼闊，包括溫哥華市等二十多個城鎮。居民大多自行開車，計程車不是隨處可叫，貴又不方便。

搭公車是認識城市最快的方法；想要暢遊，一定得了解大眾運輸工具。這裡的公車班距很長，需配合時刻表搭車；所幸有 sky train——高架捷運，類似台北文湖線，是快捷的交通工具，也是最棒的觀光列車。

Sky Train 車站令我震驚！無人看管、也沒閘口，就像百貨公司電扶梯直上二樓。

我第一次搭車，不知如何買票又找不到人問，坐電梯上去看看；剛好車來就先上車，到站下車還不知怎麼付款？

同站下車的人指引我，原來一樓電梯旁，有台類似提款機的機器；自行選按路程顯示金額，可刷票卡或投幣購票；不需驗票進入搭車，下車直接出站，不必再刷卡或回收。而我這次已經搭乘了，也無法付費，因爲車站沒有站務人員！

聽得瞠目結舌！這樣的設計，如果在台北，捷運公司大概早虧損而關門大吉了！

我由衷敬佩這邊的人，誠實守法、彼此信任。

我們一早出門，天黑前回家；溫哥華的夏天，太陽九點多才下山，有很長時間好利用。住家離 sky train 走路約半小時，車站外有排班計程車，如果太晚或太累，就坐計程車回家。司機多爲印度裔；幾次後，居然有熟識的司機等我們，覺得驚喜也安心。

有時不想出去，就在附近超市店家逛逛，採買回家用餐。櫻桃、草莓盛產，吃得盡興；冰箱內擺滿各式冰淇淋。黃昏時，屋外散步、女兒溜冰，輕鬆體驗在地居家生活。

溫哥華的華人約占四分之一，台灣移民很多，說台語也能通；有些華人社區，白人甚至是點綴的少數。這邊的移民並不特別強調傳統保留，而是追尋更進步、美好的生活，融入西方文化。

有天在街上，竟然遇到一位台北好友！

她帶小孩來探親，小孩正是女兒同校同學，從小一起長大。相逢自是有緣，開心他鄉遇故知；那幾個禮拜，我們相約同遊，孩子們高興有玩伴。

兩個月不但踏足知名旅遊景點，也發掘許多巷弄特色；坐船到對岸的維多利亞，駐足漁人碼頭、徜徉布查花園……參加 tour 到 Whistler，這是有名的滑雪勝地，雄偉山脈中的世外桃園，乘纜車遠眺山頭靄靄白雪，陶醉在不食人間煙火的詩情畫意中！

溫哥華是名列前茅的「世界最宜居住城市」。靈山秀水不用贅述，人民也非常友善，親切和藹、笑容迎人。是否環境開闊，不需斤斤計較、汲汲營營，而心胸寬大？何況面由心生呢！

回台後，和曾在溫哥華居住多年的友人聊起這段旅行，她很訝異我走訪如此深廣！

居住的人：固定的日常作息、制式的規律、慣性的步調，時間充裕不急於一時，凡事習以爲常、按部就班，講求安定長遠。

旅行的人：熱情又激情、暴衝躁動，凡事興趣盎然、躍躍欲試，冷眼旁觀又明察細微，想在最短的時間有最多的經歷！

我想，不同角色、不同觀點，不同的交通工具，有不同的發現與看見！

▲巷弄間的特色商店。

▲酒館入口像大學校園。

▲戶外攀岩活動。

寒暑假出國成了不可免的儀式

寒假只有短短三周，有時農曆過年橫在其中、攔腰折斷，前後各剩一星期。春節連假，台灣人南北大遷徙，到處塞車；並且這段期間經常陰雨綿綿，與其困在潮濕擁擠中，不如出國旅行。由於短短幾天，不想浪費太多飛行時間，只能選擇短程的鄰近城市，定點旅遊。

小一寒假到菲律賓最北部城市——Laoag 老沃，從高雄小港機場只要飛行五十分鐘。

出發時，台北陰沈溼冷，穿著毛衣及厚重外套，搭機五十分抵達高雄，陽光普照、和煦溫暖，脫掉大外套；再轉機到老沃，走出機場，一陣熱氣襲來，已是夏天了！

短短時間、路程，一站一站感受氣候明顯變化，科技進步壓縮時空距離，覺得奧妙。

老沃是菲律賓前總統馬可仕的故鄉，我們住的度假村原本是馬可仕的私人產業，一個佔地廣闊的美麗莊園。

修剪整齊的無邊草坪上，一棟西班牙風格的兩層樓紅磚

▲繽紛艷麗的 jeepney。

建築，耀眼醒目。進入大廳，華麗氣派的水晶吊燈、古典雅緻的迴旋樓梯、不見盡頭的圓拱長廊，如宮廷般的幽深高貴。馬可仕曾在此接待各國政要、名流，也舉辦過選美比賽，牆上的照片細說著昔日風華。

度假村提供接駁車，是菲律賓常見的 jeepney——美軍留下的老爺軍用車，漆上五顏六色圖案，繽紛豔麗、老當益壯。我們搭乘至市區，沿途綠野平疇，農夫牽牛耕作，像早期台灣農村景象，勾起許多童年回憶。換坐馬車巡遊古城，西班牙人曾經統治數百年的城市，保存良好的古蹟教堂、殖民建築，濃濃的西班牙風情。

同時也有菲律賓特色——鬥雞比賽，這是一般民眾的日常娛樂，也是投機賭博。每場比賽時間雖短，但激戰慘烈；攸關賭金，群眾推擠圍觀，情緒激昂沸騰。我覺得殘忍，不敢靠近，遠遠旁觀人性的殘酷無情，也爲雞隻無辜被迫互相殘殺娛人，感到心痛與無奈。

另外參觀馬可仕大學、馬可仕行宮，以及存放遺體的紀念館……等。小孩不懂馬可仕，只愛坐三輪車、嘟嘟車遊農村、逛傳統市場，這些地方沒有包裝修飾，呈現眞實的在地生活。

老沃如同台灣古早鄉下農村，人民淳樸敦厚、和氣善良，在濃濃人情味中，我們買了許多芒果乾和香蕉酥片。

度假村設備齊全，戶外游泳池、健身房、三溫暖、KTV，射箭打靶、騎馬釣魚，甚至網球場、高爾夫球場，私人海灘、水上活動等，可見馬可仕家族顯赫的財勢！

因此整天待在莊園，也不會無聊。小孩草地翻滾、奔逐探險，安全無虞；而我只要一旁喝茶觀雲、放逐靈魂……五天自由行轉眼結束，輕薄短小但蘊含豐富！

另一個寒假來到香港，純粹是美食購物的都會享樂。香港與國際接軌，台灣看不到的歐美時尚精品琳瑯滿目。東西文化交匯，也有春節特惠活動。百貨公司、精品名店，人潮洶湧寸步難行；不僅香港民眾搶購，大批觀光客也不遑多讓；服務人員來不及包裝補貨，收銀台前大排長龍，貨架商品一掃而空……蔚爲奇觀！儘管如此忙亂，仍維持良好服務品質；我大開眼界，加入敗家行列！

香港不只商品與世界同步，餐飲亦然。許多國際名廚及知名連鎖餐廳，在此開設分店。我們按圖索驥，找了幾家在別的國家吃過的餐廳，前往用餐，一解懷念滋味。

半島酒店更是必要的朝聖之地。

這間全球著名的豪華酒店，是香港珍貴的歷史建築，高貴典雅；酒店內擺放許多古蹟文物，緬懷往昔尊榮。這裡的餐廳裝潢含蓄復古，美饌佳餚已提升到藝術層次。

英式下午茶更是經典，優雅的環境、濃醇的茶香，沈浸昔日輝煌中……在九七前，體驗仍是英國統治下的殖民風雅。

▲新加坡與外甥女相聚。

▲小一寒假作業：老沃旅行。

短暫假期，簡化單一的旅行是理想的安排！

外甥女結婚後定居新加坡，只要有空就前去探訪相聚。沒有特定目的遊走閒逛，吃吃喝喝、看看電影、買買東西，甚至只窩在家裡感受親情；帶著台灣名產過去，搬一堆南洋特產回來，彼此得到慰藉。

總之，寒暑假出國，已是不可免的儀式！

冰凍的札幌 拉麵的溫暖

有幾次寒假，農曆過年在一開始或即將結束時，所以有較長的時間安排旅行。過去冬天習慣到溫暖地區避寒。其實台灣冬天不長也不冷，反而夏天又長又熱，避之不及，無需再多夏日風情。思考著不妨去更寒冷的地方，體驗台灣沒有的冰雪世界。

於是來到北海道札幌，在沒有直航的時候，這可是勞苦奔波的旅程，必需搭機至東京或大阪轉機。日出啟程，到達時已萬家燈火！

雖然看過雪，但不是遠觀白色山頭，就是驅車前往高山景區，看看細雪飛揚、摸摸薄薄雪片，駐留不久隨即離開。對於生長在台灣的人，雪——好像只存於特定局部地區，幻想多於實際。

一到札幌，整座城市覆蓋在冰雪中，白茫茫一片；刺骨的冷凍宛如置身天地冰窖，既震撼又欣喜！第一次理解，雪——是無所遁形的現實生活，未來兩周將在冰天雪地度過。

札幌冬季盛典——雪祭，吸引大批遊客。各式大型雪塑、冰雕，一字排開綿延一、兩公里，精美壯觀；不只看還可玩，冰做的溜滑梯、汽車、迷宮……等，小孩們玩得不亦樂乎、歡笑連連。黃昏後，七彩燈光照耀、冰雪折射，火樹銀花、如夢似幻，令人流連忘返。

儘管是大拜拜式的熱鬧，沒有雪地生活過的我們，仍樂於敲鑼打鼓應和！

女兒四歲就學習溜冰，特地帶她到台灣沒有的戶外溜冰場玩玩。

我們搭公車前往，上車拿著地圖詢問司機是否正確？及如何付款？

司機語言不通，但努力比劃、耐心說明，原來收銀機可以收紙鈔、自動找零錢。觀光客笨拙的掏錢，司機幫忙辨識、操作，耽誤不少時間，我深覺抱歉；後面多位乘客依然大雪中秩序排隊等候，沒有催趕或不耐，司機也等大家上車坐定才啓動。不管是對外國人的體恤，或日本人自身的教養，都令人感激！

到站司機提醒下車。我們到櫃檯租鞋，看到退還的鞋放在整理室，有專人清理；待租的鞋，整齊排在架上，乾淨如新。服務人員協助尋找適合尺寸，檢查擦拭、機器殺菌後交給客人。日本人對整潔的嚴格苛求，我們安心使用。

溜冰場很大，夏天是跑道操場；寬闊平滑的場地，女兒應該溜得很過癮！我在餐飲部喝咖啡，隔著玻璃窗觀看。聽來好像我很輕鬆，其實不然；利用女兒有活動的空檔，研究旅行資料，比如晚上餐廳或明日行程，如何搭車？開放時間？是否預約？光看一堆英文介紹都眼冒金星！

自由旅行忙碌緊繃又充實快樂！

北海道知名巧克力餅乾——白色戀人，有個觀光園區；佔地廣大的歐式花園，廠房如卡通動畫中的城堡，好像進入童話世界，非常夢幻。

我們參觀製作過程，從原料到手中精緻味美的一片餅乾，全部機器作業。偌大的工廠巨型機器排列，卻沒幾個工作人員。輸送帶的流程，烘烤到包裝，是餅乾的生命之旅。

女兒參加手作餅乾體驗，我趁機休息。這梯次只有她一個人，穿戴廚師裝備，有模有樣隨指導員進入烘焙室。語言不通又一對一教作，不知怎麼溝通的？

一個半小時後，女兒捧著一盒香氣四溢的親作餅乾，驕傲的展示成果；可愛的圖案，個人風格的餅乾，好幾天捨不得吃！

廠房旁是一間很大的歐式餐廳，咖啡、餅乾芳香迷人。我看到很多人桌上點著燭火，上面擺著小小磁鍋，叉著東西放進鍋裏沾著吃。

觀光客就是有耍白癡的權利！我過去觀看，客人豎起大拇指，示意很棒！依樣畫葫蘆也點了一份。當時不懂，後來才知道：這是巧克力鍋 fondue。水果沾熱巧克力，完美組合！不但好吃，天寒地凍中，吃水果不覺冰冷。

透過落地玻璃窗，外面一片蒼茫，一整排林木，乾枯的褐黑枝椏像精靈，無懼北風呼嘯，以詭異的姿勢，凝看白色大地，蒼涼蕭瑟的美感！

看雪景、喝咖啡、吃 fondue，根本就是歐洲風情！我竟在日本體驗歐洲？

生活在雪鄉，不需刻意賞玩冰雪。走在路上，女兒故意踩進綿綿雪堆中，探測深度；隨時

▲滑雪場鏟雪車。

▲輪胎滑雪。

▲滑雪場登山纜車。

可以做雪人、砸雪球；啤酒廠、動物園的廣場，堆積如山的雪丘，擺著很多大大的輪胎，爬上去躺坐輪胎滑行溜下，新奇刺激！輪胎很重，拖著爬上雪山再溜下來，上下幾回，爬得氣喘吁吁、汗流浹背。跟小孩一起玩，增添許多童趣！

冰雪中的動物園也很有趣，寒帶動物如魚得水，生龍活虎雪中雀躍嬉鬧；而許多怕冷的動物住進室內暖房，想像：兩隻大象、一群斑馬、幾隻長頸鹿，住在體育館內的侷促與滑稽，以及無法流通的氣味……旅行，顛覆許多刻板印象！

美食也是旅行的目的之一，慕名品嚐北海道螃蟹。在日式造景庭園餐廳，服務人員送上比臉還大的螃蟹；雖已肢解，仍擺盤原本模樣，並附上十幾支工具：有長有短、有粗有細、有尖有勾……不知如何下手？雖然新鮮肥美，但試一次就夠了，我還是喜歡剝好的蟹肉料理。我一向認

▲參加手作餅乾。

▲札幌拉麵，美味又暖胃。

▲市區電車復古風。

為用餐應是閒情享受、細緻品味；邊吃邊動手，好像仍在操勞工作。少了優雅，美味失色！

倒是平民美食——拉麵，讓我大為驚艷！札幌的味增拉麵聞名全日本，濃郁的湯、軟嫩的肉、Q彈的麵，上面再放一片香濃的北海道cheese；冰雪嚴寒的天氣，擠在小小的拉麵店裏大快朵頤，不只齒頰留香，更是身、心都溫暖！

有天在雪祭會場，逛得手腳凍僵，看到前面人手一碗冒氣的熱湯，跟著排隊購買，輪到時才知道是拉麵試吃。和泡麵一樣大，滿滿的一碗，濃郁Q香的味增拉麵，還有大塊入味滷肉，未免太大手筆了！可惜，麵條需要冷凍，我無法帶回。那些年，對日本拉麵只有無盡的懷念！

後來，日本拉麵名店一家一家來台展店；雖然口味道地，但無法復刻當時場景，總覺得缺少一絲感動。那一刻，過去了永不再回，我慶幸曾經擁有！

▲人力雪橇，拉得動嗎？

銀白世界多倫多滑雪去

札幌的美好經驗，讓我對生活中所沒有的冰雪世界有更多的遙想與憧憬，似乎有種魔力一直牽引召喚著。隔年寒假順從心底的聲音來到多倫多，既探望外甥們，又再投入銀白世界。

多倫多比札幌嚴寒，積雪更深厚。鏟雪車來來回回把雪推向道路兩旁，像堆起兩道高牆；市區人行道上的雪，經過不斷踩踏變成厚實的冰層，必需隨時灑鹽以防滑倒。

住家除了門口通道，庭院厚厚積雪幾乎半人高；一夜醒來，連通道也積滿了雪，必先鏟雪才能出門。女兒興奮幫忙鏟出一條通道，累得躺在雪堆上納涼，順便抓一把乾淨的雪含在嘴裏，得意炫耀，很有成就感。表哥驗收，滿意的說：「很棒！以後這工作就交給妳嘍！」

來到雪城，就是要滑雪！到了滑雪場，整座山白雪皚皚、銀光閃爍，雪花漫天飛舞，潔白純淨、美不勝收。陡峭的山坡，穿著鮮豔雪衣的滑雪好手，以流線優美的姿勢飛馳而下，為寂寥的雪白，增添色彩與生機。

我們到服務中心租借裝備。外甥指導穿上滑雪鞋，感覺好像打上石膏，笨重僵直不易彎曲；接著把鞋緊扣固定在滑雪板上，滑雪板長度幾乎等於身長，得用滑雪杖撐住才勉強站起來，更別說走路了！像嬰兒學步般，重心不穩、搖搖擺擺……光是穿戴裝備就花了半個多小時，第一次的新鮮笨拙，大家嘻哈笑鬧，玩得很開懷。

滑雪場很大，有不同等級的雪道；我有如腳舉千斤鼎，像機器人一樣，步履艱難走到初學者區搭乘纜車。這不是一般觀光纜車，是吊椅式的；必需站著等座椅靠近，拉住坐下，腳懸空就往上去了！

上去容易下來難！到了頂端得自己往下跳，外甥們輕鬆一躍而下，女兒也順利跳下；輪到我……看著腳下長長的滑雪板，手上兩根雪杖要擺哪裏？一人多的高度怎麼下去？稍一遲疑，纜車已轉個彎往下走了！

就這樣繞了兩圈還下不來，第三圈……總不能一直繞？跳吧！別人頂多踉蹌一下就站立了。而我，整個人滾落，摔得四腳朝天！雪地鬆軟，不會疼痛，只覺得狼狽可笑！並且長條雪板縛住，站起來又費了一番功夫。

女兒可能會溜冰，平衡感較好，沒幾次就跟著表哥滑雪去了！我一向不是很愛運動，只是好奇嚐鮮。外甥女陪我，她也不是很有運動細胞；兩人一路摔摔跌跌，至少學會跌倒了如何站起來！最後乾脆用坐的，像溜滑梯一樣滑下來，另類玩法，自得其樂。不需要滑雪板；玩幾回後，

▲全套滑雪裝備，架式十足。

脫下滑雪鞋，穿上普通雪靴，行走更俐落，玩得更輕鬆！

我們坐著纜車上上下下飽覽風光，還到專業級區，坐到最高點，看著滑雪客嫻熟優雅的滑行，賞心悅目，宛如欣賞冬季奧運。

接連幾天滑雪，女兒跟著表哥不斷晉級；我仍然坐纜車、看風景、喝咖啡，悠遊在晶瑩剔透的純淨中。同時也注意到，每天都有校車載著小學生來滑雪。我驚覺：飛了半個地球追尋的新奇，只是當地學童日常的體育課！也領悟到：價值標準，因人、時、地而有不同意義；你的「不可思議」是別人的「天經地義」！

除了滑雪，我們觀賞一場登峰造極的馬術表演——中世紀晚宴秀Medieval Times Dinner Show，以十一世紀爲背景的宮廷盛宴、騎士比武和馬術比賽。

下了車，遠遠就看到一座巍峨的中世紀城堡。城門像是時空閥，一進入城門，所有人員穿著中世紀服飾，用品器具、場景佈置等，營造出

▲表哥教練，快速晉級。

中世紀古典氛圍；彷彿穿越千年時空，來到十一世紀中古時代！威武瀟灑的騎士引領參觀展覽館，展示中世紀的盔甲武器，想像騎士穿戴如此笨重的鋼盔鐵甲，沒被壓垮、還能騎馬征戰，一定體魄強健、武藝精湛。

另一廳展示各種殘忍刑具，千奇百怪、極端殘酷，令人心驚膽顫、毛骨悚然。

馬廄中許多名貴馬匹，高大帥氣；長長的鬃毛，梳理得烏亮整齊，力量與柔美集於一身。

出了展館，騎士帶領前往晚宴會場。像羅馬競技場一樣的場館，中間是很大的橢圓形場地，鋪滿厚厚沙子，四周環繞著架高的看台。觀眾席前有長排大型餐桌，每個座位擺放蠟燭及中世紀風格的鐵製餐具，沈重卻不怕摔破。

今晚，所有觀眾都是王公貴族，觀賞一場有劇情的花式馬術特技演出。

從國王、公主校閱騎士開場：每個騎士極盡炫技，先是個別表演騎馬擊劍、花式騎術，再相對比武；有騎在馬上的長矛對抗，也有刀劍肉搏的短兵相接，每一揮動鏗鏘有力，不時擦出火花；馬匹也威風凜凜，時而輕快舞步、時而呼嘯奔騰，與騎士融為一體，相得益彰。

這時，叛變者入侵。騎士們收起玩樂較勁，戴上盔甲面罩，拿起兵器，共同對抗敵人。

兩軍交戰，鑼鼓雷鳴，一陣兵荒馬亂，掀起漫漫黃沙，騎士們手持利劍盾牌奮勇作戰，場面浩大壯烈、驚險逼眞，宛如電影場景般驚心動魄；更是無與倫比的花式騎馬藝術！

刀光劍影中，騎士擊潰敵人，凱旋歸來，以優雅的風度向公主獻花，掀起最高潮，贏得晚宴賓客如雷掌聲和歡呼崇拜！

而賓客們觀賞的同時，邊享用四道式晚餐，仿中世紀飲食習慣，沒有刀叉——徒手抓！

用手剝開香嫩烤雞，一手蒜香麵包、一手鮮嫩雞腿，大口咬下、醬汁噴溢……豪邁、野性

▲溜冰樂趣多。

▲開心餵食鴿子。

▲中世紀晚宴，手抓食物，豪邁野性又痛快。

又痛快！女兒開心極了，今晚無禁忌！十一世紀何需遵循二十世紀的禮儀？

兩個小時表演，一氣呵成、精彩絕倫，滿足視覺、味覺及幻覺的多重饗宴！

多倫多是個進步的城市，雖然氣溫最冷到零下二十至三十度，但室內或大眾運輸都維持在二十度左右；市區大樓幾乎都有地下街連通，也有 sky walk ，除了短暫走路或戶外活動，並不覺得冷。有天風雪大作，天空一片灰茫，視線不清，飛雪打在臉上，有些刺痛。立刻閃進 mall，中庭走道佈置成熱帶雨林，流水瀑布、鸚鵡吱喳；買了冷飲、冰淇淋，樹下座位休息享用，好像身在熱帶島嶼；只是抬頭一看：透明的屋頂，大雪紛飛……

過去電影中，常看到有人穿著厚重長大衣，進入室內脫掉外套，竟是夏季短衫，覺得不可思議，總認爲是戲劇性誇張，親身經歷後才知戲劇呈現眞實，百貨商場全年都陳列輕薄夏裝。

多倫多是少數我看過四季的城市。

春天冰雪融化，草木新綠、萬物復甦，名副其實「復活節」。

夏天晴空萬里、綠樹成蔭，陽光溫和不毒辣，怪不得人們喜歡日光浴。

秋天滿城楓紅，瑟瑟冷風吹得樹葉沙沙作響，美的像幅圖畫。

冬天冰雪嚴寒、北風呼嘯，一片銀白，蕭瑟蒼涼又純淨聖潔。

這個城市四季變化如此分明，這般不同！旅人們，包括我，常會爲去過的地方下定義，不管自認爲多深入細微，其實都只是瞎子摸象的片面！

達拉斯到芝加哥參加夏令營

每年寒暑假都不在台北，女兒從未參加暑期班，聽同學說不只課業輔導，還有戶外活動。升五年級面臨分班、換導師，女兒捨不得師長、同學，想參加暑期班，多點相處時間，所以沒做出國規劃。誰知到了六月暑假在即，台灣爆發嚴重腸病毒疫情，重症死亡病例激增，部分班級因此停課。疾管局呼籲：爲避免疫情擴散，暑假期間，學童盡量留在家中，不要到公共場所，減少戶外活動。

如此一來，暑假不就泡湯了？和女兒討論後決定出國，也許可以安排參加國外夏令營。我不知道是否眞的因爲腸病毒？或是潛意識想離開台北？在家裡和爸爸時有衝突，不是劍拔弩張明爭，就是處心積慮暗鬥，多年來不見改善，覺得無力也無奈，只有短暫脫逃，彼此休生養息。

帶小孩看世界是合理的出走！事出突然，毫無夏令營資訊，緊急聯絡美國親友。爸爸也努力幫忙，他有位好友也是合作夥伴——陳先生，住在達拉斯。當時正在準備樣品運送，順便詢問夏令營資料。陳先生說小孩都長大到外地唸書，不了解兒童夏令營，但歡迎我們先去他家住，再慢慢打聽，同時把樣品帶去。暑假將近，機票難買，先訂再說。就這樣我成了信差到達拉斯。臨行前，告知芝加哥朋友，到美國後再聯絡。謝謝爸爸熱心安排，或許他也想要空間吧！

陳先生夫婦平日就忙於工作，拿到樣品更忙。我自行翻閱電話簿，尋找附近學校和社區教會，一一拜訪詢問夏令營資訊，同時景點旅遊探訪。

達拉斯有一種豪邁粗野的氣息。多處展館、景點呈現牛群、馬匹、牛仔圖騰；參訪表演多爲騎牛、套馬競技，表現出冒險犯難、勇敢威猛的馬背英雄精神！市區騎腳踏車巡邏的警察、餐廳超大份量的食物、商店陳列精工刺繡的牛仔靴，處處流露著灑脫粗獷的牛仔風格。

七月的達拉斯白天高溫有時超過攝氏四十度，草地焦黃、樹木乾癟，可見生存艱辛、並頑強對抗。從市中心高塔望出，烈日當空，一片乾燥枯黃的沙漠；難以想像，如此炙熱，冬天竟然有時會下雪！

毒辣驕陽無所遁形，戶外待一陣子就得進室內降溫；好像在多倫多，戶外冰雪酷寒，必需到室內取暖；極端對比卻異曲同工！美國人講究生活舒適，認爲華氏七十至七十五度，（攝氏二十一至二十四度左右）是理想溫度。因此戶外四十多度高溫，室內只有二十二至二十三度，名副其實「冷」氣！甚至有大型溜冰場，透明屋頂、陽光直射，營造戶外氣氛卻又冷得發抖。這樣的能源消耗，令人咋舌！

每天在極大的溫差中進進出出，幾天後，兩人都感冒了！我認眞思考：天氣太熱不適合劇烈戶外活動，我

▲達拉斯警察騎腳踏車執勤。

▲火車臥鋪，沙發攤平就是一張床。

們也不習慣這樣的溫差，不能勉強參加此地夏令營；趕緊聯絡芝加哥朋友幫忙查看。

朋友很熱心，幾天後來電說，她家附近就有營隊，要我們趕快過去。於是買了火車臥鋪票，向陳先生道謝、告別。陳先生很訝異！他說，過去接待台灣親友，都得全程陪伴，不會搭車也不敢單獨出門。這段時間每天詢問想去哪兒？需不需要送一程？我都說不用，以爲沒人帶不敢出門。這兩周比較忙，正安排過幾天帶我們出去玩，沒想到我竟然自己搭車趴趴走，做了這麼多事，連火車票都買了！他堅持送我們到火車站，並歡迎天氣涼爽時再來訪。

其實無論住誰家，那怕是至親好友、甚至兒女，都得想辦法自己行動，不能全然依賴、等著主人帶領陪同；人家有固定規律作息，還要花時間陪客人很辛苦。兩、三天還好，久了如果不自行安排活動，漫漫一天很無聊；主人看你整天待在家中，也會過意不去，彼此都感到壓力。親友提供住宿，已經很感激了，不能再給人增添麻煩，如果沒有這樣的心理準備，不適合長期住親友家。就像住民宿，不會要求主人陪著玩吧？

再次搭乘美國鐵路 Amtrak 火車，我懷念回味、女兒新鮮體驗，大家都很興奮！晚上女兒熟睡，聽著火車律動的節拍，像首和諧的樂章；看著黑暗中滿天星星，懷想過去、思索未來，清明透徹、超然奔放……兩天一夜到達芝加哥。

芝加哥位於北美大陸的中心地帶，是鐵路、航空樞紐；因好友定居此地，每次到美加其他城市，多半選擇芝加哥轉機，並順道拜訪，已經來過好幾次了！這回朋友新婚搬家，距離芝加哥開車一個多小時的郊區小鎮，也因此順利找到夏令營，因爲營地都在郊外。

感謝好友已經聯絡好營隊，我們直接去報名、繳費。營區是個有山有水的遼闊公園。周一至周五上午九時，營隊準時出發，每日活動區域不同，下午六時解散。

小鎮居民大多自行開車，大眾運輸比城市更不方便，路線、班次都很少，時間難以掌握。營地很大，公車在園區門口下車，得走二十分鐘才到集合的活動中心。幾次到達時隊伍已出發，所幸沒差太久，問了方向跑步追上。計程車可開入園區直達活動中心，但不是隨手可招，必需幾個小時前打電話到公司預約，不方便而且車資很貴。

我每天摸索，尋找更有效路線。終於發現：園區後側出口連接社區，再穿過幾個社區小路就到家了！走路只要三十至四十分鐘。朋友不知道這條路，因爲她都開車，只走大馬路。

此後，我們早上用走的，從未遲到；下午結束，有時走路、有時其他家長送一程。這裡九點多太陽才下山，我們吃過晚飯，天黑前回家。

小鎮生活機能很便利，百貨超市、購物商場齊全，公園綠地、踏青郊遊景點很多，只是少一些精品名店、特色餐廳及遊藝場所。起先受制於交通，慢慢摸熟後知道：只要抄小路、走捷徑，大部分地區走路一小時左右都能到達，比搭公車還快又不用望穿秋水苦等。

在台北走路一小時似乎很辛苦，在這兒氣候舒爽、人行道寬闊，慢慢散步不覺得累；更何況許多人，包括好友，下班後還特別跑步運動一小時呢！

送女兒到營隊後，就四處遊逛闖蕩，困不住我的啦！其實這個小鎮已不算小了，女兒後來因工作關係，曾住過一個六萬人口的小鎮，連公車都沒有呢！小城故事多、人情味濃厚，閒晃一陣子，常去店家逐漸熟識，寒暄招呼，好像多了些朋友。

小鎮到芝加哥坐火車約一個半小時，班次不多，當日來回很趕。芝加哥旅行過多次，小鎮也逐漸熟悉、暢行無阻，就不再如此奔波；只在每個周末帶女兒去度假，參訪博物館、水族館、動物園，搭船遊湖、碼頭樂園，徜徉密西根湖畔，觀賞城市摩天大樓。

▲芝加哥——密西根湖畔。

▲最後一天，淚眼揮別。

▲夏令營的好友們。

芝加哥近郊有一主題樂園 Six Flags ，總部設於德州。在達拉斯時就想去體驗它的狂野與驚恐，因天氣太熱又感冒而作罷；這裡氣候很適合瘋狂放縱，特別前來滿足心願。

Six Flags 是集合各種類型雲霄飛車的主題樂園，就是要你魂飛魄散！

雲霄飛車有鋼製的，金屬碰撞、騰空翻甩；有木製的，嘎嘎作響像要崩解斷裂。各種型態：旋轉的、飛行的，懸吊的、倒掛的，站立的、蹲舉的，最長的、最高的，最快的、最猛的……奔馳失速、俯衝墜落，這裡充滿刺激挑戰、驚悚恐怖，就是要人鬼哭神嚎、驚聲尖叫！

一陣自虐後，有種釋放、發洩的痛快！怪不得人潮絡繹不絕、大排長龍。

女兒的夏令營，天天有不同主題：爬山健行、游泳戲水……玩得不亦樂乎。每天去接她，沿路驕傲得意炫耀成果，我也聽得津津有味。東西方教育觀念不同，夏令營活動安排也大有差異。比如：有一天去釣魚，並非每人發一支釣竿，而是指導員帶著學生，先到湖邊樹林尋找樹枝，削剪成適合的尺寸樣式，綁上魚線，自己製作釣竿。然後指導員教導，如何挖土找蚯蚓，做成魚餌。準備就緒才釣魚，釣到後再討論如何處置，放生、烹煮或帶回家？

原來「釣魚」，包含自然、生物，工藝、家政，地理環境、野外求生等多種知識學習，但全程沒有一句教條、一張筆記！小孩只是快樂玩耍、充實有趣，眞正「寓教於樂」。難怪女兒眉開眼笑、樂不思蜀！我也上了一課。

夏令營最後一天去接女兒，幾個小孩哭成一團。我嚇一跳以爲出事，原來六周相處已是好友，不捨分離。聚散離合總是傷感難過，卻讓生命更精彩豐盛！

東西方教育各有所長，端看個人領悟。希望這次經歷，女兒能吸收到兩方精髓，融合呈現，健康快樂成長！

狂野安靜魅力無限的澳洲

女兒逐漸長大，從小包袱變小幫手、小跟班變小遊伴，旅行規劃也越來越壯闊。這年暑假我們縱貫遨遊澳洲東岸。

第一站凱恩斯 Cairns，是澳洲北部一個熱帶城市，刺激冒險又悠閒安逸的度假勝地。市區不大，用走的就逛完，旅客比居民多；來這裡不是爲了城市景觀，而是自然環境。

騎馬渡河探索雨林、越野四輪車衝刺樹叢，挑戰急流泛舟、穿越森林瀑布，體驗純正原住民生活文化、乘風破浪離島遺世獨立，品嚐在地特產水果海鮮、擁抱可愛無尾熊小袋鼠……豐富多樣的驚險活動，玩得血脈賁張，十天都意猶未盡；而絕對、絕對不能錯過的是——大堡礁。我安排在最後一天壓軸！

我們住在市中心一家中型飯店，一早 check out 寄放行李，並詢問櫃台人員，下午大堡礁回來能否使用飯店浴室？他看看訂房紀錄說，如果有空房一定可以！

坐船出海，甲板上曬太陽、吹海風，欣賞南太平洋醉人美景；到了大堡礁的人造浮台，穿戴蛙鞋水肺裝備，潛入水中窺探神奇海洋世界。海水清澈透明，鮮豔絢麗的珊瑚園，五彩繽紛的魚群，成群結隊湧現，大海顯得擁擠；一隻藍色大魚經過，魚尾甩了我的臉，海龜也湊熱鬧踢我一腳！女兒泳技不錯，潛入更深更遠，像個美人魚優游彩魚海龜間，還閒定的拿著防水相機拍照。

綺麗神祕的海底異世界，生機蓬勃卻寧靜沈默，讓人在現實與幻覺間混淆迷失！

行程結束。我一向動作慢、程序多，不喜歡使用公共浴室；心想可用飯店衛浴，就沒有換洗，直接套上罩衫即回。到了飯店，服務人員看到我急忙道歉，下午來了一批未預訂的客人，現在房間全滿，無法提供浴室使用。

慘了！還穿著泳衣，全身黏膩，晚上十二點搭夜車呢！只好先去吃晚餐，早一點到車站換洗。澳洲旅遊服務非常周到，機場、車站都有乾淨寬敞的淋浴設備。

又累又餓，找家好餐廳飽餐一頓吧！

我們在一家知名連鎖飯店用餐。餐後，時間還早就隨意參觀，飯店後面庭院有一座大型游泳池，鐵門隔開，需刷房卡才可進入。繞了一圈正要離開，裡面泳客開門邀請入內，他以爲我們忘記帶房卡；不便解釋，道謝進入。

清澈池水、舒適躺椅、乾淨毛巾，我們身著泳衣呢，正好泡泡水！畢竟是星級飯店，衛浴間如美容芳療館，芬芳靜香、盥洗用品一應俱全；還好隨身攜帶換洗衣物，不但舒服梳洗一番，順便蒸汽水療舒壓！

晚上到車站，一群背包客排隊等候洗澡。眞慶幸我們的運氣！旅行因這些奇遇趣聞，而更加深刻難忘。

凱恩斯到布里斯本全程約一千七百公里，長程開車加小鎮休息，至少三十小時以上。客運由兩位司機輪流駕駛，車子最後一排的位置是個小房間，有張床讓司機休息睡覺。

到了布里斯本，車站離飯店一段距離，其中一段路高低起伏落差極大；我和女兒共用一個旅行箱，又大又重（上限三十二公斤），不時得抬上搬下。

當我們正努力推移時，一位高大的西方男士過來幫忙提起，並問我們要去哪裏？我告知飯店名稱，他說過兩條街就是了；一手拿起行李要我們跟他走。

感謝、感激、又感動！旅行以來深深感受到西方男士對小孩、婦女很主動關懷照顧，或許教育文化不同吧！

我是帶小孩的婦女，經常得到禮遇、倍加受惠！

布里斯本是陽光燦爛、多元層次的現代都會，人文藝術、戶外探險集於一身；河邊花園、人造海灘，新潮餐廳、悠揚音樂，創意空間、熱鬧市集等，或者出海賞鯨、荒野露營，待上一星期也不會無聊！

這天要離開布里斯本，一早拉著行李下樓 check out。

電梯打開，裡面三位東方男士。進入時，旅行箱輪子卡在縫隙間；我急忙按下暫停鍵，

▲凱恩斯騎馬雨林探險。

▲鳥園無籠，鳥兒自由飛行圍繞搶食。

▲誰說坐火車，頭手不能伸出車外？

女兒在外幫忙抬起。忙亂中，聽到熟悉的口音、戲謔的口吻：「哈哈！我猜她們一定拉不起來！」回頭一看，三人大笑！紋風不動、隔岸觀火！

他們一定沒想到我也是台灣人，一般台灣人不會自己搬行李，都是放房門口等待導遊處理。華人文化的友好互助多半行在熟識之中，對陌生人可能冷眼旁觀，所謂「有關係就沒關係、沒關係就有關係」。多年旅行，我已很習慣被誤認為日本人。

不管是文化使然或是個人修為？不予置評！但如此幸災樂禍的風涼，是這麼篤定對方聽不懂？還是根本不在乎對方聽得懂？

兩、三小時後到達黃金海岸。別具一格的度假城市，有純淨絕美的海灘風光，和熱鬧非凡的都會夜晚，更少不了主題遊樂園。在這裡滿足女兒夢想，華納影城、海洋公園、夢幻世界等；還特別前往農莊，參觀趕羊、剪羊毛秀，回味紐西蘭與羊群為伍的美好時光。

幾天後再往下一站——雪梨，又是千里跋涉。

我喜歡陸路交通，把自己置身奇鄉異地中，感受時間更迭、氣候變化、旅客百態……飛機太安分侷限，錯失許多細枝末節！

同行者多為背包客。許多人把自助旅行和背包客劃等號，我認為有所不同。

背包客大多在極簡預算下，進行長期長途旅行，有獨到的個人見解和行程路線。為節省旅費，深入當地尋找民宅住宿、大眾交通，因此更貼近真實在地風土民情。雖然背包客消費力不強，多數旅遊業發達的國家，仍提供詳細資訊、完善規劃、便利環境。現在的背包客未來都可能是出手闊綽的大方豪客！

我的旅行模式是：背包客的路線、觀光客的享樂！

一站一站南下，從熱帶到亞熱帶，雪梨氣候明顯寒冷。安頓妥當，第一件事：到火車站買墨爾本車票。之前，凱恩斯到布里斯本，原計畫搭火車，到車站才發現班次不是每天有。台灣北高火車一天幾十班，從未想過如此狀況。

出國旅遊，眞要徹底打破既有刻板想法！

買票又是一次教育！售票時間只到九點，現在八點五十七分。售票員說明時間來不及，明天再來。心想：買張票不過兩分鐘，爲何要明天再跑一趟？

不知那來的氣魄和突然流利的英語，我指揮著說：「明天我要到藍山，五天後才回來，接著有其他行程安排，沒時間再來；現在還有兩分鐘，請你不要浪費時間解釋，立刻開始進行購票作業吧！」

因爲我義正詞嚴嗎？他眞的開始操作！

但不是我預期的兩分鐘，從時間確定、鋪位選擇、使用說明、車票列印、到刷卡付費，竟然花了二十分鐘！等我拿到票，覺得很不好意思，一再致歉又致謝！

他只是笑笑說：「沒關係，祝妳澳洲旅行愉快！」

售票是他每天例行工作，清楚知道多久作業時間。起先說來不及，不是懈怠刁難；後來賣票給我，更非我氣勢逼人，而是善意體恤，犧牲時間幫忙！

我感動的想哭！旅行過程中的冷暖感受，有時比景點參觀更値得記錄！

以雪梨爲中心，參加 tour 旅行，先到藍山國家公園。這個長年霧氣繚繞的靈山，充滿了峽谷、懸崖、叢林、瀑布等壯麗奇景；我們搭乘近九十度傾斜的採礦火車、透明的高空纜車及遊覽小巴士等不同交通工具分區巡覽，也在溫馨舒適的英式古堡飯店住了幾天，呼吸日月精華！

▼▲澳洲動物都有「袋」?!

▲袋獾溫和可愛，不知為何叫 Tasmanian Devil？

▲澳洲Emu鴯鶓，體型僅次於鴕鳥。

▲袋鼠成群圍繞親密互動。

另一個 tour 到坎培拉，是澳洲首都、一個沒有高樓大廈、完整規劃的城市。guide 帶領參觀國會大樓、肖像美術館，也到郊外植物園、花卉公園踏青，遍訪低調卻宏觀的都會。

回到雪梨，我們搭公車或輕軌列車巡遊城區，歌劇院、海港大橋、港灣碼頭，甚至夜訪 king cross 燈紅酒綠夜店區。

我喜歡 Darling Harbour 的海鮮餐廳。服務人員很堅持坐戶外，才能感受優雅浪漫情調，可是天氣這麼冷！原來，桌子中間復古的立燈，既是照明也是暖氣。

肥美的生蠔、剝好的蟹螯、鮮甜的龍蝦，難以忘懷的海鮮大餐！

浪漫氛圍外，港灣設施也讓我驚訝。餐桌擺在港邊木棧道上，水岸近在咫尺；岸邊沒有欄杆，也不見繩索拉開、或任何警示標誌，一腳踩空，就是深深海水。遊客絡繹不絕，還有小孩追逐玩耍；人人自守分際，保持安全距離，未聞落水意外。

不懂台灣港邊，層層鐵鍊圍欄，破壞景觀，仍有人違法擅闖，摔跤落水竟怪罪警示不清？

雪梨郊區有個野生動物園，就像保護區，可與動物接觸互動。在這裏看到、撫摸、擁抱許多澳洲獨有的珍禽異獸：鴨嘴獸、Emu 鴯鶓、無尾熊、袋鼠、袋熊，澳洲動物都有「袋」？哈哈！還有瀕危的袋獾 Tasmanian Devil，嬌小可愛的模樣，不知爲何有此邪惡之名？

下雨了，我們穿上雨衣，繼續追著袋鼠跑！

晚上在市區高塔旋轉餐廳吃 buffet，一道道袋鼠肉、Emu 肉的特色料理，令我很掙扎，既想嚐試又不忍下嚥！

坐火車往墨爾本。每個地區臥鋪房間設計不同，都一樣充分利用空間，收納變化、五臟俱全。火車準確顯示一個國家的水平和效率，餐車食物清楚表現服務品質和飲食文化。

墨爾本飯店是此行中，唯一在台灣預訂好的；亞拉河畔新落成的五星飯店，設備新穎完善，有超大按摩浴缸，邊泡澡還可邊看電視；女兒泡了一小時都不出來呢！

這是信用卡積分換來的禮遇！

墨爾本人文薈萃，既繁華又安靜、既古典又現代。一樣的，以墨爾本為中心，大眾運輸可達的自行前往，交通不便的參加 tour。這些精彩旅行值得紀念！

大洋路是世界有名的濱海公路，崎嶇蜿蜒、優美秀麗，每個路段有不同景緻；波瀾壯闊的海岸、鬼斧神工的絕壁；飽經風霜、巍峨矗立海中的十二門徒巨石，承受海風狂嘯、巨浪鞭打；如其名，彷彿對信仰的堅定無懼！

tour 精心安排在懸崖上的海景飯店住宿，從崖頂盡攬壯麗奇景，真是難能可貴！

另一個菲利浦島的企鵝歸巢是必訪景點。我們早早就到海邊，以便坐第一排觀景臺；忍受刺骨寒風直到天色變暗，此時燈光管制，也不允許拍照錄影。

月色星光下，海面上出現小小身影——企鵝！一隻、兩隻、三隻……一群！驚喜卻不能出聲！張大嘴巴、瞪大眼睛，每個人看起來比企鵝滑稽可笑。

可愛小巧的神仙企鵝，嘴裏銜滿食物，帶回巢中餵食寶寶；圓滾滾、胖嘟嘟，一搖一擺慢慢從身旁走過，一隻接著一隻，憨態可掬瞄妳一眼，不負責任的擄獲人心！

這一天鬧鐘凌晨三點響起，為的是奇幻熱氣球飛行！

大地一片漆黑，氣球在點燃噴火後充氣膨脹，照耀著周邊火紅明亮；大家進入籃子，緩緩升空，在大地甦醒前，展開夢幻之旅。

清新的空氣、瑟瑟的寒風，氣球穿過雲層；我們像騰雲駕霧的神仙，迎接第一道曙光、檢

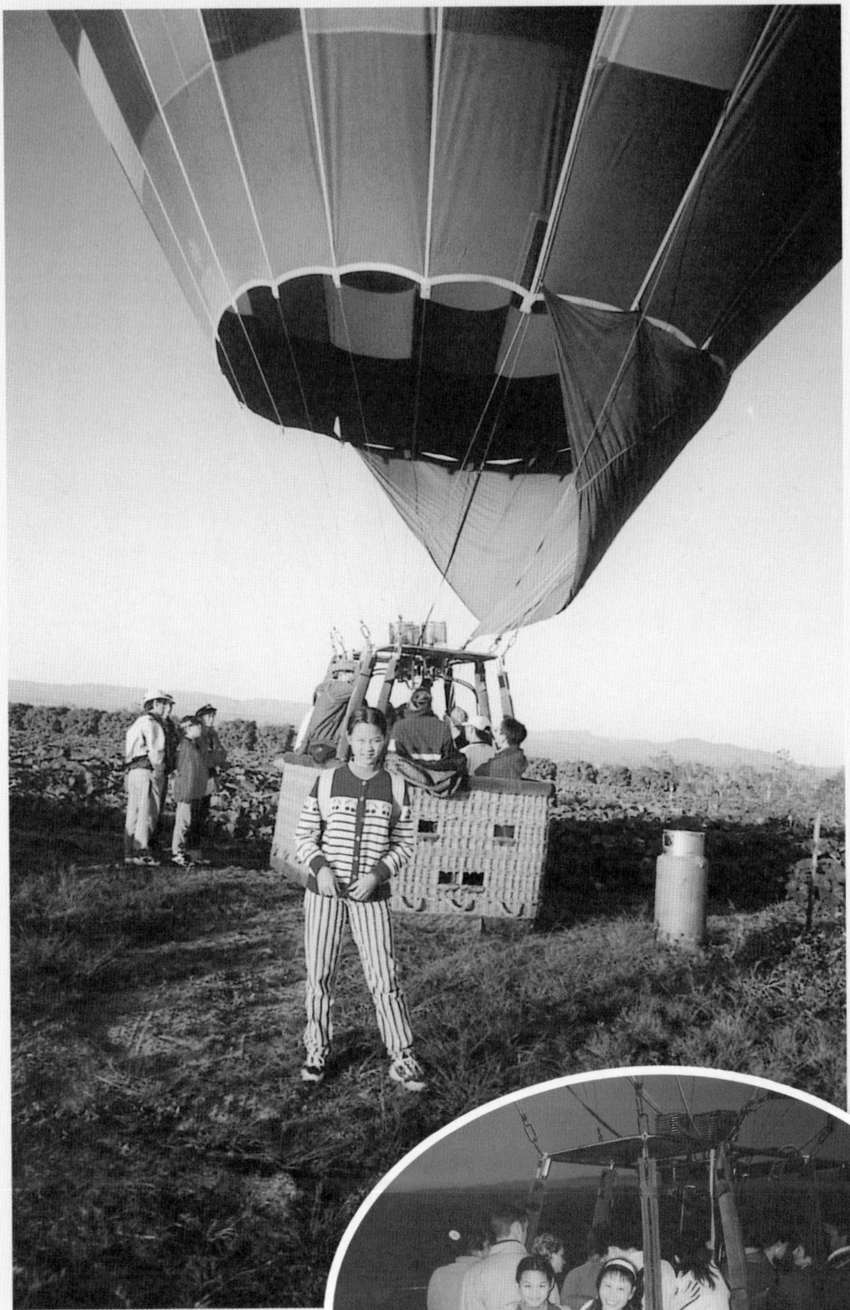

▲墨爾本熱氣球綺麗飛行

閱大地風貌，看著天際漸層的顏色變換，由黑暗到光明。

熱氣球隨意飄行，田園、酒莊盡在腳下，自由奔放；在太陽升起後慢慢降落，擦過林邊樹梢，回到人間。不同凡響的奇麗飛行，令人無比激動！

墨爾本偏遠郊外，有條超過百年的鐵路，行駛澳洲最古老的蒸汽火車。

誰說坐火車，頭手不能伸出窗外？我們坐在窗台上，雙腳掛在窗外晃蕩；沿途茂密森林、鳥獸鳴叫，偶爾火車汽笛鳴響伴奏，回音響徹山谷間；蒸汽火車燃煤行進，車頭冒出巨大濃煙，好像雲朵隨行，宛如身在童話世界。

火車可以跨窗，那電車用餐呢？

在墨爾本市區，有一列觀光電車，車內就是高級餐廳；懷舊復古的裝潢，乘客衣著正式華麗；電車緩緩行駛軌道上，既是城市觀光又享受精緻美食，高貴優雅的貴族風情！

澳洲安靜狂野！獨特的自然景觀、活力的現代都市，豐富奇妙、魅力無限！

旅行兩個月，身體勞苦疲累、心情喜悅滿足，太多的澎湃激情，必需回家冷卻整理，讓記憶建檔儲存！

荷蘭：自由開放的人文觸感

一則廣告引起我注意，荷蘭航空爲刺激冬季歐洲旅遊，提供優惠方案：台北直飛阿姆斯特丹，可低價延伸其他歐洲城市，並贈送兩晚免費住宿。廣告中列出幾個歐洲大城市，附上當地特色圖片；其中一個是芬蘭首都赫爾辛基，除了城市風貌外，有一張截然不同的照片。

一片空寂的雪白，一間晶瑩的圓拱冰屋，一個原住民屋外燒柴，火光映出孤單的身影，旁邊幾隻哈士奇、遠處兩頭麋鹿；堅毅沈默、空靈詩意……深深被打動了！

查詢後，知道這張照片不在赫爾辛基，而是千里之外的北極圈。更添加嚮往！

這年寒假配合農曆過年多了幾天，誘惑著我追尋照片的故鄉！

我自知旅行方式與一般習慣的團體觀光不同，比較像生活遊歷，不受拘束隨性闖蕩；知音同好難尋，就不邀約他人，向來都是獨往獨行。

小時好友知道我又計劃出走，不問去那兒？也不想多了解，只說跟妳一起去！

朋友非常隨和，從小到大熟絡相知；我們各有一個年齡相若的女兒，幾年前菲律賓老沃一起同遊。老沃不算旅行，只是定點度假，輕鬆安適；這次不同，萬里跋涉又天寒受凍，闖入北極圈。太多的未知與不確定，自己都戒愼恐懼，何況沒有自助旅行經驗者，恐怕驚慌失措。我不是職業導遊，不能提供任何擔保，也不想被限制束縛。

好友很乾脆表示：任何安排都沒意見，遇到波折也絕不抱怨牢騷，更不會要求負責。

於是第一次、也是唯一的一次，女兒和我有伴同行。

由於必需在阿姆斯特丹轉機，就順道入境旅行幾天！很多人不喜歡轉機，認爲辛苦勞累又浪費時間。我則完全不介意，甚至刻意安排，多一個地點旅行，節省一趟專程機票。每次到北美，別人坐華航、長榮直飛，我選擇其他航空公司，在不同城市轉機，利用機會暢遊亞洲各城市，香港、東京、首爾、上海……等，不用另外花錢買機票。

一月底，阿姆斯特丹氣溫只有一、兩度，沒下雪但寒風刺骨，朋友沒遇過如此酷寒，全身包裹、縮手縮腳；我覺得好笑，心想：第一道前菜而已！

阿姆斯特丹城區不大，景點聚集；運河小橋增添美麗、行人腳踏車顯得悠閒；購物大街條條相通，沿途藝術雕像裝置，和靜止不動的街頭藝人行動雕像，亦眞亦假、難分軒輊；偶爾傳來歌曲樂音，充滿濃濃人文觸感。

雖然對美術外行，仍附庸風雅的參觀梵谷美術館、林布蘭博物館等，避寒也歇腳。

荷蘭人思想自由、前衛另類，開放的態度在紅燈區、和大麻咖啡館顯露無遺。

在阿姆斯特丹逛紅燈區是正大光明的，市區觀光主要景點之一；常見導遊帶著觀光客沿途解說導覽，這只是另一種商業區，如同商場的櫥窗、展品。既是人性本能，何須道德面具？

Coffee shop 竟可大大方方吸食大麻?!迷幻若仙之餘，搭配大麻蛋糕下午茶?!

據研究指出：大麻對人體的傷害及社會的危害，遠低於烈酒。荷蘭政府認爲：與其黑市氾濫，造成社會問題，不如合法管理，平抑市場價格。

我帶著小孩，不便嘗試，卻陰錯陽差的帶了大麻蛋糕、糖果回來，其實小口小口的吃，挺美味可口呢！就像我在秘魯喝古柯茶一樣，清香回甘。

荷蘭印象 文青浪漫

晚上搭透明玻璃船吃晚餐、遊運河。等待時，樂手彈奏手風琴，輕快活潑舞曲，讓枯燥的排隊成了醉人的音樂饗宴。

河岸兩邊房屋，細長、狹窄、高瘦，最上層山形牆閣樓，典型荷蘭建築特色；運河畔不時出現小巧船屋，人們洗衣、煮飯生活其中，別有一番風味。從夜幕低垂到滿天星斗，船內燭光晚餐，外面屋子透出悠悠閃閃燈火，河邊行人談笑散步，溫馨浪漫、幸福滿溢。

回到碼頭，悠揚手風琴樂音傳來，一群帥哥勾肩搭背唱和；寒風月色中，高亢嘹亮歌聲，劃破寂靜夜空。吸食大麻嗎？還是荷蘭人微醺都如此文青？

儘管只停留短短四天三夜，我撥一天搭火車到海牙。市區觀光外，最主要帶小孩遊覽小人國。園區不大，卻是精緻逼眞的荷蘭縮影，有些模型可以操控互動。地上薄薄積雪，兩個小孩邊觀賞邊玩雪，不亦樂乎；我和朋友樂得偷閒，坐進室內咖啡座取暖閒聊、隔窗監看。

小孩有伴，大人輕鬆許多！

荷蘭人不論男女都很好看，五官細緻、身材高挑、氣質優雅。我發現女兒對荷蘭人很有興趣，這幾天經常專注看得出神。這天離開荷蘭，搭荷航前往赫爾辛基，她目不轉睛看著空服人員，突然冒出一句：「我最討厭鄭成功了！」

啥?!又沒要妳做功課，莫名其妙扯到這個？

「如果鄭成功不要趕走荷蘭人，我就跟他們一樣漂亮！」童言童語令人莞爾，我除了肯定女兒也一樣漂亮外，還嚴正的用我被教育的民族意識說明，但顯得氣虛；心底有一些說不出口的話，似乎認同：不只漂亮，還有人文素養、自由思想、開放態度……

唉，小孩總是揭穿國王的新衣！

豪情萬丈進入北極圈

芬蘭緯度高、氣候嚴寒，赫爾辛基積雪盈尺。朋友沒經歷過如此錐心刺骨的冰凍，既期待又怕受傷害。酷寒季節眞的不適合市區閒逛，城市被大雪封住無法窺其眞貌，人們藏身室內看不出人文風雅。我把重點放在平常經歷不到，瘋狂刺激的冰雪活動。直接搭車前往Lahti，這座城市每年舉辦冬季運動會而聞名，有許多國際標準運動場館，平日也做爲度假運動用途。我把航空公司贈送的兩晚住宿，用在此地的運動度假村。

以爲是小巨蛋加體育場嗎？不，是一整座山！車子在蜿蜒的山路繞了許久，才到達接待中心。清新的空氣、尖聳的巨樹，一片純白、景色優美；遁入山林、遠離塵囂、拋開世俗，就算無所事事、「虛度」兩天，都有身心洗滌、靈命重生之喜悅！

度假村包吃包住包運動。因爲是選手訓練中心，各個場館都符合國際比賽標準。我雖沒有運動細胞，參觀考察也大開眼界。

佔地廣大的室內場館，屋頂很高、沒有看台，純粹訓練用途；從挑高的空中走道往下看，幾座籃球場、網球場、排球場、體操、跑道……分區使用、設備齊全，運動員正努力練習。

接待中心、客房、餐廳、場館間相距頗遠，光是來回行走，已足夠運動量。

山上有座奧運標準游泳池，泳技不差的朋友和小孩們，游得盡興過癮；這樣的深度，我只能一旁三溫暖舒壓！旁邊一個很大室內溜冰場，一邊滑冰使用、一邊冰上曲棍球訓練。女兒租了鞋子溜冰，不知怎麼和旁邊曲棍球員攀談起來，他們借她球桿一起擊球。

除了室內場館，也可以戶外滑雪。穿上滑雪鞋、套上滑雪板，怎麼和多倫多不一樣？輕便許多！經過說明，滑雪分高山滑雪、北歐滑雪；之前在多倫多是 down hill 高山滑降，這裡是 country walk 雪地競走，因此裝備也不同。有過高山經驗，儘管摔得狗吃屎，雪地斜坡行走，簡單多了！旅行增加許多常識。

一般度假村吃喝玩樂、芬蘭度假村運動健身，外面大雪紛飛、館內運動員如常訓練；完備環境設施，不受天候影響。芬蘭人注重運動，難怪體育表現優異！

三天後回到赫爾辛基，因目的不在城市旅行，只停留一天；瑟縮著參觀了著名的岩石教堂和西貝流士紀念館等，並到火車站買前往接近北極圈小鎮 Kemi 臥鋪車票。朋友喜歡逛百貨商場，發現沒有安排購物行程，略微失望。

我對火車永遠鍾情，只要用心細看、想像無邊，車上總有好戲；窗外一幕幕消失的場景、車內一個個登場的演員。簡餐車廂：一個嚴肅的男人隨意翻閱報紙，旁邊的公事包說明了疲累；一對老夫妻安靜微笑對望，無聲勝有聲的默契；兩個女孩竊竊私語、傳出輕笑，談論男友？看來憂傷的中年婦女，低頭振筆疾書，似乎急著傳達心情……

對面年輕男孩和女兒互扮鬼臉，我們因此聊起來，彼此都是蹩腳英文，猜測多於了解；他在樂團工作，要去籌備下一場演出，教了我一些常用芬蘭語，我只記得芬蘭國名是「Suomi」。兩個小時到達他的目的地，下車前堅持請女兒喝杯熱巧克力。之後我們回臥鋪，朋友房門緊鎖，應該早已睡著。芬蘭交通時間精準，約十一小時後，一秒不差抵達 Kemi。

來Kemi 就是爲了 Sampo 號破冰船。芬蘭北方部分港口冬季海面結冰，船隻無法航行，

Sampo 號先開疆拓「冰」疏通航道，以利商船貨輪順暢通行，後來退役改裝成全球唯一的觀光破冰船。到了港口，只見鋪天蓋地的白色，冷峻蒼涼，分不清哪裡是陸地？哪裡是海面？反正冰層厚實，可以安全行走。魚貫上船，先導覽參觀；工作船講求實用效能，沒特別裝潢，直接呈現鐵打銅鑄、堅固牢靠的安全感。

啓航了！大家跑到甲板上觀看！銅牆鐵壁的龐然大船，撞擊厚實無邊的冰層，發出驚天動地的碎裂巨響，劇烈震動宛如天崩地裂，聽了膽戰心驚。破冰船勇猛前進，眼前出現一排高聳巨大冰塊，還搞不清楚狀況時，四周一片驚呼：「冰山！」

冰山！天哪，人生何幸？遇見冰山！

巍峨矗立的冰山，就在眼前、貼近觀看；晶瑩剔透、平滑光潤、精雕細琢，又氣勢磅礡、道貌岸然、不可一世，心生敬畏舉目瞻仰！大自然的鬼斧神工，壯麗也險峻；人類面對生存的極端艱辛，勇敢頑強搏鬥，卑微渺小，又崇高偉大！

海水急凍，我，熱血沸騰！船到海中停下，破開的冰層露出海水，形成小小天然泳池。緩和一下內心的澎湃激情，來個餘興節目——冰泳降溫。

穿上防寒漂浮裝，除了臉部露出，全身密不透風緊緊包裹，以免海水滲入。工作人員目測兩個小孩，身高不夠不能下水，女兒急得哭出來！我也覺得可惜，一輩子或許僅此一次！一番交涉爭取，獲得許可；女兒破涕爲笑趕快換裝，那知另一個小孩卻哭了，她原以爲逃過，現在又不想獨自留在船上。

穿著漂浮衣走在冰上，不是「如履薄冰」，而是腳踏實「冰」，工作人員協助下水。灰濛的天空下、冰凍的海水中，載沉載浮漂移，我在北極海域游泳？好不眞實的奇幻夢境！

▲特殊防寒漂浮裝

▲北緯66.5，二月白天最高氣溫——零下29℃。

▲漂游北極冰凍海水，宛如奇幻夢境。

▲雪上摩托車。

▲Sampo號破冰船。

冰泳上岸，連剛剛哭著下水的小孩都笑容燦爛，應該發現樂趣不虛此行。走回船上，發現小孩們身上有冰塊。由於個子太小，漂浮衣不夠緊密，以致海水滲入，溫度太低上岸就結冰。怪不得工作人員因安全考量，不希望她們下水；感謝工作人員特別陪同照顧！

全身凍僵返回船上，享用熱騰騰的馬鈴薯鮭魚濃湯，溫暖入喉，人間美味無法形容！

晚上在飯店，看到有游泳池，晚餐後帶小孩玩水；我換上泳裝坐躺椅與朋友聊天。泳池不大，有兩個男人泡在水裏；小孩游了一陣子，突然匆匆上來，像發現新大陸，神祕急切的說：「那兩個男生沒穿褲子游泳！」

我有點驚愕，詢問服務人員。原來這不是游泳池！這裡是 Sauna 三溫暖區，水池是蒸汽烤箱出來後的冷卻池。Sauna 是芬蘭家

▲北極咖啡館，雪中送炭的溫暖。

庭團聚活動之一，芬蘭人崇尚自然、尊重身體，浴池不分男女。由於地廣人稀，冷卻池蓋得很大，我們誤以爲游泳池，穿著泳衣進來。我們驚異他們沒穿褲子的同時，他們是否也在竊笑，那有人穿泳衣泡三溫暖！

大千世界，無奇不有，見怪不怪！

第二天繼續北上，跨過北緯六十六點五度，正式進入北極圈內！

值得紀念的一刻，站立在神祕莫測、荒蕪冰原的北極圈內，我意氣風發、豪情萬丈！

Rovaniemi 是傳說中聖誕老人的故鄉，小鎮內聖誕老人村，有聖誕老人常駐，販售各種紀念品，村內洋溢歡笑熱鬧的節慶氛圍。大家興奮與聖誕老公公合照，他親切和藹抱起小孩，讓孩子美夢成真。我們買了很多紀念品，也在名冊上簽名留下回郵地址，回台後真的收到聖誕老公公簽章的聖誕卡片！女兒沈浸這美麗遐想，堅持聖誕老公公眞實存在；經常和同學爭論，還出示卡片、合照爲證。直到有一天哭著回家說：同學都笑她，只有笨蛋才那麼好騙，相信有聖誕老公公。其實她早知道了，只是不願幻想破滅，爲什麼同學要殘酷逼著面對？

我不知如何安慰？或許這是成長之痛吧！不得不揮別許多童話夢想。

北極圈內的冰凍小鎮 Rovaniemi，是拉普蘭的首府。我們到這段時間，白天最高溫攝氏零下二十九度，夜晚低於零下五十度，大雪多到鏟雪車無法推放道路兩旁，而是直接就地壓實，車輛行駛在冰雪上，形成路面高於商家的奇景。

二月的太陽懶得上工，十點多才升起，三點多就下山了，永遠睡不到太陽曬屁股，每天昏暗多於明亮。全世界最北方的麥當勞就在這裏，我們朝聖用餐，身在「世界之最」當中，有參與寫下紀錄的得意驕傲！

小鎮的冰上活動很多，我們參加雪上摩托車之旅。西方人玩戶外活動，不是點到為止，而是豪放過癮。穿上裝備、戴上頭盔、載著小孩，今天只有我們兩輛車；教練教導使用操作及手勢暗號後，就直接飛快上路；來不及多想，踩緊油門立刻跟隨。

我們騎在結冰的湖面，一望無際的雪白，沒有道路、失去方向。

教練越騎越快，我怕迷路不敢落後，加足馬力飛奔；教練回頭看我跟得上，更加快速度。腎上腺素爆升，忘記冰冷恐懼，風馳電掣狂飆，沒有方向的橫衝直撞，豪情壯志征服極地！

兩個小時到達對岸，獎賞是一道熱騰騰的海鮮濃湯，和教練的連聲讚賞！

朋友對我的瘋狂行徑，感到不可思議；連腳踏車都不會騎的人，竟敢挑戰雪上摩托車、還載著小孩，而且疾如雷電，會騎車的她還得在後拚命追趕；她從不過問我做什麼安排，來不及勸阻就已完成了！她也很驚訝我旅行時的體能，平日慵懶散漫、疲乏柔弱，出門卻生龍活虎、勇猛拚勁；晚上不用睡覺，挑燈夜讀、聯絡安排，白天清早起來，一馬當先、負重致遠，還要瀏覽風光、觀察人文、感性抒情一番。

是的！我用盡生命旅行，火力全開、燃燒旺盛、熱力四射；在台灣像洩氣皮球，呈現節電休眠狀態，用不到一半的能量生活。

Rovaniemi 最後一個壓軸活動——哈士奇雪橇！

訓練有素的哈士奇是最值得信賴的夥伴，十幾隻健壯的狗兒拉著雪橇，威武帥氣、活潑可愛！我們穿上特殊禦寒裝備坐進雪橇，領航員一聲令下，哈士奇步伐一致飛奔進入林中小徑。

錐心的嚴寒、幽深的森林、無盡的蒼白，北風呼嘯吹落枯枝上的雪花打在臉上，好像狂怒的巫婆揮動乾枯雙手，張牙舞爪步步進逼……雞犬不聞杳無人煙，呼天不應喚地不回；被遺

▲到北極拜訪聖誕老公公。

▼搭乘哈士奇雪橇「極地長征」。

忘的孤寂世界，只有哈士奇溫暖作伴、忠心護主，奮力拉著雪橇，穿越荒山野地，逃離巫婆魔掌。狗是人類最好的朋友，忠誠無庸置疑！

哈士奇辛苦勇敢完成任務，來到一個原始僻靜村落，參觀神祕的拉普蘭文化。

突然，我看到一個屏息悸動的畫面：一片空寂的雪白，一間晶瑩的圓拱冰屋，一個拉普蘭人屋外燒柴，火光映出孤單的身影，旁邊幾隻哈士奇、遠處兩頭麋鹿；堅毅沈默、空靈詩意……我追尋到照片的原鄉！

拉普蘭人帶著進入冰屋，我像萬里尋親，相見一刻，激動無法言語……

豪情壯志完成極地長征，離開 Rovaniemi 這天，都已上了飛機，猛然狂風暴雪無法起飛，機長宣布下機等候。走到樓梯口，刺骨風雪襲來，我放下手提行李、拉上帽子；前方男士順手幫忙，拿起行李下樓梯。朋友小孩警覺的說：「那個人拿走我們的東西！」我尚未開口，女兒淡定回答：「他幫我們拿行李啦！」哈！她已經習慣西方文化的紳士風度。兩周來，在芬蘭搭乘任何鐵、公路交通，無論出發或到達，總是精準的分毫不差，這是唯一一次因暴風雪誤點。

三十小時後安全回到台灣！帶人同行總有道義責任，一路戰戰兢兢、小心謹慎，深怕不測風雲；現在平安回家，把朋友母女交其家人，如釋重負完成任務，才眞正鬆了一口氣！

感謝朋友全然信任配合、包容體恤！朋友母女日後也參團各國觀光，只要談及旅行，總說此次北極之旅最深刻難忘，融入參與、行動體驗，而非無感遠觀，每個環節歷歷在目、清晰如繪，回味無窮。

這是肯定讚美吧！我覺得安慰鼓勵。

到關島就要無所事事虛度光陰

驪歌響起，女兒小學畢業了，並且榮獲市長獎！

私立學校有自訂的教學計劃，暑期班只上半天，比平日更多的戶外活動，複習輔導外，也有新的課程進度，幾乎全班同學都參加，以免跟不上。寒暑假女兒都出國旅行，沒參加暑期班，也未在外補習；許多朋友和同學家長都好奇，她如何在落後狀況，一路追趕到名列前茅？

經常問我，旅行是否爲了教育訓練？幫助學習效果？

完全沒有！旅行純個人興趣愛好、或逃脫解悶，只因小孩沒人看顧、無處可托，逼上梁山不得不爲；有時還覺得辛苦委屈，而小孩也沒得選擇、不得不跟，沒什麼偉大理念。

我一向認爲讀書必需認眞、玩樂也要盡興，旅行時從不帶功課，更不會想到教育目的。太多功利效益思維，讓旅行變得嚴肅沈重，失去簡單原始樂趣；就像吃冰淇淋，邊計算熱量一樣，不會有愉悅心情。

但是我觀察到，女兒每次旅行回來、開學之初，總是特別用功認眞、極力追趕，跟上後反而鬆懈，似乎差距是激發她發奮圖強的動力！不知道這是否與旅行有關？如果因此懂得有效安排、主動學習，實在令人欣慰；這是衍生的附加價值，而非旅行目的。

就像我，也在旅行過程中有些領悟，讓緊張的親子互動逐漸趨緩、平順。女兒從小難搞，或是我不懂兒童教育？總之倔強堅持不妥協，每天從起床、三餐、到睡覺，不管怎樣威脅利誘，都很難讓她配合規矩要求，處罰責打也無效；還常常被親友嘲弄，三十多歲大人和三歲小孩吵架，竟然束手無策、全盤皆輸！

除了獨力與小孩對抗，還面對她爸爸的分歧衝突，每天雞飛狗跳、烏煙瘴氣，情緒惡劣崩潰，週而復始惡性循環。只有旅行時，暫時拋開紛擾，全神貫注遊歷過程；旅途不斷移動、時間不定更迭，無暇也無法顧及平日堅持規則。

可能彼此都放鬆平和，出國時總覺得女兒乖巧合作、可愛討喜。回來後也盡力依此模式調整，只在品德教養、良好生活習慣上要求規範，其他個人感受部分，如飽足冷熱衣著等，盡量尊重其意願，不做死板規定，慢慢改善緊張狀態，逐漸有健康良好親密的親子互動。

過去我們彼此堅持，像黑羊白羊一樣對峙不讓；在旅途經歷中我瞭解到：北風狂嘯只會讓人更抓緊外套，只有陽光照耀才能叫

▲關島傳統市集。

人自動脫下；高壓打罵沒有效果，退一步才有轉圜空間。希望我們母女關係更緊密和諧，親友相處也一樣，這是一堂永遠沒有滿分的課，我繼續旅行、不斷學習，朝向標竿努力！這也是旅行中意想不到的附加價值吧！

曾經期待，女兒上國中可以單獨留在家裡，我自由旅行不用帶她。現在她步入求學新階段，不同的校舍、陌生的師長，需要時間認識；新同學相見歡、老朋友離別愁，還有新生報到、訓練等，這個暑假很忙碌。未來課業是否繁重？老師、家長們警告我，將來面對高中學測，不可缺席暑期班；那麼這眞的是我們最後一次一起旅行了！

頓時覺得珍惜可貴，趕快在破碎切割的假期中，找出一小段適合時間。

只是，要去那兒呢？有人把旅行當志向，設定目標，一定要達到多少國家，或書上建議人生必去幾個景點；有人當競賽，別人去過絕不落後，或別人去三十個國家，就一定要三十一個，不論品質、那怕一天走三國，數量不能輸人；有人像交差，因爲大家都出國，我也得出去走走，以免跟不上話題；有人……

每當旅行回來，總有人問：「下次計畫去那個國家？」我實在不知如何回答。

不論時間長短，每次旅行都視爲人生最後一次，努力盡情揮灑，何來下個目標？對我而言，旅行要有故事、是一種心情、一個態度，視當下情境隨性而行，不必預設框架。但我相信，當想出走時，自有靈光乍現的意象感動，我浪漫的傾聽潛意識的呼喚！

朋友有意移民美國，研究相關資料，認爲本土條件嚴苛，多次提到美國屬地──關島，相對簡易寬鬆，距離台灣又近，飛行只有三、四小時。這天又談及此事，給我看一些圖片。不錯！藍天碧海、輕鬆悠閒的度假小島。局外人的膚淺，她考慮孩子就學及生活適應，總不能天天度假？好吧，我去評鑑考察吧！

旅行是一個故事，不是嗎？

到關島就是要無所事事、虛度光陰！飯店設施完善、有吃有玩，不用出門也歡樂無比；或者外出玩玩水上活動、市區逛逛，晚上看秀吃大餐，腦筋無後顧之憂，安心「秀逗」。

關島在我看來，就是迷你版的夏威夷。陽光沙灘、度假飯店，美語、日語並用，到處日本遊客，還有美國駐軍——白色海軍換成迷彩陸戰隊 marine；女兒沒去過夏威夷，覺得新鮮，尤其是美國大兵，好像電影人物出現身邊，或是我們進入電影場景？

海邊熙攘熱鬧，比基尼辣妹、六塊肌帥哥，驕傲的走上伸展台，卻很少日光浴和衝浪，亞洲人不喜歡驕陽和運動吧！

水上活動集合各地沙灘島嶼玩樂之大成：夏威夷的香蕉船、亞特蘭提斯潛水艇，東南亞的拖曳傘、水上摩托車，大堡礁的潛水、賞鯨……，連晚餐秀，查莫洛傳統文化表演，火把木棍、鼓聲草裙，都和夏威夷的玻里尼西亞歌舞，幾分相似。

反正度假嘛！管他有沒有玩過、看過，通通再體驗、回味一次。

「海中漫步」，聽起來像太空漫步一樣奇幻！其實是簡易型的頭盔式潛水；之前在大堡礁看過，當時選擇更具挑戰性的潛水，直接與魚群共游。戴上像太空帽的巨型氧氣頭盔，不會游泳的人也可以安心下水；肩部以上保持乾燥，頭髮不會弄濕碰亂，上岸一樣美美的。

輕快走在海底，飄然如海中仙子；可惜這邊海域魚群種類、數量不多，還需要不斷灑飼料引誘靠近；如果大堡礁是海洋水族館，關島就是家中小魚缸，失色許多、無法比擬！

有一天到一個冷門的海邊，水不深有點混濁，走進水裡感覺腳邊有東西，仔細一看，是海參！整個海濱滿滿的海參，隨手輕易可抓！我很喜歡海參料理，紅燒海參、蝦子海參……這是價值不菲的名貴食材啊！爲什麼放任悠遊沒人捕撈？關島人不食用海參嗎？

再次顛覆刻板印象，文化差異，價值觀也不同！

關島不大，出了熱鬧市區，就是鄉村景色；觀光農家展示查莫洛傳統生活，還可騎牛散步。不知牛是否關島圖騰？在機場及一些景區都看到牛的雕像，勤勞、認命、敦厚。牛隻憨厚可愛，走路慢條斯理，騎在牛背上悠然恬靜，再來一把笛子返璞歸眞，回復農家淳樸風情。

我想到城市長大的朋友，既不能天天度假，是否習慣鄉村田園生活？

我們住的飯店，隔壁是有名的度假村；從飯店泳池可看到村內水上遊樂設施，急速彎曲的滑水道、水上溜滑梯、人造瀑布……等。

有天結束沙灘活動回來，直接在度假村門口下車，進去拿些簡章；接待人員熱心詳細介紹，並歡迎自由參觀。隨意走到滑水道附近，這是我在飯店泳池看到的地方；好奇的在門口觀望，服務人員過來問：room number?

我自然順口的報出房號，說完發現不對，這不是我住的飯店；來不及解釋，他已遞給我兩條毛巾邀請進入。好吧！還身著泳衣，就體驗一下吧！

裡面有豐富多樣的水上遊樂設施，任何年齡各取所需，還有工作人員帶動團康活動及水中運動，氣氛歡樂活潑。

天黑了打算回飯店，度假村很大，不知往哪兒走？正要問路，工作人員前來主動指引方向；走到叉路，另一位工作人員再指示前進。

哇！服務眞好！繞了幾個彎，到了一個會場，工作人員要我們稍待。幹嘛！抄近路嗎？我狐

▲水上飛船。

▼農家騎牛。

▲水中漫步。

▲單人滑漿泛舟。

▼高空懸盪。

疑著……，一會兒服務人員引領，帶位到一張桌子，禮貌拉開椅子，再奉上兩杯茶，就離開了。

我莫名奇妙，說明會嗎？台灣不都如此，參觀體驗後來場說明會，不好意思離開，捧個場吧！人越來越多，服務人員忙進忙出，沒人理我。

突然，燈光閃爍、鼓樂齊鳴！我愣了一下，問隔壁桌的客人；他說：這是今天的晚餐秀！原來剛剛從泳池出來，工作人員以爲我們要看秀，直接帶過來！

美麗的誤會，將錯就錯吧！這可是關島數一數二的華麗大秀呢！旅行過程中，有時佔便宜、有時吃悶虧，這些烏龍意外，譜寫出趣味橫生的精彩遊歷。

關島是個「偷懶」的地方，就像懶得找餐廳，直接到美食街走一圈、吃一輪，絕對飽足過癮，但不要預期經典極致！

最後一天離開飯店，在 lobby 等車時，女兒拉著行李邊跑邊玩，差點撞到一個小孩；服務人員請她小心一點、注意兒童。女兒比我高了！這兩年旅行，漸漸不再因她得到禮遇，反而得謙讓更小孩童。

我開玩笑對她說：「妳長大了，沒有利用價值了，以後旅行就不帶妳嘍！」

比起之前旅行，豪壯精心大作，關島之行，只是順手輕描一筆。

每一次旅行都是一個生命故事，與一段心路歷程，不管長篇巨作或袖珍小品，一樣值得紀念；尤其這是最後一次，大手牽小手一起旅行，日後再有同遊，女兒已不再是跟班隨從了！

我或許無法留下什麼有形資產，這些年共同走過的旅行記憶，希望對她生命有意義！

百廢待興柬甫寨　神祕迷情吳哥窟

國一暑假將至，學校發函暑期班參加意願調查表；這根本徒具形式，大家都知道暑期班輕鬆一點，仍有新的課程進度，誰會不參加？可是女兒竟然說不想參加！我雖不贊成暑假上課、剝奪學生休閒娛樂，但也耽心跟不上；國中不像小學簡單易懂，還有高中升學壓力，就算百般不苟同，也得遵守遊戲規則。女兒堅持並信心保證，第一次段考前一定跟上。第一年就試試看吧！在師長曉以大義的勸說中，排除眾議簽下班上唯一「不同意」回條。

漫長暑假如何安排呢？我已說過不帶她出國了！

去新加坡找大表姐吧！女兒十歲時，曾獨自搭機到新加坡。兒童單獨搭機需家長簽署同意，及目的地聯絡人的詳細資料。帶她到機場 check in 後，會特派一位空服人員來接，核對身分證件、確認無誤簽名交託；之後全程陪伴辦理出境手續、座位安排等，直到新加坡協助入境事宜、領取行李，最後帶出關，交給接機的大表姐簽名交接。

外甥女事後打電話說已安全接到，笑稱流程好像 FedEx 送件、簽收點交。女兒也很得意勇敢獨行，一再炫耀空服人員爲方便照顧，將她升等至商務艙！表姐大她十幾歲，照顧寵愛有加，再次獨行前往，欣喜雀躍不已！

安頓好小孩，利用兩周空檔排一趟短程旅行！來到距離不遠、時空遙遠的神隱祕境——吳哥窟。期盼多年，終於又一個人旅行！單獨搭機心情奇異複雜，悠然輕快又悵然若失；這是人生新的一頁，不管喜悅或失落，都欣然接受、並盡快習慣適應。

當時柬埔寨剛脫離紅色風暴、血腥政變不久，進入和平緩步重建中；多年戰亂內耗無力顧及民生建設，一切因陋就簡，從轉搭金邊到吳哥窟的國內班機可見一斑！

我不懂飛機，但一上機就感受到它悠久的年歲，拖著殘破身軀賣命服務，旅客也賣命相挺；塑膠座椅安全帶脫落、沒有救生衣，窗戶用簡易三夾板釘住、不能開啓，部分被撕裂戳洞；天氣炎熱，卻等到旅客全部上機才開冷氣，突然的溫差導致行李架四周白霧冉冉上竄，我樂觀當是騰雲駕霧；起飛時嘎嘎作響，已分不清何處、何種聲響；空服人員走過但沒有茶水……此時不需服務，只求平安降落！

坐三輪車到飯店，乾枯龜裂的黃土路，車伕揮汗、顚簸前進，接近飯店才轉爲柏油路面。我訂的是當地知名的飯店，濃濃的殖民風情、淡淡的歷史哀愁，與沿路破落的民宅小屋形成強烈對比。

這裡中午陽光猛烈直射、毫無遮蔽，當地人十一點至二、三點大多午休睡覺；我不喜歡一大早起來趕行程，所以買了七日套票，每天下午分區慢慢參觀。坐三輪車到達入口，吳哥城區非常廣大、古蹟景點分散；看到老外們背著背包徒步健行，實在佩服！

懶惰的人總會有不同發現：可以騎大象代步！

大象眞是偉大的龐然巨獸，溫和善良惹人愛憐；騎在象背上，高人一等、視野遼闊，有君臨天下的尊貴，可精心細察、廣角觀賞。象伕是個憨厚老實、笑容靦腆的青少年，和大象一樣討人喜歡，應該只有十六、七歲；在台灣是叛逆高中生，而他已在爲生活奮鬥。我們用有限的英語比劃，感覺親切投緣；好逸惡勞的我，乾脆包下整個時段，請他順便導覽。

此後幾天，我有私人導遊、和私人大象代步，宛如昔日君王出巡，哈哈！

吳哥窟的興建、隱沒、與重現舉世驚嘆！神祕迷情觸發思古幽情。精工細琢的浮雕迴廊，明白告知昔日輝煌盛世；宏偉高聳的佛塔、狹窄陡峭的階梯，得屈膝膜拜始可登頂，彰顯莊嚴神聖！法國人入侵殖民的心酸，卻也是吳哥窟重現的契機；歷史的縱橫糾結，有如城中古樹的盤根錯節，剪不斷理還亂！

平靜沈思的巨佛雕像，數百年來微笑看盡炎涼紛擾。歷史功過，人類有限的生命無從置喙，但是這些糾纏，讓我們因緣際會，隔世美麗相遇！吳哥日落，千百年來一樣寧靜平和、神祕美麗，不同的是更迭的人群；我看到許多雙腳截肢的賣唱藝人及乞丐，他們都是地雷的受害者。

「戰爭」對昇平世界的我，只是書本名詞或電影場景；此刻卻感覺好像幸運擦身閃過。還有一群小孩販售紀念品，年紀很小只有六、七歲，無師自通用英語、日語叫賣推銷。我剛好拿著三色原子筆在地圖上做記號，他們好奇圍觀指指點點；一個小女孩伸手觸摸，我示範如何使用後送給她，她如獲至寶、高興的眉開眼笑，其他孩童一湧而上，七嘴八舌興奮討論，忘了賣東西；如此簡單的快樂滿足，讓人眼眶濕潤。

有天隨飯店 tour 遊洞里薩湖，簡陋架起的高腳屋，聚集成水上村莊，以及隨波逐流的水上船屋，物資、設備非常簡單，最不缺的就是「魚」；小孩們跳下水，邊玩邊抓魚，泳技高超、笑聲洋溢。他們不需要游泳教練和遊樂器材，台灣孩子此刻可能爲暑期作業、玩具選購鬱悶生氣。幸福快樂的指標界線？我被教育的信念價值？突然混淆錯置、疑問困惑！

聽老外說，除了飯店區，村莊裡還有一個小小洋人區，有酒吧和西式餐飲。

▲神祕迷情吳哥窟。

▼微笑高棉。

▼大象代步，宛如君王出巡吳哥窟。

晚上我坐三輪車來用餐。昏暗的街道，相隔很遠才有一盞微弱的路燈；低矮的房子大多黑暗，只有疏疏落落幾家餐廳，門口燈飾有氣無力的閃爍著；這裏店家都沒有冷氣，開放空間一眼可以清楚望進裡面。我繞了一圈，一家餐廳傳出懷舊西洋老歌，幾個老外正在用餐；我進去找一個欄杆邊的位子坐下，外面幾個小孩坐在路邊與我對望。我點了一份漢堡炸雞薯條，份量很大、味道不錯，我慢慢的吃，品味這奇特的美式氛圍。

結帳離開時，薯條大半沒吃；老闆娘拿帳單來，問我薯條還要不要？我搖搖頭，她拿起吃剩的薯條，走到蹲坐路邊的小孩，整盤直接放在地上；幾個孩子露出笑容，迫不及待伸手取用。

原來這些小孩在等客人剩下食物。孩子們吃得那麼開心自在，老闆娘給得那麼理所當然，毫不遮掩修飾，甚至不必等我離開！我像被雷擊一般驚呆，久久無法回神；孩子們單純滿足的笑容，更是在胸口狠槌一拳，揪心痛楚、罪惡難過！

我想到女兒，眞應該帶她來看！立刻我收回了這個念頭，雖然很想與她分享，但必需拿捏得宜。女兒長大了，應該用自己的觀點和思維，看屬於她的世界；太急於的分享，其實是強行灌輸，是複製我自己、而非成就她個人，何況自己如此不完美。

再次賣命回到金邊，飯店是一棟新穎的大樓，在一片矮小老屋中鶴立雞群。這個國家一切都在起步，吳哥窟因著世界遺產，有雛型的旅遊服務，金邊則付之闕如；我在飯店門口忖度著如何旅遊？

旁邊有排班摩托車載客，一位年輕騎士用流利英語問需不需要服務？我訝異他的語言能力，聊了一下，順便詢問旅遊資訊。他是大學生，課餘打工賺學費，熱心的回答我問題；我們相談甚歡，問他是否願意包車兼導遊，他欣然同意。柬埔寨物價不高，這些服務物超所值。

▲路邊小攤品嚐道地美食。

▲賣紀念品的小孩笑容燦爛。

▲雜貨攤只賣觀光客。

▲水上船屋隨波漂移。

▲流動小攤傳統美味。

▲三輪車司機導遊。

金碧輝煌的皇宮寺廟，不食人間煙火隔絕於周遭老舊破敗，自顧誇炫它的華麗尊貴。波布博物館，一進門人骨排列的柬埔寨地圖，直接強烈控訴這段血腥屠殺；牢房、刑具、殘酷虐刑、行刑照片，驚悚又悲悽；參觀結束，心情宛如塞進石頭般沈重。

這些對比，讓人悲傷。

我們就像朋友，除了觀光景區，也隨意巡遊地方庶民風貌；中午一起吃飯，他都客氣的找市場小吃或路邊攤商，我因此嚐到道地的平民美食。

最後一天吃完晚餐，帶我去一個特別的地方。金邊的夜晚，除了特定區域外，非常幽暗，路上沒什麼行人車輛，如果不是這幾天建立的信任，還眞是擔心恐懼。

在一片茂密林蔭中，透出金黃溫和燈光，隱約看到一棟神祕建築。機車騎士說，這是金邊最高級的酒店，除了外國人與達官顯要，本地人不能進去；希望我看過，描述讓他知道。

還有這樣階級區分？我邀他當朋友一起進去，他不願冒察問驅趕羞辱；摩托車也不能停門口，只能在對街等我。

走過長長車道，看見三層樓法式風情的殖民建築，旁邊廣場停放許多高貴名車；門僮看我一眼，恭敬禮貌的拉開大門，我是那麼明顯的觀光客？

偌大的莊園隱身密林，幾棟建築有拱型長廊貫通，簡約古樸的吊燈，瀰漫著精緻優雅氣氛；中庭花園草木扶疏，充滿自然野趣；秀麗的游泳池、舒壓的水療池，吧台供應餐點飲料，法式的慵懶悠閒。大廳裝潢典雅，古董擺設呈現藝術風格；賓客錦衣華服、高雅貴氣，服務人員禮貌到位、隨侍在後；氣派的排場，貴族的氣息！

這是柬埔寨嗎？不！這是時間靜止的殖民時代！

Pub 有樂團現場表演，悠揚音樂令人陶醉，眞想坐下來喝杯飲料，感受現代殖民貴族氣質；想到朋友在外等候，巡迴一圈、幫他拿些圖片簡介離開。

柬埔寨長年內戰，與外面世界差距甚遠，一眼看出本地人或外國人；不是衣著外貌，而是缺少自信。其實這位同學可以跟我進來的，只是他沒有信心嘗試。

不過感謝他，我又看到一個國家、兩種世界的極端諷刺。

有人問我怎麼敢相信這位機車騎士？如何判斷？

任何事情都有風險！我不是探險家，只是好奇的旅人，不會去危險荒僻之地，選擇安全探索路線；我也注重飯店水平，一般知名的旅店，比較注重周邊安全管理；另外就是憑經驗和第六感的直覺，再加上一些運氣嘍！

沒有驚險的旅行平淡無奇、索然無味，有時甚至期待些許小小波折，增添成就快感！

柬埔寨百廢待興，我不喜歡用「貧窮落後」這種主觀貶抑語詞。歷史是條看不見盡頭的跑道，一代又一代、一棒接一棒傳遞，在不同的時空互有領先超前；中途或許疲累休息、或許跌倒養傷，只要扶持相助、不需輕視憐憫，今日的困頓並非永遠的落難。

生命太短，看不到下一棒，何以論斷置評？

柬埔寨之行，我一再被重重撞擊，日後也許一樣流於世俗，至少在那片刻，曾經清明！我看到大學生、象伕、孩童們樂觀善良、努力勤奮，只要持續和平、不再戰亂，一定追趕上來的。天佑這微笑國度！

我必需回家了，得趕到機場「簽收」女兒！

馬德里：足球、鬥牛、佛朗明哥

國二暑假，女兒獲選代表台灣女童軍參加在奧地利舉辦的世界童軍大露營，會後有接待家庭住宿及德國、奧地利旅遊，時間將近一個月。太棒了！我也獲得一個月假期！

當時世界盃足球賽進行的如火如荼，各國明星球員匯聚一堂，用生命踢出精彩絕倫的賽事；贏球時的歡欣鼓舞、輸球後的悲涼落寞，真摯的情感流露牽動著觀眾情緒，隨之波動起伏。西班牙球員個個既帥氣又勇猛，深受球迷喜愛；魔術般的精湛球技，一路過關斬將，直到遇見南韓隊……在粗暴醜陋的暗算下、在震驚譁然的爭議中，飲恨敗北、黯然退場，全球球迷義憤塡膺、扼腕嘆息！南韓那場不光彩的贏球，被視爲亞洲恥辱，在維基百科中永遠被記錄著。爲表達對西班牙球隊的支持愛戴，就去西班牙！

當親友知道我要去西班牙，立刻出現各種警示聲音：「太危險了！西班牙到處是小偷，每天劫財傷人，不能單獨前往。」，「人家自由行的都是旅遊作家、採訪記者，有資源管道，妳不行啦！」諸如此類……

多年來已習慣這樣的勸說，起初我會盡量解釋，但發現有些人根本不想了解接受。這部分人的警告已超越善意的提醒，而是打擊、削弱他人信心；因爲自己不敢、或不能做到，潛意識不希望別人完成，用煽情、誇張的訊息，讓人卻步以掩飾自己的膽怯無爲。

獨自旅行探索未知，本來就存在風險；如果不懂這些狀況、或不會隨機應變，也不配做自由旅人！多言無益，努力做功課，平安回來就是明證！

這時已經有家用電腦，雖不成熟但比過去方便許多，網路上預先取得基本資料，節省當地查詢時間；並且不用再透過旅行社，自己用 e-mail 訂房，有較多的選擇。

我訂的飯店位於馬德里市中心，最熱鬧的太陽廣場附近。

從機場搭計程車到飯店。下車時，依計費表金額付款，司機卻要求兩倍以上的整數，我不同意僵持著。同時我拉下車窗，招手飯店服務人員來取行李，並跟司機說，等卸下行李三人一起到警察局，問清楚確定車資再付款。他馬上說不用了，照表計費就好，並且趕快下車拿行李。等一切妥當，我才付款，本來想給的小費也免了！這司機不算壞人，只是貪小便宜，有機可乘就敲外地人竹槓，一見苗頭不對、自知理虧立刻閃人。

其實走到哪裡都一樣，總有投機的人，端看如何應變處理；我認爲氣勢很重要，哪怕只是裝腔作勢！有時覺得老外思想簡單，耍詐也高明一點，假裝故障、或忘了按表……亞洲人可身經百戰，這應該驕傲還是羞愧？

一踏入西班牙就遇到警告教育，提醒我不可掉以輕心，隨時提高警覺。不過，也立刻得到暖心的回饋！飯店安排頂樓西曬的客房，冷氣不涼，我一向怕熱，要求換房間。換到面對街道的房間，冷氣夠涼、但車來人往相當吵雜，我不滿意要求再換。

櫃檯人員查看資料、討論半天說：「只剩一樓的一間，妳先看看是否滿意？」

這是舊城區，街道、房舍都保留百年原貌。飯店門面不大、裡面深廣，經過長長走廊，盡頭有一扇門；推開一看、別有洞天，一個天井中庭，草木扶疏、花香撲鼻。服務人員開了旁邊房門，裡面沙發、電視、吧檯、簡易廚具一應俱全；再隔一個門進去，一邊衛浴衣帽間、一邊

king size 大臥室。哇！這是客、臥獨立的兩廳套房。可是我訂的是單人房啊？需要加價嗎？

服務人員禮貌的道歉，沒有事先檢查冷氣，讓我換房折騰一下午，是他們疏忽；還好尚有此間空房使用，只要我願意接受，當然不會加價！

只有今天嗎？我訂七天呢！七天都不用換房？不需加錢？他爽快的回答：未來我住這飯店，不論幾天，都保留這個房間，而且一樣價錢。太超值了！我以單人房價，住擁有私人庭院的兩廳套房！爲此，日後在馬德里多停留好幾天呢！

因足球而來，首要當然參觀足球會。有「銀河戰艦」美名的皇家馬德里足球俱樂部（Real Madrid Club），可說是歐洲、甚至全世界最成功的足球團會之一，擁有眾多世界級足球明星，主球場更是全球旅客、球迷必要朝聖之地。

皇家馬德里足球場座落於一條筆直的大道上，非常醒目，出了地鐵，跟著人群走就對了！儘管參觀門票不便宜，群眾仍趨之若鶩大排長龍。這座世界一流的足球場佔地廣闊，最高處相當於七、八層樓，居高臨下望去：藍色座椅一張張排列整齊、綠色草地修剪得宛如地毯，美麗協調又壯觀、視野良好無死角，可清楚看到球場中間任何細微動作。想像比賽時，八萬五千名觀眾齊聲歡呼、響徹雲霄的震撼場面，情緒不禁高昂熱烈！

導覽幾乎走遍大半球場，可近距離接觸草坪、坐VIP領隊王座過癮，還參觀球員休息區、球員更衣室、貼有球員照片的置物櫃，及遐想無限的浴室、按摩池；設備豪華齊全，不愧是「既富且貴」的偉大球會。

獎盃陳列室，歷次贏得的獎盃，像神像一樣依序供奉，琳瑯滿目看得眼花撩亂。展示中心有百年歷史圖像剪影、歷年奪冠照片、現役球員介紹，並且播放經典比賽回顧影片。

販賣部有各種紀念品：球衣、毛巾，杯子、鑰匙圈，文具用品、時尚用品……不勝枚舉；最受歡迎的是球員照片：有球場上勇猛豪邁的英雄照、以及日常生活中斯文帥氣的紳士照。旅客都是為膜拜偶像而來，買照片幾乎是用搶的，尤其是明星球員，一直等待補貨。

受女兒之託，買了幾張 Raul 和 Casillas 兩位帥哥名將照片，連書籍自傳都一起買，雖然西班牙文看不懂，就當是收藏紀念品吧！因為沒時間多想、動作要快，稍一遲疑，下一位馬上擠進，又得重新排隊。眞是開了眼界！第一次見識到體育的狂熱，平日就如此熱烈盛況，比賽時一定瘋狂暴動！在馬德里，足球是信仰！

到西班牙一定不能錯過鬥牛，否則不算來過吧？

鬥牛票價以「有陽光、沒陽光」區分，價錢相差很多；但大家寧可花高價也要坐沒有陽光的陰影區，不然從入場到結束將近三小時，忍受西班牙陽光荼毒，看完大概跟牛一樣癱了！當日是有名的鬥牛士，所以陰影區全滿，連陽光區都人頭攢動。

鬥牛場很大，像圓形羅馬競技場；鬥牛就像古羅馬的格鬥戰士相鬥，只是格鬥對象從奴隸換成牛隻。號角響起，鬥牛士穿著精緻服飾、騎著駿馬氣勢登場；鬥牛士跟足球明星一樣是榮耀英雄，受到尊崇愛戴。接著猛牛出場，精神抖擻、壯碩矯健，線條十分優美；這時鬥牛士拿起紅色斗篷逗弄挑釁，輪番纏鬥。

這是一場生命演出，力與美的極致，死亡如此藝術、華麗、悲壯！同時也殘酷、血腥，觸目驚心、慘不忍睹；有些人低頭掩面看不下去，有些人揮舞歡呼大喊 Ole, Ole……

鬥牛活動一直備受爭議，在維護傳統與尊重生命間爭論不休。一個活潑的生命在眼前消失，不是為了生存、而是娛樂，實在很難心安理得；這樣的「死亡之美」究竟是優雅技藝，還

▲西班牙陽光荼毒，當日陰影區全滿，陽光區也人頭攢動。

▲力與美的纏鬥，牛隻壯烈成仁。

▲鬥牛場入口浮雕。

是殘忍無道？各說各話矛盾無解！

我只知道觀看過程既「痛」且「快」，難怪爭議不斷，仍持續吸引大批觀眾。我比較不能接受的是鬥牛規則，不公平的競爭，讓人類的勝利不太光彩。

馬德里是西班牙首都，政治經濟、文化藝術中心，這座數百年歷史的古都，每個角落都令人驚艷。皇宮、歌劇院、博物館、藝文展廳，充滿雍容華貴的貴族氣派；廣場、公園、購物大道、跳蚤市場，一派悠閒自由的市井民風。

西班牙人叛逆熱情、放蕩執著，表現在日常生活中；十點吃早餐、六點 tapas 下午茶、九點以後晚餐才陸續營業、半夜一點酒館小酌；商店下午一點至五點午休、百貨公司八點結束營業後，門口廣場隨即變身小攤市集，熱鬧非凡、人潮洶湧宛如士林夜市。

我一向晚睡晚起，在台北常被詬病；在西班牙彷彿回到上輩子的原鄉，如魚得水、理直氣壯享受「放縱糜爛」！

馬德里不僅城市風貌迷人，鄰近也有許多歷史古城，我參加 tour 到 Toledo。

這座中世紀小鎮，老屋、窄巷、石板路，一不留神就走失在迷宮中；只要抬頭遠望 Toledo 大教堂，即可清楚方位，好像上帝引領看顧。

過去參加國際 tour，都是英語解說；在這裡卻是雙語，並且以西班牙語為先。

我很驚訝居然多數人聽得懂，原來西班牙文如此普遍；guide 往往說完，發現我一人發愣，才用英語再說一次；然而我英文也是一知半解，只要集合時間、地點弄清楚，其他隨便點頭稱是，自行閱讀資料嘍！

同行旅人很多來自中南美洲國家——西班牙殖民數百年地區，經歷血淚抗爭、獨立建國後，又來到殖民母國，是否像台灣人喜歡去日本一樣，是另一種緬懷與文化尋根？

Tour 中認識一位來自哥斯大黎加帥哥，他知道台灣是友好邦交國；除了亞洲國家，其他人對台灣印象是模糊的，常需解釋良久；這位遠方友人了解台灣，很令人感動，有他鄉遇故知的親切；接著連續兩天，我們相約參加 tour 作伴旅遊。

西班牙近代比較沈寂，但曾經是極具影響力的國家，不可一世的海上霸權、極力擴張的殖民帝國，介入、改寫世界許多國家歷史，包括台灣。

但翻開西班牙歷史，本身也是一部外族侵略史；希臘人、羅馬人入侵，北非的阿拉伯摩爾人更是統治西班牙八百年之久，加上庇里牛斯山的地理隔絕，使它有別於歐洲各國，發展出錯綜複雜的人文，帶著神祕東方色彩。

Avila 高牆環繞的堡壘古城，千年城牆與十二世紀的修道院、大教堂；Salamanca 學術氣息的文化學城，古羅馬拱橋、十一世紀的大學城。哥德式的高塔、阿拉伯的拱門，獨特融合的建築風格，充滿迷情魅力；漫步在保存完好的古城，彷彿掉入中世紀的絕色風華。一日遊太匆促，眞應該多住幾天！

哥斯大黎加帥哥在馬德里已停留兩個多禮拜，要前往巴塞隆納，我們互相祝福旅途平安順利，也珍惜這幾天的緣分；在沒有通訊軟體的年代，只能將曾經擁有的美好，定格成永恆的記憶。帥哥建議下，我參加兩天一夜 tour 經 El Escorial 到 Segovia。

El Escorial 是西班牙國王腓力二世，親自監督建造的大型修道院，矗立深山宏偉壯觀，城堡內精美窗櫺廊柱，及各式珍寶、藝術品不計其數。我很驚奇的是：近五百年的欄杆鐵柱竟然沒有生鏽！

團隊中有一對日本夫妻，一位馬來西亞退休醫生。用餐時四位東方人被安排同坐一桌。眞佩服日本夫妻，英語、西班牙語不通的情況下，已經在西班牙旅行了一個月；七十多歲的退休醫生精通英、日、華語，成了最佳翻譯；大家開懷談笑，老外以爲我們是家人同遊呢！

Segovia 橫跨兩千年的優雅古城，十五世紀西班牙伊莎貝拉女王在此登基，開創西班牙黃金年代；夢幻般的城堡是白雪公主影片的靈感來源，也說明了它曾經的璀璨輝煌。

一九〇〇多年的古羅馬水道，依然挺立貫穿市中心，這是全世界少數保存完好的古羅馬遺跡；汽車在拱廊間穿梭，現代科技與古代建築，兩千年後完美交會。

瞻仰古人的豐功偉績後，大家更有興趣的是當地最具特色的美食——烤乳豬！每家餐廳玻璃櫥窗都掛著小小乳豬，不敢多看以免不忍下嚥，每桌也都點一道烤乳豬。上菜時，烤得酥脆油亮的乳豬，整頭趴著完整上桌，像廣東燒臘脆皮乳豬；刀叉一撥，骨肉分離、香酥柔嫩；我們四個東方人駕輕就熟，輕鬆享受美味；一旁西方人似乎不知如何下手？

兩天共遊建立友誼，醫生提議回馬德里繼續同遊，日本夫妻欣然同意；我原本已退房，計畫前往巴塞隆納，現在有同伴，飯店又可升等大套房，多留幾天又何妨？

白天我們各自活動，五點多相約吃 tapas、一起逛市集，十點找家酒館吃晚餐、看佛朗明哥表演。晚餐時段，表演充滿歡愉狂喜的節慶氣氛，舞者穿著豔麗舞衣，隨著吉他的輕快旋律、高亢澎湃的歌聲，踱步踩踏，鞋跟有節奏的撞擊地面；激情狂野的神韻、熱情奔放的旋轉，一層層波浪裙擺飛揚，像盛開的花朵；響板節拍、手指靈動、身體優美弧旋，舞出佛朗明哥的靈魂，挑釁不屑又優雅高傲！

午夜過後，表演氛圍也不一樣，華麗舞蹈轉爲悲涼吟唱；一身黑衣的男歌手撥動吉他，用

▶馬來西亞醫生、日本夫婦和我，像不像家人同遊？

▶一千九百多年古羅馬水道，依然挺立。

▶午夜的佛朗明哥深沈哀愁。

沙啞嗓音唱出深沈的憂鬱、痛苦的吶喊；黑衣舞者雙手拍掌、踩腳重擊，用舞蹈表現萬念俱灰的哀愁；觀眾把酒問天，感同身受沈浸在痛楚糾結情緒中。

過去一直以爲佛朗明哥是熱鬧歡慶，此刻才了解，原汁原味的佛朗明哥，是吉普賽人用歌聲表達離鄉背井、四處流浪的辛酸，以及悲歡離合、愛恨交織的強烈情感。我們都深深觸動，連續幾個晚上在不同酒館，迷醉佛朗明哥的苦難悲情中。

到酒館一定要小酒淺嚐助興，滴酒不沾的我顯得掃興；吧台人員介紹一種飲料 Bitter KAS，色澤、口味類似紅酒，但不含酒精，倒入高腳杯、擺放一顆櫻桃，足以亂眞的雞尾酒，舉杯互敬完全沒有違和感；我假裝一下醉眼迷離的輕狂！

西班牙人眞是認眞熱愛生活的民族，享樂的細節面面俱到！

常有人問我，一個人旅行會不會無聊？那就看是否習慣獨處了，孤單不等於寂寞！旅途中常有不期然的擦肩偶遇、萍水相逢的旅伴，帶來許多新鮮的驚喜。獨行時享受孤獨、結伴時融入熱鬧，一個人旅行隨心情自由選擇。

不喜歡框架、追尋自由的人，不懂「無聊」何物？

儘管有伴同行開心愉快，彼此仍是交叉的直線，各有目的行程；我還是到火車站買了巴塞隆納的車票。最後一晚，佛朗明哥滄桑中帶著瀟灑，我們舉杯告別；老醫師說過幾天也會去巴塞隆納，我留下預定飯店名稱。

一口飲盡 Bitter KAS，眾人微醺、唯我獨醒中互道珍重；此刻眞正體會佛朗明哥的傷感：曲終人散、繼續漂泊流浪，後會……隨緣吧！

巴塞隆納上空海灘脫不脫？

在西班牙人語言不通、熱情比劃指引下，正確搭上火車；這節商務車廂，一排三個座位，我是單人座、前面有活動餐檯，寬敞舒適。火車像脫韁野馬奔馳在原野上，服務人員推車販售簡餐飲料，我點了咖啡、蛋糕；窗外快速變換的景物、車內悠閒啜飲午茶，彷彿坐在行動咖啡館觀賞自然地景影片。

幾個小時後到達巴塞隆納。這個瀕臨地中海，依山傍水、景色宜人的美麗港市，和內陸城市馬德里有截然不同的風情，但人們一樣喜歡熱鬧、喜歡玩樂、喜歡吃喝、喜歡夜生活。

巴塞隆納充滿藝術氣息，畢卡索美術館、米羅紀念館等，街頭常見許多畫家尋求靈感、揮筆作畫。城市建築因高第的天才創作，更活潑前衛；市區角落留下不少超寫實的夢幻建築，沒有直線、稜角，彎曲波浪弧線，好像童話中融化的糖果屋，充滿奇幻童趣。

尖聳的哥德式聖家堂，是高第的代表作；一八八二年動工興建已一百多年，預計二〇五〇年可能大功告成，屆時將是最接近上帝的教堂；漫長的建築過程，未完工已成古蹟。

除了藝術、建築之外，巴塞隆納也是休閒娛樂、購物天堂；西班牙皮革製品精美個性、遠近馳名，忍不住血拚狂掃！最熱鬧的 La Rambla 大街，長達一公里的徒步區：廣場、噴泉、古蹟建築，花店、酒館、傳統市場；沿途街頭藝人、行動雕像，歌唱舞蹈、特技雜耍，一攤接一攤炫技競賽；觀光客大飽眼福，慢慢欣賞，一天都看不完。

傳統市場乾淨整齊，水果豐富多樣、鮮豔欲滴，老闆熱情招呼，可現買現吃或打成果汁暢飲。許多肉攤上高掛一顆羊頭，很像台灣市場肉攤上的豬頭，濃濃的東方味，卻嚇壞一群西方遊客。

逛累了，找家酒館吃喝休息。西班牙人注重感官享樂、放縱口腹之慾，美味佳餚享有盛譽；鮮美入味的海鮮飯、香酥軟嫩的燒烤肉、手工現切的薄片火腿、濃郁的番茄蔬菜冷湯……都讓人齒頰留香、回味無窮！

由於十點後才用晚餐，西班牙人在六、七點有吃 tapas 的習慣。Tapas 開胃前菜，就像台灣

▲西班牙火腿現買現切現吃。

▲傳統市場水果豐富。

▼肉攤羊頭，嚇壞西方遊客。

餐前小菜；小小一碟、種類繁多：各式烘蛋、蔬果沙拉、醋漬墨魚、檸檬淡菜、涼拌海鮮、火腿香腸、起司麵包……一盤盤擺放在吧台透明冷藏櫃，令人垂涎三尺，也方便點菜。

雖說是餐前小點，似乎全日供應。西班牙人點一、兩盤墊胃下酒，我覺得 tapas 比正餐還好吃、量少變化多，常常一點六、七道，搭配一杯 Bitter KAS，晚餐也不必吃了！

經過數千年民族融合，西班牙人都很漂亮，男的帥、女的美；尤其是男生，無論蓄留鬍鬚，或刮得乾淨留下青色鬍渣，都是超級性感，說話時，柔情電眼相視，眞是難以招架！

西班牙人是個愛說話的民族，熱情友善帶一點童心未泯，不管語言通不通，問一件事會引出十個話題；酒館點個餐，服務帥哥可以比劃聊十分鐘，實在物超所值！坐在露天座位享用美食，觀看往來行人；好像欣賞 model 走秀，隨便一個路人都媲美好萊塢明星，賞心悅目的最美風景！

▲Tapas種類繁多，一字排開，外國人方便點餐。

然而也不全如此美好愜意，扒手神出鬼沒、無所不在；我背包拉鍊曾被拉開，所幸防備得宜沒有損失，但得隨時繃緊神經看顧重要物品，更「認眞」旅行！

Sitges 距離巴塞隆納車程三、四十分鐘的海濱度假勝地；這個古典優美小鎮，每年十月舉辦電影節，是西班牙著名影展之一，港台影片曾在此展出獲獎；因此，高級餐廳飯店林立、名貴超跑轎車雲集、上流社會人士川流不息。

沿著海岸，整排餐廳人聲鼎沸；剛剛還在地中海優游的魚蝦貝類，現在是餐桌上的盤中佳餚，饕客們大快朵頤，留下一盤盤堆得高高的殼屑。

華燈初上，餐館酒吧閃耀著彩色霓虹燈，璀璨的夜晚熱鬧繽紛，二十四小時的不夜城，遊客如織多過在地住民。

飯店面對沙灘，窗戶望去：白色細沙、蔚藍海水、藍白躺椅、洶湧人潮，我迫不及待投入浪漫地中海；走進海灘，感覺怪怪的……

定眼細看、慢慢會意過來，這裏竟是——上空海灘！

不論幼小孩童、妙齡女郎、中年大媽、年長阿嬤全都上空，自在嬉戲玩耍、怡然享受陽光；男士們包括帥哥老爹，來往穿梭其間，自然互動、毫無異色；穿著上衣的我反而奇特！

我有點尷尬站著發愣，到底該選擇離開？還是入境隨俗？

旅行不就要嘗試新鮮、經歷不同嗎？反正沒有人認識，何不來點特殊體驗！

起初不太習慣，躲在遮陽躺椅中，啜飲 Bitter KAS，藍天白雲對映著藍海白浪，心情逐漸放鬆開朗；起身進入大海，浪花陣陣輕拍身體，裸身與自然相遇接觸，有種回歸、解放的暢快！

回飯店請教櫃檯人員。Sitges 海岸長達四公里，共二十多個海灘，各有不同主題：天體海灘、上空海灘、同志海灘、一般海灘……西班牙人對身體並不隱晦，各處海水浴場多半分上空海灘與一般海灘，依喜好各取所需；如同台灣泡湯，可以選擇室內裸湯、或戶外風呂。我不明就裡訂到上空海灘旁的飯店，意外獲得奇妙經驗。

每到一個國家，我喜歡了解當地生活的兩端；坐大眾運輸、逛傳統市場、吃街頭小攤，過一般市井小民生活，有時出入豪華餐廳、住宿頂級酒店、購買名牌精品，感受名門上流的尊榮。

再回巴塞隆納，我住進歐洲著名精品旅館 Hotel Ritz Barcelona 麗池飯店。

古典獨特的建築，散發出皇室貴族的優雅氣度。計程車一到，一身筆挺禮服、頭戴高禮帽的服務人員門口迎接；進入古色古香大廳，身著燕尾服的櫃檯人員立刻起身接待，紳士風度舉止，顯示整體的世家風範；還好在西班牙一路有不少經濟貢獻，為了配合飯店光彩體面，特別換上全新名品家當，否則還眞是寒酸小氣。

客房的玄關與臥室間多一道門相隔，確保隱私並阻隔吵雜；房內鋪設整齊的雪白床單、酒紅金黃相間的絲絨窗簾、同色系的沙發抱枕、精美典雅的古董家具，展現豪門氣派。

晚上在二樓的米其林餐廳用餐。圓拱天花板，整片壯闊宏偉的穹頂壁畫，氣勢懾人宛如置身博物館；華麗燈飾、古典桌椅、精緻餐具，富麗華貴的氣質；主廚精心原創的料理，充滿藝術美感，更是舌尖上的誘惑挑逗；黑色合身西裝的服務人員進退得宜，禮貌親切又不覺壓迫打擾；整體用餐質感有如宮廷晚宴。

我，今晚就是皇家貴族！

早餐位於一樓餐廳，落地窗外是大片美麗庭園，提供精緻豐盛的 buffet，氣氛比較輕鬆，一樣尊榮禮遇；彬彬有禮的服務人員很快記住客人名字、知其喜好，給予適切合宜的服務。

▶地中海度假勝地 Sitges 海灘。

▶結伴旅遊的墨西哥美女。

▶西班牙男生個個是帥哥。

▶飯店面對沙灘景色怡人。

經典頂級精品旅館的風範，注重每個細微環節，一絲不苟追求極致卓越！平日我只是普通庸碌小民、精打細算過生活，偶爾偷踩紅線，仍在框架中不敢踰矩；旅行時暫時拋開規則約束，我行我素、海闊天空，自由變換各種身分，浪跡的遊俠、沒落的貴族、闊綽的豪門……像演員扮演不同角色，滿足童心夢想、增添生命色彩、提昇生活質感。

這兩天我就像灰姑娘，南瓜馬車帶著進入宮廷盛宴，在午夜鐘響前，盡情享受尊寵奢華！西班牙有優美迷人的地理環境、豐富悠久的歷史人文；人民活潑熱情、喜歡玩鬧，時而內斂、時而奔放，白天的努力爲了夜晚的享樂，既勤奮也慵懶、既認眞又玩世；強烈的反差，讓人迷惑沈醉不思蜀。

但也不是全然完美，行竊敲詐遊客層出不窮；然而瑕不掩瑜，並且清楚告知：這裏不是虛擬夢境天堂，而是眞實美麗人間，依舊叫人意亂情迷、流連忘返！

幾次更改延期，終需一別，旅行箱滿滿的紀念品，還手提一打玻璃瓶裝的 Bitter KAS，以延續對西班牙的深情懷念。

馬德里分手後，我沒再見過馬來西亞醫生；回台幾次通信後也不了了之，希望他現在仍繼續旅行。倒是在巴塞隆納機場退稅時，意外遇見哥斯大黎加帥哥，看到我扛著沈重的Bitter KAS，露出好笑又理解的表情；他手上滿滿一疊退稅單據，應該也是載滿美麗記憶！感謝帥哥一路幫忙，提著「貴重」飲料，送我到登機門。

人生無常、聚散難料，無論人事景物，因爲不能長長久久，停駐的每一個美好片刻，更加銘心刻骨、永難忘懷！

旅行就是這樣致命的吸引力，不想戒斷的毒癮！

英國：自由行與團體遊的省思

隔年女兒再次獲選參加世界大露營，地點在愛爾蘭，會後住宿當地接待家庭，再由旅行社帶團十天英國旅遊。原本五月高中學測、六月放榜、七月露營，時程完美順利。我也計畫利用這段時間個人旅行。

然而天有不測風雲，無預警爆發嚴重SARS疫情，造成恐慌、導致升學考試延期至七月；所幸沒有撞期，女童軍如期出發。但成績單尚未寄達，我只好打消旅行計畫，留在台北等待簽收，並代為填寫志願卡、繳交資料報名。兩天後收到成績單。女兒第一次學測成績已達目標學校標準，第二次錦上添花，所以不需費心查詢研究，直接填寫理想志願，當天就交給學校老師，等待放榜。

這下沒事了！女兒三周後才回來，有空閒時間；但此時規劃行程太匆促，或許跟女童軍一起旅行吧！我也好奇所謂「深度學習之旅」。

聯絡承辦旅行社，確定可以參加，並約好 Heathrow 機場會合地點，我自行買機票，提前五天到倫敦。這個全世界金融商業、教育文化、時尚娛樂都有顯著地位的國際都會城市，旅行團的安排絕對無法滿足我的想望。

從機場坐計程車到飯店，黑色古董車型，有英國人沈穩莊重的氣質，是倫敦的象徵；乘客座位非常寬敞，放置幾箱大行李，雙腳仍可伸展自如；司機熟練開車上路、精準到達飯店門口、禮貌祝福旅行愉快。

另一種極端反差的交通工具——公車，招搖的大紅色、像個大型玩具車，路線很多穿梭市區，讓倫敦街頭生氣活潑；坐在上層隨意兜風，既欣賞城市風貌，還可清楚辨識方向，票價比觀光巴士便宜、又深入一般民宅社區，是最佳城市觀光交通工具。

倫敦地鐵四通八達、非常方便，只是票價計算令人迷糊，不但分區計費，還有尖峰、離峰差別，研究許久才學會買票。

全世界第一條地鐵就在倫敦，超過一百五十年歷史，至今持續運行，現在看來陳舊簡陋、設備不足，仍十分敬佩英國先進的科技工程技術。這些古老車站像圓管隧道，通道很長又彎曲，上上下下許多樓梯；昏黃的照明、暗沉的磚牆，時間停駐十九世紀末；轉彎時身後腳步聲傳來，如偵探小說中懸疑驚悚氣氛陣陣襲來！

地鐵通道懸掛很多藝術海報，和藝人表演，沿路像欣賞藝文展演；搭地鐵本身就是藝術、古蹟巡禮。下班時段乘客擁擠，車廂內濃濃的酒味；上班族工作結束，習慣先到 pub 喝杯酒再回家，拘謹嚴肅的英國人需要借酒紓解釋放。

利用這些緊密大眾運輸網，我遊走大倫敦地區著名景點：參觀文物收藏豐富的大英博物館、雄糾威武的白金漢宮衛兵交接；欣賞歌劇院演出的音樂劇、柯芬園的街頭藝術表演；閒逛精品雲集的哈洛斯百貨、牛津街整排的個性商店；散步在自由風氣的海德公園、沿著泰晤士河飽覽風光……當然還要去貝克街 221 B 與福爾摩斯探究眞相！

英國沒什麼誘人的特色美食，英式餐廳千篇一律 fish & chips，新鮮細嫩的鱈魚裹上特調麵粉酥炸，重點是沒有魚刺，配上濃郁的 tartar sauce，一直我的最愛！

倫敦外來人口很多，到處異國美食。我住的飯店，鄰近北非阿拉伯移民區，品嘗到摩洛哥陶鍋燉肉、阿拉伯香料串烤等特色風味料理。

英式下午茶一定不能錯過！爲了追求經典傳統風格，特別請飯店櫃檯幫忙訂位，來到 Hotel Ritz London 麗池飯店。

歐洲著名連鎖精品飯店，和巴塞隆納一樣，是一棟歷史悠久、古典華麗的建築，一貫優雅尊榮的氣質。紳士風度的服務人員、鋼琴小提琴現場演奏、銀器刀叉骨瓷餐盤茶具；身在其中感覺自己是高貴名門，想像皇親國戚在此蜚短流長，一場腥風血雨的宮廷內鬥即將展開……

這裡的下午茶，氣氛重於餐點，三層餐盤大概就是三明治、scone、各種 tarts 及各式果醬，製作精美但口味一般，英國人似乎不擅長餐飲料理。

倫敦人文薈萃、豐富蘊含，是一本需要花時間研讀的書；我和女童軍約定時間已到，有機會再閱讀吧！

出發前與旅行社相約航班抵達的出口會合，到現場發現航廈很大，出口好幾個，來回尋覓不見蹤影；還好已有手機可聯絡，我們可能擦身錯過，遊覽車不能久停先開上路，現在返回接我。

一番折騰終於上車，與導遊、老師和同學們招呼後，坐到最後一排位子，這是屬於她們的團體聯誼旅行，我是搭便車的客人，儘量安靜旁觀不要多言打擾。拿出倫敦取得的詳細地圖對照行程表。巴斯、布里斯托、牛津、劍橋、史特拉福……到約克，從南到北環繞整個英格蘭一圈，相當於四個台灣。

十天旅行去掉搭機時間只剩八天，安排八個城市、八家飯店；城市間距離少則兩、三小時車程，多至五、六小時，餐廳、飯店多位於城外；歐洲國家司機有工時限制，扣除來回用餐、

▲白金漢宮衛兵換班。

▲街頭藝人。　▼巨石陣。

▲▶代表中華民國女童軍參加世界大露營。

休息集合，一天眞正停留參觀頂多兩小時。

怪不得常聽朋友說拉車辛苦無聊。我不介意長途坐車，怕熱就不要進廚房，愛旅行就不要嫌舟車勞頓；但是這樣沒有效率、浪費時間的行車，根本虛應故事，實在難以接受。

早期旅行團十天遊三國，被批評走馬看花沒有品質，後來改爲單國深度旅遊；歐洲地區三國首都的距離，不見得比環繞單國遠。所謂「深度」，應該是每個地區景點，有更多停留時間，細細品味、靜靜感受，而非單一國家南北奔波，依舊蜻蜓點水，換湯不換藥。

其實這是一家口碑不錯的旅行社，爲了學生知識學習，特別派一位歷史系畢業的導遊，一路認眞「教學」，只可惜剛結束高中學測、及兩周露營，同學們無心「上課」，反而是我用功聽講，並經常私下請教。

導遊學識淵博、經驗豐富，時間行程掌握得宜，一站一站帶領參觀、說明講解，休息幾分、用餐多久詳細計算，照表操課、絕不耽擱。同學們也互相合作、規矩自律，展現女童軍精神典範，令人驕傲。整個流程好像快遞運送，安全送達、清楚點交、核對簽收，但沒有情感交流，行遍天下，仍是圖表上的地名。

山水本無情、因人而有靈，少了人文觸動，顯得空洞貧乏。

歐洲城市參觀重點不外乎皇宮、城堡、教堂，這樣來去匆匆，容易張冠李戴錯亂混淆。我問導遊，爲何不選擇兩、三個重點深入細看，不求一網打盡。就像 buffet，儘管菜色繁多，也只能挑選喜歡的幾樣，否則會消化不良，旅行不一樣嗎？

導遊無奈表示：這是迎合大眾行程，一般還是喜歡吃到飽，吃不下沒關係，用看的也過癮；走馬看花無所謂，至少「講」得出足夠景點名稱。她自己個人旅行是不參團的，寧可精深的「質」，不要粗淺的「量」；建議我也加入旅行業！

由於飯店多在郊外，晚上不便外出，我一個人 pub 聽現場演唱、房間發呆冥想，或與導遊喝茶聊天，也是悠閒愜意；跟團旅行唯一優點，就是可以腦筋放空，管他明日如何？

有兩個晚上住宿市中心，徵得導遊同意，私下帶女兒出遊。

布里斯托正逢慶典 Bristol Harbour Festival ，港邊燈火通明，海上一排復古船隻，妝點的絢麗耀眼、美輪美奐；岸邊舞台音樂狂奏、勁歌熱舞；周邊群眾呼應唱和、盡情搖擺，好個歡愉節慶！我們幸運躬逢其盛，擠入人群四處遊逛，越晚越熱鬧，餐廳酒吧座無虛席、街上到處人山人海，高聲談笑氣氛熱烈。

接近午夜，一聲巨響，璀璨煙火如天女散花綻放夜空，大家歡呼鼓掌情緒沸騰。一夜狂歡，許多人不勝酒力，滿街醉漢走路東倒西歪、胡言亂語，甚至坐地撒野。我在倫敦見識過不覺奇怪，女兒十分驚異，印象中沈穩內斂的英國紳士，怎會如此失態?!

另一晚在約克 York ，羅馬時代建立的歷史古城，自中世紀以來連年戰火摧殘、傷亡慘重，各種鬼怪幽靈傳說四起，再加上保留許多中世紀建築，更是穿鑿附會，增添神祕弔詭。

因此，約克有一特別行程 Ghost Tour ，我跟女兒報名參加。到指定地點集合，guide 裝扮成吸血鬼，黑斗篷、高禮帽、無血色慘白的臉。今晚見到第一個鬼，不覺恐怖，反而引起大家一陣狂笑。

Guide 帶領團員走進古老狹窄暗巷，指著一間間破落古宅，用誇張的語調、逗趣的動作，說著曾經發生過的靈異故事，配合屋內燈光、手中道具，及適時的一陣陰風，製造驚嚇氣氛，卻往往適得其反，惹來哄堂大笑！

最後到一家餐廳，大片玻璃窗裡面眾多賓客用餐。我們站在對街，guide 說這古屋正是當年鬼魂聚集慶祝場所；而他們千年不死，仍不時歡聚，現在裡面那群「鬼」正在晚宴慶功呢！不信大家揮揮手，是「鬼」的話，一定會回應！

團員們好玩拚命揮手招呼，裡面客人不明就裡也揮手回應；guide 一本正經說：「相信了吧！」，大家笑成一團，結束這「鬼話連篇」！

整趟旅程，其實就是 guide個人脫口秀，把無厘頭的鬼怪傳說，展演成詼諧戲謔的城市觀光，帶領走訪古蹟、講述歷史，領教了英國人的幽默！

配合戲劇效果，guide 說話不快、動作很多、主題鮮明，女兒和我大致聽懂。很可惜其他團員沒機會參與，不過我可以理解、也感謝導遊信任相挺，因爲若有走失意外，她得負完全責任；這也是爲什麼旅行團導遊總是誇大風險「嚇」人，以免團員私自外出，無法掌握行蹤；旅客卻因此被教育的如驚弓之鳥，失去信心判斷。

幸虧有這兩晚，和五天倫敦自助行程，否則一趟英國行，沒有自己的故事，一定扼腕抱憾；至於其他部分，只是旅行社架上的DM，不必要記錄。

我的班機和團體不同，女兒回台有爸爸接。在香港轉機時，臨時起意入境到半島酒店喝下午茶，回味英式風雅；幾年前也在此喝下午茶，當時仍是英國統治，濃濃的殖民風，現在回歸中國，已無英國圖騰。唉，我徹底遠離英國了！

回台後，女兒收到入學通知，順利進入理想高中！

加勒比海的美麗邂逅

春節過後，跟多倫多的外甥女 Wenny 用 Skype 聊天，她提到在網站上看到航行加勒比海郵輪，兩周內出發的價格非常優惠，上年度未使用的假期，必需三月底前用完，正考慮要不要去？郵輪！加勒比海！遙不可及的神祕海域，鐵達尼號、神鬼奇航的畫面清晰浮現；年假剛過，機票應該好買，女兒國三，學校有晚自習，供應午、晚餐，生活沒問題……嗯，脫口而出：「我跟妳一起去！」Wenny 嚇了一大跳！「真的嗎？皮皮（女兒小名）上課怎麼辦？」

「我會安排，給妳資料，幫忙訂位，我馬上訂機票。」行動派的我，說走就走！

幾天後 Wenny 來電說，工作太忙、假期難排……等等，總之，她不想去了！

Wenny 什麼都好，就是猶豫不決、舉棋不定，想得多做的少。我也知道當時提到郵輪只是隨口說說，沒想到我順勢當下決定要去，她被趕鴨子上架、騎虎難下，現在反悔並不意外。這種狀況經常上演，太了解她了、不想爭論，淡淡的說：「隨便！反正我機票已買不能退，妳想辦法把船票送到碼頭，我自己去！」說得瀟灑，其實我最喜歡跟 Wenny 共遊了，彼此都有獨立旅行的能力，也有相同喜好；並且語文能力一流，懶得用腦時，全推給她應付；想要表達時，她耐性聽我慢慢說完，不會急於幫忙插話。我那比手畫腳加單字拼湊的蹩腳英語，旅行時蠻好用的，足以溝通又製造趣味拉近距離，但有英文流利的人在旁，我就盡量閉嘴，不想自曝其短；而 Wenny 總是鼓勵的說：「阿姨英文很棒啊！」

早期台灣的朋友對自由旅行比較陌生，不容易理解溝通，除非親友要求同行，我寧可獨自旅行。近年來網路資訊發達、資料取得方便，自助旅行簡單許多，再加上地理頻道大量深度影片介紹，一些友人開始覺得旅行團太表淺侷限。旅行進化如同手機升級，需要宣導推廣，並不困難，只要踏出第一步！朋友有興趣嘗試，我也願意分享經驗，在短程或部分行程一起同行。

我會說明如何操作規劃，希望共同參與過程，日後可以自己安排旅遊，也徵詢意見，在不影響主軸下盡量滿足；親友們第一次自由行沒有經驗，不清楚作業流程，一般多是信任、尊重、配合計畫，開心順利完成旅行。有時失了分際，太多個別要求，殊不知，欲達到個人喜好，必需有對等貢獻；我不是收費導遊，有自己的目標方向，不會以客爲尊；若是特別堅持，除非有能力自行作業，否則就得付費請旅行社量身定做，既無貢獻、又沒付費，怎好反客爲主？無論如何，「帶人」旅行是雙重背負、任重道遠，直到把人平安送回才得以安心；若不是至親好友的情感，不會自找麻煩。與 Wenny 旅行是「結伴」同行，對等互助、輕鬆愉快，只要用一半心力，甚至可以倚仗偷懶呢！

因此，以退爲進策略奏效，一周後我們在邁阿密機場見面！

接駁車送到羅德岱堡碼頭，遠遠看到巍峨矗立海中的龐然大物 Carnival 郵輪，一千四百位工作人員、三千六百名旅客，可見宏偉壯觀。

進入船艙，金碧輝煌、豪華氣派的挑高 lobby，令人驚呼讚嘆、駐足仰望。Wenny 提醒要先報名陸上 tour，名額有限，熱門行程很快爆滿。果不其然，旅遊服務處大排長龍，部分行程已經額滿，好在有登記到想要的活動；看樣子，大家都是經驗老道的郵輪玩家！

找到房間行李已送達，鋪設整齊的床單上擺放巧克力，及白色浴巾摺疊的造型動物，每日變換：小狗到大象、青蛙到猴子，天天有驚喜。

我們迫不及待外出認識環境，船上有多家餐廳：正統歐式餐館，龍蝦牛排任選、全天候buffet，上百道美味料理、二十四小時簡餐咖啡酒吧，全部免費享用。酒足飯飽後需要休閒運動，有教練指導的室內健身房、海風吹拂的戶外跑道運動場、游泳池滑水道三溫暖等等。

戲劇院每天有不同節目：百老匯音樂劇、拉斯維加斯歌舞秀、魔幻特技表演、動感舞廳劇場，聲光互動的極致展演；另外益智猜謎、遊戲選秀等腦力激盪，脫口秀、卡拉OK、舞蹈才藝競技……或者casino、bingo押寶試手氣，購物大街血拚掃貨，圖書館安靜閱讀，甲板躺椅吹風冥想……想得到的休閒娛樂應有盡有，完備設施超乎想像！

人人見面招呼、笑顏逐開，正如船名Carnival，洋溢著嘉年華歡樂氣氛！

汽笛鳴響，一座移動城市快樂出航啦！船上每天發行簡報，詳細列出各項活動時間、內容，

▲兩艘巨輪，左右並排可別搭錯船。

天氣狀況、旅程資訊，及晚餐的衣著要求……我們依此安排，嘗試不同項目，每天從早到晚吃喝玩樂，活動滿檔還要趕場運動，並且還要搭配場合不斷換裝打扮；走到那都有人服務，房間隨時清潔整理，簡直就是鐵達尼號頹廢的上流貴婦！

陸上活動一樣精彩無比。郵輪停靠三個港口，第一站墨西哥島嶼 Cozumel ，加勒比海的美麗珍珠，古瑪雅人也認爲是神聖之島。

延伸海中的長堤，左右兩艘巨大郵輪並排，像兩棟大廈遮蔽陽光，下午回來可要小心別上錯船。

郵輪停留九小時，我們參加半日瑪雅遺跡探索，沒有時間深入雨林，只看到小型階梯金字塔和荒廢石造神殿，不算壯觀；古老的墨西哥村莊，散落著破舊殘屋，入口大門低矮狹小，彎腰才能進入，guide 說：瑪雅人身高只有一百四十公分左右。

廢墟林木中隱藏著許多變色龍，考驗視力

▲墨西哥瑪雅遺跡。

仔細尋找，靜靜觀察陽光底下的顏色轉變，時而豔麗、時而暗沉、融入周遭環境裡，既彰顯又內斂，讚嘆生命的奇妙！

下午回市區，長長的觀光大街，一邊碧綠海水、一邊熱鬧商家，銀器首飾工藝品琳瑯滿目，遊客摩肩接踵議價採購。煙酒商店展示各式雪茄、酒類，玻璃瓶裝的龍舌蘭，浸泡著小蛇蜥蜴，很像我們的補身藥酒，古老文明有相同智慧？

店裡工作人員很多個子嬌小，應是瑪雅後裔，印證 guide 所言不虛。我買了一頂寬邊墨西哥草帽，立刻戴上，遮陽又紀念。

第二站英國屬地 Grand Cayman 大開曼島，金融中心？避稅天堂？絕對是潛水度假勝地！多金人士開著豪華名車，載著潛水裝備前往海邊。

這裡有個特別的景點——stingray city 魟魚城。坐船出海到一處淺水灣，水深及胸可以站立，透明清澈的海水，適合游泳戲水。工作人員拿出一桶桶的烏賊，聞到味道陸續有魟魚游過來，長長的尾巴、扁平的身體像張開的傘，大傘小傘越聚越多，有的長達一、兩公尺。拿起烏賊放在手掌餵食，魟魚嘴巴在身體下方；不是張口咬食，而是直接吸進口中，吸力強大，手掌還得用力抽回！

魟魚個性溫和不怕人，可以觸摸親近，灰色光滑的皮膚反射發亮，一大群圍繞身邊爭寵搶食，煞是可愛！這些是野生魟魚，並非人工養殖。過去漁民把不合標準的漁獲，丟棄附近海域，引來大批魟魚覓食；久而久之，聰明的魟魚聚集等待食物，成爲今日的觀光特色。

接著到另一處海邊，與海豚共游。訓練有素的海豚像狗狗一樣，配合做各種動作：握手擁抱、拍手玩球，時而撒嬌、時而親吻，親密偎依任憑撫摸光滑肌膚，忽而調皮轉身飛躍，濺得

▲逆水而上攀登瀑布。

▼親近觸摸餵食野生大魟魚。

水花四溢，發出尖銳口哨聲，旅客被逗得開心歡笑，不捨離開。

上船前，在港邊商店試吃當地名產 rum cake，浸泡蘭姆酒的蛋糕，濕潤濃郁真材實料，我光試吃就要醉了！旅客一箱一箱打包上船，Wenny 要請同事也大肆採購；雖然好吃可惜酒味太濃，我不敢喝酒，只買幾個小蛋糕回來請好友嚐嚐。

最後一站牙買加，加勒比海的閃亮島嶼，都有相同的細白沙灘、悠閒的度假氣氛；迥異的人文風情，一樣延續郵輪的熱鬧歡愉景象。

海邊有個寬闊瀑布，豐沛水量不是從懸崖直瀉落下，而是順著不規則的陡峭岩石，左右跳動噴濺流下，奔入加勒比海。

我們反向，從海邊攀登至瀑布頂端。穿上泳衣、防滑水鞋，手腳並用踩著岩石逆水攀爬。烈日當空天氣炎熱，清涼水花撲面暑氣全消；爬不動了，直接坐在石頭上，讓水流繞過身體奔瀉，玩水兼休息。有些人中途放棄，走旁邊樹林小路上山；成功逆流登頂的人大聲歡呼：「No Water, No Funny!」。我們爬爬停停、費時良久，千辛萬苦終於攻上瀑布頂端，成功挑戰驚險獨特的瀑布攀岩，俯瞰碧綠海水、白色浪花，無限暢快驕傲！

下山到商場買一大箱正宗經典藍山咖啡，露天酒吧啜飲新鮮熱帶果汁，懶洋洋的雷鬼音樂釋放著自由隨意……夕陽西下，船笛催促，揮別加勒比海的美麗邂逅。

郵輪旅行遠離陸地，宛如不受約束的獨立星球，人們暫時擺脫教條準則，縱情享樂糜爛狂歡，一種莫名迷幻的高昂與放肆，迴盪在每個人心中，和每個時辰角落。

船上氛圍與島嶼尋奇，都超出我的生活經驗想像，若非親身感受，不知如何做夢？結束海上漂流，踏上陸地似乎微微波動；回首旖麗海上璇宮，新的一批遊客排隊上船……

陽光邁阿密 冰雪魁北克

邁阿密令人迷惑究竟身在何處？說西班牙語的人口似乎比美語多，機場、車站、各大公共場所雙語廣播，竟是西班牙語優先！

海邊度假區延續郵輪的醉生夢死，陽光沙灘比基尼、激情狂歡夜生活。五光十色的觀光街道，西班牙式的建築，商家店員很多拉丁族裔，說著西班牙文，餐廳酒吧播放動感的古巴音樂，人們隨著節奏輕鬆搖擺，似乎仍在加勒比海島嶼。

我看到一家西班牙餐廳，興奮的拉著 Wenny 回味 tapas 和海鮮飯。

城市的另一區，商店玻璃櫥窗加上一條條鐵欄杆、住家房屋也多一道厚厚鐵門鐵窗，透露著嚴肅緊張，表達強烈不安與不信，和海邊的隨意慵懶、熱情奔放氣氛，形成極端對比。

想起郵輪最後一天，有人漂流海上，船員放下小艇救援；聽說是策劃游泳偷渡入境，被救起反而會遣送回國，不知幸或不幸？

大量非法外來人口，挑戰城市治安！

我們租車依旅遊地圖，走訪不同風貌景點。沒有GPS的年代，Wenny 開車，我拿地圖導航；高速公路車速快，經常看到指標已來不及變換，而錯過交流道，意外遊覽了一些圖上沒有標示的地區。一天經過一個陌生社區，筆直的道路、兩旁高大挺拔的綠樹，人行道旁修剪整齊的矮籬、一幢幢佔地廣大、美輪美奐的房子，應該是高級住宅區。

我們放慢車速沿路欣賞，看到路口牌子寫著「房屋出售、歡迎參觀」。好奇順著箭頭轉入旁邊小路，兩邊茂密高聳的樹籬，像兩道高牆隔絕視線、保護隱私，這一定是名人豪宅！從精巧的信箱旁彎進長長車道，停在圓形水池邊。一棟兩層樓西班牙風格建築，高高的拱形大門，我們下車正要進去，裡面有人出來招呼，今天剛好仲介現場導覽服務；本來只想隨意參觀，這下只好配合演出了！

圓形挑高的大客廳，可以開舞會跳華爾滋，大型宴會餐廳及廚房、書房陳列室、儲藏室傭人房；地下室三分之一高出地面，通風良好光線明亮，沒有隔間更顯空曠，有一個大浴池或室內泳池？仲介說可以規劃為健身房、視聽室和遊戲間；客廳旁弧線樓梯上二樓，寬敞的起居室、走道兩旁好幾個房間。

仲介說明如何規劃使用、Wenny 也一搭一唱，我不是很懂，自顧走到盡頭推開門：一個半

▲加勒比海島嶼擁抱海龜。

▲陽光邁阿密回味西班牙海鮮飯。

▲魁北克濃濃法式風情。

圓型拱廊大露台，四周精美的雕欄，一眼望去遠處藍色海洋；露台前左右各一道迴旋階梯，直通花團錦簇的庭院、還有一個大型游泳池，好一個漂亮的西班牙莊園！

想像擺放家具、裝潢佈置後的富貴氣派，名流仕女穿梭、杯觥交錯的奢華盛宴！

仲介熱忱介紹，禮貌送上車，還給了名片歡迎再訪。我們像投資置產的東方富豪？還是美國人不以貌取人的一致服務標準？

總之，有趣的看屋經驗，重新定義什麼是「豪宅」，見識另一層次的品味風雅！

回到多倫多，夏天變冬天、艷陽高照變積雪盈尺，怪不得大家往南方跑，郵輪上大批加拿大旅客。旅行奔波疲累，我休息補眠，辛苦的 Wenny 第二天就得上班。

住在亞熱帶台灣的我，對冰雪有著憧憬和愛慕，純淨的雪白讓人感覺平和寧靜。

有天電視介紹斯德哥爾摩北極圈內的冰旅館 ice hotel，我看得著迷，期待有朝一日親臨其境。Wenny 說，不用跑那麼遠，兩年前魁北克開了分館。

眞的?!現在正好是冬季呢！如此鮮明的意象、直接的召喚，我盤算著回台前去一趟。

沒想到隔幾天 Wenny 說已請好假，可以一起去魁北克。眞是太感動了！多倫多一年下雪四、五個月，她對 ice hotel 不會有多大興趣，純粹是陪我而行，Wenny 就是這麼貼心！

我們開車北上先到蒙特婁，Wenny 在這兒唸高中，當時我與她們倆姊妹，三個菜鳥度過一段烏龍傻氣、趣味難忘的時光，重遊舊地倍感親切，也感嘆光陰流逝……

如同邁阿密不同於印象中的美國，魁北克完全迥異熟悉的加拿大。滿街法文讓導航的我一頭霧水，隨便發音胡亂指揮，Wenny 只好路邊停車，自己看清楚再上路，她會法文簡直全能！

魁北克濃濃的法國風情，居民多爲法國後裔嬌小秀氣；舊城區古老的房子、別緻的招牌、繽紛的櫥窗，充滿藝術氣息，令人流連駐足。晚上我們住在百年城堡飯店，墨綠色屋頂、磚紅色外牆，是歷史古蹟，也像童話城堡。從高樓俯瞰，白雪覆蓋的城市清麗脫俗，屋內透出的燈光更添溫暖浪漫，我對冰雪無可救藥的癡迷愛戀。

第二天前往此行重點：ice hotel Quebec，這是二〇〇一年開幕，全世界第二家冰旅館；每年十二月動工搭建，一磚一瓦都是冰塊製成，視氣溫約在聖誕節前後營運，直到隔年三月，冰雪融化回歸自然，年年重蓋有不同流行主題，我們是今年最後一批客人。

Ice Hotel 座落在一片白色山林中，先到木造主體建築 check in 寄放行李，立刻直奔冰館區域。一進門，大廳懸掛冰雕大型吊燈，彩色燈光投射，閃耀亮麗光芒，就像一盞富麗堂皇的水晶燈！到處都是栩栩如生的冰雕作品：人像、動物、圖騰等，冰塊做的椅子沙發鋪著動物皮毛，坐上去冷暖自知。室內溫度大約零下三、四度，比較屋外零下十幾度相對溫暖，遊客們仍是包裹的密不透風。

往裡走是間酒吧，晚上有樂團表演，冰雕的舞台、冷豔的燈光，猶如外太空，冰涼孤寂的未來感。旁邊冰製的吧台酒櫃高腳椅，連杯子都是冰做的；倒入冰鎮伏特加，對味又暖胃。我們不敢喝酒，要杯一樣無色的水，想魚目混珠感受氣氛；服務人員說，只能倒果汁不能加水。果汁ok啊！但是爲什麼不能加水？他笑著說：「會結冰！」。這麼簡單，哈哈！

還有一間教堂，冰製的祭壇、十字架、聖徒雕像、敬拜座椅，更顯冰清玉潔；神父在此講道，信徒做禮拜、辦婚禮，一定倍感聖潔。

所有客房都開放參觀，房間精美雕飾與牆壁細緻浮雕呈現不同風格，埃及金字塔法老王、灰姑娘南瓜馬車、〇〇七酷炫跑車遊艇、獅子王叢林動物，甚至熱帶海灘椰子樹……天馬行空滿足奇幻夢想。晚上燈光照耀，晶瑩剔透、絢爛瑰麗，一座夢幻水晶城堡！不知是否「冰雪奇緣」靈感來源？

住房客人可以玩各種雪上活動，溜冰、滑雪、哈士奇雪橇等，或躲進度假村內取暖，隔窗欣賞美景。一輛接一輛的遊覽巴士，載著買票單純參觀的遊客，來來往往人潮絡繹不絕。

六點以後客房不再開放，簾子垂下客人入住，冰製的家具床鋪、桌椅、櫃子一應俱全，有如高級酒店；服務人員在冰床上架起木板隔開冰層，木板上放置軟墊，再鋪上幾層厚厚鹿皮。

晚餐過後，泡了戶外 jacuzzi 全身熱烘烘，鑽進飯店提供專用睡袋，足以禦寒零下三十度，戴上帽子口罩、除了眼口鼻以外，全身覆蓋包緊，不覺寒冷。

▲冰吧枱、冰酒杯，真正寒天飲冰水。

▲冰床架上木板，鋪動物毛皮。

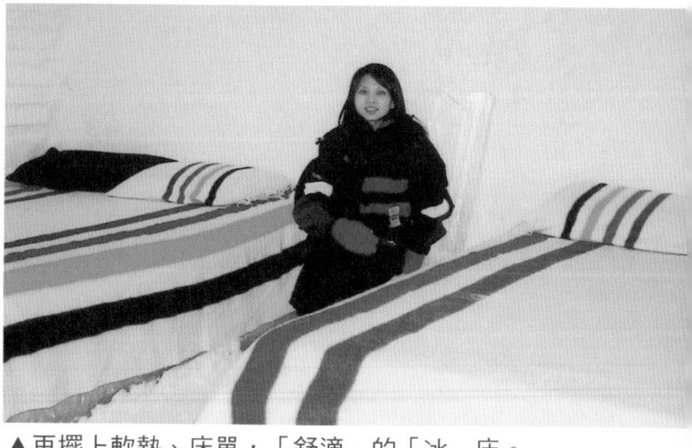
▲再擺上軟墊、床單，「舒適」的「冰」床。

躺在冰屋冰床上，彷彿進入蠻荒時代、奇異好玩又驚喜，看著呼出的白氣朦朧入睡。雖然一夜好眠，卻因蜷縮睡袋無法伸展翻轉，起床後全身筋骨痠痛。

不管是滿足或懊悔，絕對讓人印象深刻難忘！房價以人數計算，依房型冰雕精緻程度收費不同，但都不便宜，花錢受凍自虐值得嗎？那就看個人價值觀嘍！豐富人生閱歷、增添生命色彩，不是用金錢衡量的！

不過，原始生活一天就夠了！隔天回到城堡飯店，泡在溫水按摩池中，看著窗外雪花飄落、暖氣客房裡翻滾賴床，享受現代化的舒適溫暖，讚美文明的價值！

純白唯美的魁北克，古典情調的咖啡館，輕柔悠揚的法國香頌，一道巧克力鍋、兩杯咖啡歐蕾，優雅法式情境，令人沉醉迷戀、不想離開。

爲了回台後重溫經典，我買了一組白色巧克力瓷鍋，在美國轉機時，細長尖銳的水果叉，X光掃描被誤認爲攻擊武器，因此接受盤查訊問，所幸最後放行、整組安全帶回。

謝謝 Wenny 陪同，經歷熱帶到寒帶、從赤道接近北極、超乎生活經驗的三溫暖旅程，啓發更多的做夢空間！

別開生面的西式婚禮

高一暑假，女兒前往多倫多唸語文學校，十六歲以下青少年單獨入境加拿大，需有當地監護人及父母同意書。Wenny 表姐義不容辭成了監護人，卻也是最後一次父母同時在家長欄位簽名。婚姻路上一直走得顛簸，起點時曾經短暫齊步並進，爾後成長的方向與速度不同，慢慢拉開距離漸行漸遠。儘管爭執衝突不斷，至少努力調整步伐、期待趨於一致；然而個性差異、志趣不同，不論加快或放慢腳步，都違背自然本性，擦撞得傷痕累累，還是每況愈下，終至無奈放棄，連吵架都懶得。

與其折翼難飛、兩敗俱傷，不如分開展翅、各尋生機；多次商議討論，不知為何對方總不同意，如此幾年貌合神離形同陌路。媽媽過世了、女兒上高中，不想繼續假面偽裝、出賣靈魂，為了自我救贖，這次很堅持。是否逼急了？竟說：「可以啊，有辦法就不要拿一毛錢，生活、教育費用自己負責，不能以小孩為藉口要錢。」是威嚇我打消念頭？還是為己爭取有利條件？相識二十多年還用這種語氣？難道不知鄙夷恫嚇，只會強化我的信念？

總之，註定要分開的！生命不能貧乏的只剩錢，行屍走肉等同死亡。二話不說寫下條款簽字，他騎虎難下只好簽名。曾經想過自由的這一天要大肆慶祝，然而延宕纏鬥多年，達成的此刻已無任何喜悅、或感傷情緒，只覺得如釋重負。

高二暑假，每個認識的人都強烈勸說，絕對不能帶小孩出國，一定要留下來好好讀書，四個月後就大學指考，輕忽不得啊。可是，我們非出國不可，因爲外甥結婚！

一年前就規劃的婚禮，雙方來自台灣、香港、新加坡親友數十人聚集多倫多；難道團聚，婚禮結束全部搭郵輪、及美國旅行，船票、飯店都已預訂，女兒還自告奮勇當伴娘，天大喜事怎能不去？我並不擔心女兒課業，她從未上過補習班、作息正常不熬夜，有很大衝刺空間；我擔心的是——旅費！兩個人兩個月旅行，是一筆不小的花費。過去拿金援換自由、認眞花用求取平衡，現在獨力面對感受壓力。但是不能因大人紛爭，影響對小孩的承諾、與一貫的生活品質，這算是「負責」吧！

不要預設困境嚇自己，就跟旅行一樣，面對問題再逐一解決，正如郝思嘉名言：畢竟，明天又是另外一天！

外甥聖誕節回台灣拍婚紗照，特別說明婚禮流程。西式婚禮從下午到晚上，有幾個不同場合，家屬要全程參與，需準備幾套禮服對應場合。在台灣不是新人或家長，一般不會那麼招搖講究；怕我們疏忽降低格調，所以一再強調，要愼重其事「正式合宜」晚宴禮服。在郵輪上見識過西方人所謂的「正式」，平日沒機會如此裝扮，滿心歡喜期待這場錦衣華服的西方婚禮！

女兒和表哥感情很好，總親暱的叫「胖哥哥」（雖然已減肥成功變帥哥），要賴一定要當伴娘；儘管她人在台灣、年紀小幫不上忙，仍是特別留一個名額，爲了配合其他伴娘選購禮服配件，我們七月初就興奮抵達多倫多。

其他親人陸續到來，難得所有人熱鬧齊聚一堂，每天開懷敘舊、聚餐逛街，女兒隨新人試裝，其他人採購補貨添行頭，歡樂忙碌分享喜氣。

婚禮當天一早，所有女士先到美甲美髮店修容妝扮，換上小禮服前往會場。

這是戶外婚禮，場地位在廣闊高爾夫球場，如茵碧草上佈置著美麗花門花台，擺放整齊的白色座椅；清朗的天空，浮過幾抹白雲，如詩如畫景色怡人。賓客就座，花童伴娘入場，新人走過花門，新娘一襲白紗禮服微風中飄逸，典雅高貴、唯美夢幻，牧師莊重證婚，祝福聲中完成了「天地為證山水為盟」的神聖婚禮。

接著茶點招待，大家拿著餐點人群中走動寒暄交談，新娘談笑風聲活躍招呼客人，花童草地間追逐嬉鬧，就像郊遊野餐快樂輕鬆。

大約五點第一攤結束，部分客人先行離開，其餘則到休息室，換裝打扮等待晚宴，也有些賓客只參加晚宴。大家有備而來，晚宴入席時，男士們西裝筆挺外加領結，女士們華麗禮服雍容高貴。宴會有DJ主持，專業帶動氣氛活

▲最多電燈泡的蜜月旅行，全體親友郵輪合影。

潑熱鬧，來賓致詞幽默風趣，全場笑聲連連。新娘是今天的主角，氣質高雅大方互動；這是新人的場子，父母都只是重要賓客。相對於台灣婚禮，新娘多半端莊靜坐，家長似乎介入較多。

第二攤告一段落，沒結束喔！趁著工作人員整理場地，客人們再度換衣補妝迎接舞會，帶著一箱衣服配件鞋子，通通派上用場，像是玩家家酒。音樂響起、燈光閃爍，場地變身亮麗舞池。優美歌聲中，新人曼妙開舞，賓客隨之起舞，優雅浪漫；接著勁歌熱舞氣氛轉為熱鬧，DJ帶動玩樂，偶爾謔而不虐捉弄新人，大家情緒高昂、玩樂歡慶直到午夜。

別開生面的婚禮宛如電影場景，其實電影不就是眞實呈現地區民情風俗；有機會親臨體驗，日後看書或影片，不但有親切感，能以相同的思考邏輯了解情境、體會劇中人物感同身受。

休息幾天，再度忙著打包。新人與雙方家屬一行三十多人，浩浩蕩蕩搭機前往邁阿密乘坐郵輪，最多電燈泡的蜜月之旅。

這次搭乘另一家郵輪公司，皇家加勒比 Royal Caribbean，這艘船是當年最新下水、全世界最大的郵輪，旅客和工作人員總共六千多人。船上裝潢豪華氣派、頂級餐飲娛樂，更添加海上溜冰、攀岩等新穎設施，正如廣告詞「奢華就是一切」！

女兒登船看得目瞪口呆、驚喜讚嘆，如同我第一次搭船。

我們同行人多，船上東方面孔都是自己人，隨時隨地呼朋引伴，像是同樂會。這回有備而來，帶著婚禮所有行頭，每天晚上盛裝赴宴，常常看秀或舞會結束，回房時經過酒吧，看見一群親戚正在吃宵夜，招呼聊天又是一攤，天天玩到三更半夜，好像婚禮延伸的流水席，非常熱鬧有趣；只是新人都刻意迴避，大家也知趣視而不見。

由於船行路線與上次雷同，停靠港口時，女兒和其他親人參加 tour 遊玩，我與 Wenny 港邊散步、或留在船上繼續享受豐富的吃喝玩樂，這時旅客較少更是悠閒放鬆。

只有一個不同港口，海地的 Labadee 小島，皇家郵輪的專屬度假島嶼、沒有其他船隻停靠，遠離塵囂的純淨樂土，有別其他島嶼的海上娛樂活動。

我參加水上摩托車隊，不同於亞洲的水上摩托車，只在隔離的特定區域，也可以教練陪同駕駛，比較像遊樂場；西方人則當是體育活動，需年滿十八歲並且檢查駕照。我有完美駕照，事實上不會開車，仍符合條件；女兒很懊惱，沒有駕照只能後座被載。

水上摩托車隊一行十幾輛，一位教練前導領航，另一位教練最後押隊確保安全。行前上課、裝備妥當，坐上摩托車，大家躍躍欲試。一聲令下、教練啓航開路，一輛接一輛快速跟隨，激起高高水花打在眼睛，視線模糊。我有點害怕，既不會開車又不會游泳，愣著不敢啓動。只剩我一台車，押隊教練揮手示意趕快上路、女兒在後催促。

上賊船了！心一橫轉動油門，摩托車瞬間跳躍急衝，感覺像要飛出去。緊緊抓住把手，因不會控制油門，速度忽快忽慢、車身飄忽不穩，似乎要翻覆落海；教練居然豎起大拇指稱讚?!

一望無際的大海沒有方向，只能緊跟前一輛摩托車，速度稍慢跟丟了，就迷失在茫茫大海中，因此大家都飆速急駛。

受到鼓勵更加壯膽，逐漸穩定掌握、風馳電掣追上前車，開始享受脫離水面、飛越馳騁的快感！一個半小時乘風破浪、追逐刺激，像○○七龐德一樣驚險衝刺，征服加勒比海！

極致的飆速快感，只有體驗過的人才懂！上岸後大家滿足與成就，互相擊掌慶賀；唯一後座的女兒，滿臉不平！尷尬的十七歲，船上許多活動也不能參加，所幸其他島嶼 tour 得到相當的樂趣滿足，平衡了小小缺憾。

▲▶大象、猴子用白色浴巾折疊的動物維妙維肖。

▶得意刺青。

▲Mickey mouse 歡樂無限。

揮別海上樂園，部分親戚在此分手，我和姊姊一家十人繼續前往陸上樂園——奧蘭多，號稱「世界主題公園首都」，顧名思義集合了眾多遊樂園。

全世界最大的 Disney World，不只是 Disneyland；有夢工廠、動物王國、神奇王國、未來世界等四個主題樂園，還有兩個水上主題公園，加上飯店、商場、度假村，眞正迪士尼「世界」。

全球最大的環球影城也在此，電影片場與冒險樂園兩大主題樂園，及購物商場、休閒中心等。每個獨立主題樂園佔地遼闊、規模宏大，一、兩天也玩不夠，全部玩過癮可能花上一個月，更別說還有其他自然景觀。這裡集合童話卡通、驚險刺激、原始叢林、科技未來……不分年齡每個人都可以找到夢想。

我們整整一星期置身夢想異世界，追尋極致刺激感官享樂。一天在一個主題樂園，我們坐完驚險駭人的雲霄飛車，女兒意猶未盡想排隊再玩一次。一向喜愛刺激挑戰的我竟然回答：「找胖哥哥陪妳，我在旁邊等。」

說完自己嚇了一大跳，什麼時候從動態體驗變成靜態觀賞？突然心有戚戚焉，也領悟到：任何喜歡想做的事，千萬、絕對不要拖延等待，以免失去熱情，那個時刻、那種感覺，錯過了不會再來！我慶幸總是當下追求、曾經輕狂、擁有過，儘管承受極大壓力。

美好時光在邁阿密劃下句點，我們在機場道別，各自搭機回家；不捨又感恩這次團聚，離情依依不知下次再聚何時？承載滿滿回憶與超重行李回來，這次旅行花掉我大半積蓄，但值得也必要。

明天，我得認眞思考未來生活！

汪洋中遊輪跨年　紐奧良爵士靈魂

生命轉折難以預料，兵來將擋總要勇敢面對。我的道路似乎反向而行，別人努力工作時，我熱衷遊走世界；別人規劃退休時，我卻得投入職場。沒有學歷經歷、不擅使用電腦，年輕世代上網查資料，我整天窩在圖書館看報紙找工作，勤能補拙終於獲得一個外商銀行試用機會。外商企業大膽用人也快速淘汰，二十五年沒上班斷層脫節，講師上課說的行話術語，學員互動的網路語言、火星文字，我誤入時空完全不懂，比剛畢業的新鮮人還笨拙難教。

主管看我反應遲鈍、學習緩慢，不願浪費時間訓練，只想早點「考核」掉，以免影響績效，甚至不留情面直白的說：「不一定硬撐三個月，不適合就不要耽誤妳自己。」只給我兩個月期限查看。沒有退路！當作學習撐多久算多久，至少下次應徵時經歷欄不會空白。明知即將被淘汰，我沒有敷衍矇混，冷嘲熱諷中努力不懈認眞做事，只問耕耘不問收穫，把自己當古制學徒，況且是有薪水的學徒呢！

期限的最後一天，我默默收拾物品，無足輕重的人像潮水翻來捲去，沒人注意聞問。就在接近下班準備繳回名牌卡片時，傳眞機連續傳來三張客戶簽名同意書！默默耕耘終得回報，適時的救恩激動想哭！

通過考核了，就在我五十歲生日當天！

接著幾個月，對我們母女都是嚴苛挑戰，女兒面臨大學聯考，我則月月績效考核。主管認爲我只是走運並不看好，總是嚴詞厲色緊盯催逼，我戰戰兢兢加倍用功，初期浮浮沈沈、每個月勉強低空掠過，驚濤駭浪過程足以寫成一本書。皇天不負苦心人，女兒考上理想大學；一年後我獲得績優獎勵，頒獎時，「前」主管台下觀禮鼓掌，這是最棒的「回敬」！不過我眞的衷心感謝她，若非輕看相逼、因爲不服氣，反而激發潛能。

上了大學女兒很懂事，課餘兼家教賺取個人零用錢，我工作逐漸穩定，生活安適無虞。當時決定上班，就已斷了出國旅遊念頭。生命中有過如此精彩豐富的旅行閱歷，就算以後都不再旅行也無遺憾了！

恩典總是比預期的多，沒想到工作的成績，竟然年年獲得出國旅遊獎勵，日本、泰國、馬來西亞，雖是短程重遊舊地，仍覺得欣喜驕傲！

女兒大三時無意間獲知，與美國大學交換學生的機會，與我商量是否申請？出國讀書不只是她的夢想，也曾是我無力完成的夢，如今交織成我們共同的理想。本來就計畫大學畢業出國唸研究所，現在不過提前而已，我當然全力支持。但是學雜費、生活費，一年將近二百萬元，交換學生一年、研究所兩年，不小的數字！爲著理想，我堅定的說：「沒問題，就去申請，大不了賣房子！」

一旦下定決心，整個宇宙都會一起爲你實現！那兩年我績效超好，不但沒有賣房子，還榮獲公司旅遊獎勵，遠到瑞士、德國等歐洲國家！

變化總是始料未及，銀行順利上班四年多，因突發的心律不整，在醫生建議下暫停工作一年。或許上帝知道我想要休息旅行吧！若非如此怎敢請辭？

女兒在伊利諾大學香檳分校唸碩士，這一年我多次進出美加探親訪友，大半時間在北美度過。一直和芝加哥有緣吧！香檳市距離芝加哥大約兩個半小時車程，小鎮因學校而蓬勃發展，生活型態步調與學校習習相關，充滿濃濃藝文學風；大批來自世界各國的留學生，更造就了多國文化融合的特殊風貌。而學校之大更是超乎想像，校園內需搭公車通行，也連接城市，融爲一體的大學城，學生憑證搭乘免費。

女兒忙於課業，我自行探索城市學校。不論任何季節，白雪紛飛的冬日，或舒爽宜人的春天，我搭公車巡遊小鎮，散步觀光或購物採買；更常參觀學校，遊走各院所及場館，在校園餐廳用餐、圖書館、咖啡廳看書小憩，領略學院氣息，想像自己是學生，一圓未竟之夢。

聖誕假期我們搭郵輪旅行，這是小學以來第一次只有母女倆一起旅行，不再是煩人小跟班，而是令人安心的可靠旅伴。女兒正努力希望一年內取得碩士學位，搭郵輪是最簡單輕鬆的旅行，腦袋放空上船即可。這次是中美洲航線，在紐奧良上船，停靠墨西哥、貝里斯、宏都拉斯三國。其實郵輪本身就是旅行目的，以船上休閒娛樂爲主的度假方式，上岸時間只有八、九小時，陸上無法深入探索尋奇，比較適合小國或島嶼。

例如幅員遼闊的墨西哥，包含郵輪停靠及轉機過境，我前後入境六次，還辦過兩次簽證，也不敢說旅遊過墨西哥，總是短暫匆忙，一鱗半爪連瞎子摸象都稱不上。

若是小國，以管窺天仍可推知一二，貝里斯港口很小，得換接駁小船上岸，相較於其他加勒比海港區熱鬧繁華，這裡安靜簡樸許多，tour 多爲山林野趣自然風光，比較少人工休閒娛樂場所，餐廳商店物品也粗陋簡單，是否船班較少？這裡是首都貝里斯市呢！可見旅遊發展與都市建設，和其他國家有段差距。

倒是意外發現貝里斯，人人英文超級流利，起先以爲旅遊從業人員的高標水準，後來知道貝里斯是中南美洲唯一以英語爲官方語言的國家，哈哈！

我們參加騎馬山野探奇，經過市區看見許多繁體中文招牌，應該不少台灣人居住在此，或許是邦交國吧！

到宏都拉斯 Rontan 島，因海象不佳未能登島，船上特別安排更多豐富精彩餐飲娛樂，旅客也不覺遺憾，反而有更充裕時間準備晚上盛典，因爲，這天是二〇一〇最後一天！

下午起氣氛就非常熱烈，船上佈置得繽紛亮麗，每個公共空間都有驚喜快閃表演，人們穿著華麗禮服參加盛會，整艘船沈浸歡愉節慶中；晚餐提供豐盛別緻的跨年特餐，餐後旅客船員

▲海豚擁抱親吻。

▲貝里斯港口較小，得換小船接駁上岸。

▼旅客船員歡慶跨年。

▼選購行頭參加遊行。

開心共舞，甚至跳上桌子，氣氛高昂狂熱 high 翻天！

接近午夜，頂樓露天甲板的跨年 party，人潮洶湧擠得水泄不通，人手一杯雞尾酒高舉倒數，最後五秒燈光突然熄滅，空曠大海一片漆黑，有點奇異詭譎；全船的人激情吶喊震撼天際，五、四、三、二、一……瞬間，禮砲響起、煙火綻放，寂靜暗黑的深海夜空，更顯得氣勢磅礴、絢麗璀璨，感動又振奮人心；燈光再度明亮，大家相互擁抱，祝賀新年快樂！

難忘的跨年，二〇一一、民國一百年元旦，女兒和我在加勒比海汪洋中！

回到陸地已過一年。紐奧良是美國有名的歷史古城，早期爲法國殖民地，因戰爭割讓給西班牙，至今法國區 French Quarter 仍是濃濃法國風情，與西班牙風格建築，鏤空雕欄色彩鮮豔。城區沿途許多街頭藝人表演爵士音樂，群眾駐足圍觀並律動起舞，既是觀眾也是舞群，即興互動場面熱烈，散發自由爵士靈魂。

廣場上整排占卜、巫毒 voodoo 攤位，掛滿玄奇圖騰，各有信徒排隊問卦，堅定的神祕崇拜！附近商店裡擺滿巫毒娃娃、Mardi Gras 狂歡節面具，和各式彩色串珠，浮誇奇特的造型是對靈異景仰？大家拿起面具一頂一頂試戴，趣味橫生的黑色歡樂！

最古老的波本街 Bourbon ST. 人山人海，開放式的餐廳酒吧，音樂震天價響，人手一瓶啤酒，店裡店外隨性尬舞；二樓陽台不時拋下大量串珠，大家搶著當紀念或擲回，玩得不亦樂乎；遊客摩肩擦踵、走走停停，彼此「對看」互相「觀賞」，也是一景！人潮洶湧，警察騎著高大駿馬居高臨下巡查，噠噠的馬蹄聲，又是另類風景。

與眾不同的異國情調，成就了紐奧良的獨特魅力，包括美食！融合法國、非洲和美國南方的 Cajun 料理，濃郁風味帶一點辛辣，征服饕客味蕾，難怪美國人說，紐奧良路邊小攤，都勝過其他城市餐廳，好吃到犯罪！由於近海又臨河，各種生猛海鮮誘人，尤其生蠔新鮮肥美，消費比其他城市相對便宜，所以每餐必定一盤大快朵頤。

元旦假期已過，Marti Gras 未到，我很納悶爲何城市仍萬人空巷？大街上搭建幾座舞台、服務區，還在跨年？一問才知正舉辦美式足球賽，來自各州球迷加油觀賞，怪不得旅館又貴又難訂！這不是職業超級盃「Super Bowl」，只是大學聯賽「Sugar Bowl」，就如此瘋狂沸騰，可見美國人對美式足球有多激情狂熱了！

離開市區，密西西比河流域有極爲廣大的沼澤區，我們好奇探究。坐電動小船沿著支流前行，天空灰濛河水混濁，好個「水天一色」！

兩岸茂密森林杳無人煙，只有震耳欲聾的馬達聲，伴隨壯膽進入沼澤。

一片灰泥污水，參天巨木水中拔起高聳入雲，露出水面的樹根詭異

▲我最愛的：香濃鮮奶油永不嫌多。

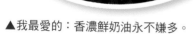

糾纏，粗大挺直的樹幹、蒼白剝離的樹皮，似乎已修煉成精；沼澤中隱藏許多野生鳥獸，偶然縱身又瞬間消失樹叢裡，老鷹天空盤旋、鱷魚水中臥底，一片原始蠻荒景象；小船熄了引擎，小心穿行林間，深怕驚擾打坐樹神，安靜航向無常與未知。想起湯姆歷險記描述的場景，若是月夜風高的晚上……瞭解小湯姆的恐懼。

密西西比河岸也是富饒的農業區，十九世紀初許多人種植棉花、甘蔗致富，在河邊建立豪華莊園，不少至今保存良好開放參觀，各家莊園有不同故事，都可體會往日南方生活風貌。

我們到有名的「橡樹莊園」，走過三百年老橡樹交錯形成的綠色隧道，導覽員穿著南北戰爭時期服飾，帶領進入豪宅主屋。兩層樓白色建築，希臘式廊柱、挑高天花板，氣派十足；屋內保留當年家具佈置，華麗富裕又典雅古樸，時間停滯在動亂中的偏安，呈現當時農莊主人生活情景。偏遠一區奴隸小屋，陰暗低矮簡陋，紀錄了黑奴辛酸血淚，控訴傷感歷史：主人頤指氣使，黑奴維維諾諾……

這個美麗的橡樹園是許多電影的拍攝場景，「風起雲湧」、「夜訪吸血鬼」等，最印象深刻的是「亂世佳人」，演員都已隨風「飄」逝，橡樹依舊傲然挺立，我站在陽台看著廣大莊園，想著劇中最後一句話：After all, tomorrow is another day!

結束現代南北征戰回到北方，伊利諾香檳城依舊白雪靄靄。美國的廣闊可體驗多樣地理環境，也經歷過有趣的時間變換。

二〇一一五月，胖哥哥和 Wenny 表姐開車到香檳參加女兒畢業典禮，難得見面分外珍惜；返回多倫多時，我們搭便車到州界，再自行坐火車回芝加哥，如此可多一天相聚，也順道沿途觀光。先到州界小鎮找到火車站，鐵軌鋪在馬路中間，只有一個小小站牌，標示下一班是下午

YES！
畢業了！

三時。隔壁小鎮有個大型 outlet ，開車只要十多分鐘，確定了班次時間地點，還不到中午就前往 outlet 購物用餐。

算好時間大約二點三十，開車趕回火車站，等了一陣子都過三點了，不見火車蹤影，誤點嗎？不會提早吧？連忙問路過行人，是否看到火車經過？他莫名奇妙指著時刻表說：「時間未到啊！下一班三點。」

可是明明三點多啦！互相對了時間才恍然大悟，剛剛 outlet 小鎮屬於密西根州，這裡是伊利諾州不同時區，短短十分鐘車程，卻相差一小時。

哈！多賺一小時相聚，眞棒！但也好奇，住在州界的人，如果跨州上班就學，會不會因整天調整時間而混淆錯亂？

畢業前女兒努力找工作，看她準備資料、投寄履歷、約談面試過程，思維邏輯、標準規則和台灣頗爲不同，所幸我在美商銀行工作幾年略能體會，感謝有這段經歷，不致雞同鴨講狀況外。

女兒獲得聘用，公司遠在幾千里外的加州。台灣南北不過四百多公里，如何搬家完全超出我理解範圍。女兒聯絡 FedEx、查詢溝通、條碼列印等，全部電腦搞定。一個全然陌生的世界，除了打包行李，我像個失能的障礙！

但很欣慰女兒應付自如、輕鬆完成，知道她有能力過好的生活，覺得安心；這幾年的衝擊，認知時代快速前進，不能停止學習。

很高興參與這一切，了解美國生活的樂趣與挑戰，我空幻的夢想因著女兒有了實際的感受。

這一年是我的旅行年，塡補過去五年的空白！

團體遊絲路 蠢動細胞不安分

心律不整像淘氣精靈不定期來搗蛋。平日健康靈活無異狀，無預警「小鹿亂撞」，心跳瞬間高達一分鐘兩百多下，儘管三、五分鐘即回復正常，已造成全身器官功能運作錯亂，有時緊張而過度換氣，導致四肢僵直無法動彈，只要調整呼吸、靜躺休息，一、二小時自然復原，雖不舒服但神志清楚可以說笑。我自己久病成良醫，瞭解過程並不害怕，然而恐怖危急症狀嚇壞旁人。狀況幾個月出現一次，屬良性沒有危害、不需服藥；由於未知不可測，總像綁個炸彈在身上令人不安，尤其國外旅行。我是幸運的「玩」命之徒，整年四處遊走都平安順利，在台北卻多次突發，進出醫院急診，幸無大礙休息後返家，不影響日常生活。

有次搭機返台，抵達前兩、三小時，猛然心跳加快，完了！預知接下來可能出現的狀況，趕緊按鈴通知空姐。她一測量脈搏，嚇得立刻換座位到頭等艙，並廣播尋求醫護人員協助，熱心旅客提供各種藥物偏方，兵荒馬亂一陣騷動，我反而一再安撫大家不要擔心；一位醫師前來關心，此時心跳已舒緩正常，只是過度換氣而僵直，醫生以紙袋倒吸，幫助呼吸平穩順暢，安靜休息自然恢復。就當做享受升等的尊榮服務吧！看著精緻頭等艙美食，無力享用眞是可惜呢！

虛驚一場，降落桃園機場已完全復原，可自己行走且談笑自若。機上人員仍謹愼備戰，救護車在外待命，醫護人員抬著擔架上來。我不想搞得像重症病患，堅持不上擔架，只願意坐輪椅。多長知識了，飛機上輪椅配合走道寬度，特殊規格比一般窄小；下了飛機直奔醫務室，醫生檢查確認體況良好才予放行，並以輪椅送出。感謝工作人員陪伴，一路優先通關、代取行李、幫忙叫車，再自行返家，醫療照護非常完備周到。

一向喜歡體驗特殊經歷的我，自嘲這趟是機上緊急救護考察之旅。新奇有之、造成不便過意不去，發作頻率也隨著密集，於是二〇一一年八月做了電燒手術，一勞永逸解決困擾。

既無後顧之憂，十月再度投入職場，有了經驗與口碑，這次換我挑公司，選擇一家比較輕鬆又離家近的本土銀行。一樣年年達成績效，獲得出國旅遊獎勵。

對於團體旅行沒有期待，公司獎勵重在榮譽與聯誼，忙裏偷閒調劑身心，景點參觀是附加價值，況且不需付費無可挑剔，我藉此觀察團員心態和行爲，是另一種旅行趣味。

行程中常與導遊聊天，瞭解旅行業運作及甘苦，有些相談甚歡建議轉行，我自知缺乏服務精神只能獨樂樂；有些以爲是探詢業務機密，小心謹慎不多言。最開心是自由活動，聽完集合時間立刻偷偷閃人；有些導遊理解，睜一眼閉一眼裝沒看見，有些很不爽，覺得不聽話難駕馭。我瞭解導遊爲何花時間一再耳提面命，許多旅客不注意方位及時間掌握，爲了安全考量，儘管自由活動仍是劃定範圍，盡量團體行動，或到業務結盟的指定商家。

有一年到峇里島，與導遊同一房間談得深入，一天以不舒服留飯店休息爲由，放我全日自由活動，晚上再自行到餐廳集合。很感激她的信任，這需要多大承擔，不但得負責我個人安全，也防有人效尤。沒有辜負這一天，我到海邊騎駱駝，這些阿拉伯、澳洲來的「移民」，原本奔馳滾滾沙漠中，現在漫步海邊沙灘上，是否習慣?騎駱駝眺望無邊汪洋，海市蜃樓的幻影?!

幾年上班讓我開闊視野，看到更寬廣層面，同事來自四面八方，不同背景理念，思維邏輯差異頗大，更多價值衝擊；我認爲基本的東西，是別人追尋的目標，以前抱怨的缺失不足，卻是他人的期盼嚮往。過去侷限特定小圈，相較常感到困頓匱乏，現在放大格局，覺得十分豐盛富足，懂得珍惜感恩。一直以來，親友認爲我是個只會吃喝玩樂、不事生產的廢咖，工作的成績令人跌破眼鏡也刮目相待，突然說話擲地有聲，連玩樂專精都是一種能力，成爲諮詢對象。我也驚覺，竟然大半生命都在對抗多數價值！

任何事情要做好並樂在其中，一定要有強大動力，動力來源不外「需要」和「想要」。女兒很棒，只讀兩個學期一年內取得碩士學位，省了大筆學雜生活費用，已有理想工作自立更生，大大降低「需要」；我一向好逸惡勞，勤於玩樂怠於工作，只要生活過得去，上班從來不是「想要」；缺乏動力，做事意興闌珊、效率不彰。

思考著工作的必要性？生活可以奢華、可以簡約，應以個人能力而爲，不是理財顧問定義的數字。我曾經浮華、擁有美好，接受平實不會遺憾。爲別人的定義賺錢，是出賣自己的人生；金錢是綑綁靈魂的元凶、拒絕夢想的藉口。此刻我的夢想很簡單——睡覺睡到自然醒！如此容易，遲疑什麼？二〇一四年初離職追夢！

不用早起的日子逍遙自在，重回熟悉的朋友圈，也參加新社團。有一個樂齡學習團體，加入不久即獲邀出國旅遊，老師帶領前往絲路尋奇。雖然不喜歡團體旅行，甫放下工作腦袋空空，上班幾年也跟過團，又是老師領隊，應該可以試試，天意吧！

絲路，輝煌歷史的東西通道，高山草原荒漠天然美景、人文薈萃異國風情，多少商隊軍旅、使者公主、僧侶奇人譜寫可歌可泣的故事。從西安到烏魯木齊，兵馬俑、壁畫石窟、長城遺址等許多歷史古蹟。老師是地理學教授，沿途地形環境、地質分析、歷史演變、文物影響，深入淺出幽默比喻、精闢講解，增長知識獲益良多；同學們耍寶搞笑，有如團康同樂，趣味不斷歡笑連連。只是控制不住那蠢動細胞，團友們佛寺參拜，我更有興趣對街市場；大家排隊拍

▲鳴沙山又高又滑脫掉鞋子站穩好爬。

▼維吾爾烤餅爐，很像台灣烤胡椒餅。

▲維吾爾人販賣新鮮無花果。

▼佇足仰望馬可波羅心情波動。

照，我寧可與動物對話；集體藥物食品採購，我跑隔壁嘗試在地小吃。每次下車，等不及指示說明，急著詢問集合時間地點，伺機開溜，老師一定覺得很煩，不想帶這種團員。不過我絕對準時出現正確集合點，不會影響團隊行程，倒是一些隊友，可能跟團習慣沒有警覺，團體行動還會迷途走丟，實在匪夷所思！

鳴沙山是座滾滾沙丘，自由活動一小時，同學們月牙泉走一圈就躲樹下避蔭休息。只有我爬上山丘，九月初太陽直射汗水淋漓，北京時間五點，實際應爲兩點，沒有根據經緯劃分時區，難以辨識自然天象，似乎不太科學。沙子很滑一直往下溜吃力難行，乾脆脫掉鞋子站穩好走許多，千辛萬苦爬到頂端，整個景區一覽無遺，駱駝隊伍迤邐黃沙野地，有如千年商旅重現大漠，盪氣迴腸思古幽情。

熱鬧好玩盡在此處，滑翔翼、沙漠摩托車、沙海衝浪等野趣活動。可惜時間已到，商請騎士老闆借坐過癮，遠眺曠野沙漠，緬懷古人憑弔歷史，匆匆「滑沙」下來集合。入寶山空手而回，好像買了迪士尼門票，入園後卻只能坐遊園列車，不准玩娛樂設施，深覺扼腕遺憾！

經過張掖，利用等候晚餐半小時空檔，溜出周邊市區走一回，街道兩邊全是燒烤店，座位排在人行道上，嗆辣香料飄散在空氣中，濃郁強烈的邊疆風味，這應該比八菜一湯有特色；熱鬧的大街圓環，矗立著馬可波羅銅像，我佇足仰望偉大的旅行探險先驅，心中波動……

我不是探險家，只是好奇的旅遊玩家，脫韁自由的靈魂，不喜歡依別人的眼光、指示看世界，現在卻便宜行事、敷衍將就站在這裡，還得配合趕回報到，失去自主感到汗顏……

其實這次旅行愉快順利，但總覺得像被擺佈的玩偶，缺乏氣息熱度。一個拼圖玩家，追求一片一片推理組合的樂趣，達到光榮成就感；少了拼組的過程，再精美的圖案，也顯得單調。

曾經滄海難爲水，回不去了，也不想回去！

希臘神話魅惑動人無邊想像

由於女兒住美國，這幾年有較多機會和多倫多的姐姐、Wenny 相約北美旅行。有一次在拉斯維加斯——不再只是「賭城」，而是老少咸宜的歡樂天堂。美輪美奐的大型酒店，極致奢華媲美郵輪，整個市區大道如同上百艘郵輪爭奇鬥艷，如出一轍縱情享樂，紙醉金迷夜夜笙歌，每個人都可以找到屬於自己的刺激與樂趣，不用遮掩隨意放肆，就是要尋求解放暫時失憶！

一個五光十色的夜晚，觀賞著名的 Chippendales 猛男秀，俊俏帥哥雲集有如選美比賽，精實健美的肌肉、娛樂趣味的表演，激情不色情；燈光昏暗時，偶爾遐想挑逗的動作，引起瘋狂騷動驚聲尖叫，達到最高取悅效果。出了劇場霓虹燈的幻象中，意猶未盡衝動想著下次去那旅行？不要北美了！從南極到北極，天馬行空任意胡亂接龍，突然 Wenny 冒出：「去希臘！」

當眞？Wenny 永遠沒有聲音，總是體恤順從，難得表示意見，當然，就去希臘！

Wenny 要上班、姊姊有家務，旅行規劃就交給我這個「閒」達人士處理。我們相約雅典見，個人時間考量班機有別、Wenny 假期限制，到達日期先後不同，如何都玩到精髓又不重疊，費了一番心思安排。

二〇一五希臘面臨國債危機，撙節政策導致民眾示威抗議，同時又有大量難民湧進。果然聽到許多聲音「自由行太危險了！」「現在很亂、暴動呢！」「不能等以後再去嗎？」。旅行的人不會不知道情勢，自有評估判斷，需要簡單的鼓勵增加信心；這類「善意」提醒，語帶否定造成負擔壓力，得消耗更多意志來強化信念勇氣。

我見證了三十多年旅行變革，早期機票訂房樣樣得透過旅行社，抵達當地才取得旅遊資料，邊走邊計畫；現在出發前排定所有行程，車票門票上網預購，一指神功全部搞定精準效率，自由旅行輕鬆容易太多！我仍習慣一部分找當地 agent 處理，保有彈性憑感覺調整行程，也認識在地第一個朋友；因此，第一家飯店很重要，好的飯店配合同等級旅遊服務，決定整趟旅行順暢與否。

避開暑假旺季，九月底到達雅典，經由飯店介紹來到 agent 辦公室。希臘旅遊業非常發達，旅客人數超過國民人口，並且停留時間很長，旅行路線多元可靈活搭配運用。Agent 專業敏銳，依停留時間、個人喜好，給予不同組合建議。

旅行從業人員多半活潑健談好奇熱情，在旅行社待了一下午，敲定幾個行程，也天南地北閒聊；他對我原子筆上的中文字，很有興趣要求交換，我帶了兩支都送他並解釋文字意思，台灣即將選舉，這是候選人的宣傳筆。他很高興說：捨不得用要保留做紀念，而且第一次接待台灣人，付款時主動去掉尾數；不管是否眞的優惠，都是個愉快的交易。

有時覺得旅行業挺有趣，秀才不出門，旅客上門告知天下事；我也喜歡這樣互動，當做重點行程樂在其中，或許有人認爲無聊浪費時間，就像穿衣服風格不同，有人喜歡帥氣、有人欣賞典雅，旅行也是有個性的。

利用時間搞清楚城市方位、交通系統，火車站預購車票，兩天後姊姊抵達時，我像地主一樣去接機。我們參加 tour 巡遊羅伯奔尼薩半島。

第一站柯林斯 Corinth，聖經中使徒保羅宣教的「哥林多」，當年富裕繁華、荒淫墮落需要救贖，如今絢爛歸於平淡，留下神殿遺跡見證風華；穿越地峽的柯林斯運河，垂直挖鑿堅硬岩石，縱深筆直的岩壁、狹窄細長的水道，宛如一線天峽谷，站在木棧便橋看大船駛入，好像汽車開進自動洗車道，沒有絲毫迂緩空間，考驗船長技術，更是壯觀奇景。

那普良小鎮，山坡上古代的要塞堡壘說明了戰略地位，現在拾級而上相連比鄰的餐館咖啡屋，悠閒度假的港灣風情。

麥錫尼：木馬屠城記領軍攻打特洛伊，阿伽門農國王統治的城邦，一度被認爲是虛構的城市，考古挖掘出衛城宮殿及黃金面具，證實了「黃金城市」輝煌強盛的傳說。

醫療之神的聖所——艾皮道洛斯 Epidavros，有一個西元三世紀興建，至今仍保存完整的古劇場，露天環形階梯座位，可容納一萬多人；在沒有麥克風的年代，就算演員輕聲嘆息，觀眾席任何角落都可清楚聽到，我們氣喘吁吁爬到最高層測試，確實不可思議，對古希臘人的智慧由衷敬佩；這個劇場至今仍有節目演出，樂音迴盪時空，不知一千八百年前賢哲是否欣賞？

奧林匹亞是奧林匹克運動會發源地，現代奧運聖火在此採集傳遞，兩千多年的運動場，有大力士海格力士的神話傳說，也有古希臘人對力與美的崇拜。旅客們喜歡在運動聖地跑一圈，姊姊體能極佳，和團友們追逐競賽，只是當時運動員都是全裸上陣，是否該遵循古禮？

經過跨海大橋回希臘本土，位於中部的德爾菲 Delphi，希臘神話中兩隻老鷹相會的世界中心，太陽神阿波羅的神諭聖殿，任何大小疑難都到此尋求解惑，因此留下眾多神話傳說與歷史遺跡。石塊上千年模糊的古希臘文字，guide 一字一字邊猜邊唸，旁邊西方遊客跟著猜，好像我們猜草書古字，原來西方人都懂一些，不愧是西方文明的起源。

環繞大半個希臘，風光迷人景色秀麗、晴空萬里氣候舒爽，但土地貧脊，除了葡萄、橄欖

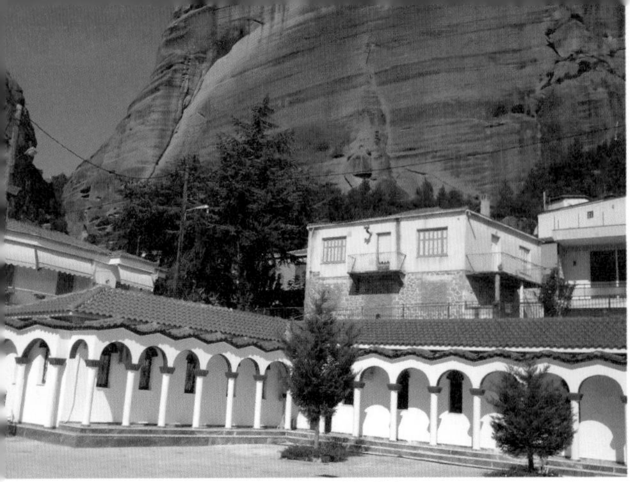

▲「天空之城」巨石下的房舍。

▲少了貓，就不是希臘。

▼山中小鎮特色商店街。

▲那普良港灣風情。

▲德爾菲神殿遺跡。

▼麥錫尼「黃金城市」的獅子門。

外，大片荊棘野草及盛產的大理石。我們爲了經濟，早開採發展石礦業，希臘人似乎關注精神重於物質，只拿來蓋神殿、編織神話！

在我還不會閱讀，收音機兒童故事中聽過「大力士」「天神宙斯」「太陽神阿波羅」等；剛上小學不懂史地，就知道責打體罰叫「斯巴達教育」，跑操場青蛙跳說不定可以參加「奧林匹克運動會」，懵懵懂懂的年紀，希臘神話已根植腦海，深深著迷無邊想像了。

希臘眾神不像一般的神，聖潔不可攀，沒有那麼多嚴肅的忠孝節義、道德綑綁，比較人性化的好惡情仇、爾虞我詐，塵緣未了的世俗情趣；人神之間沒有鴻溝，各種情愛糾葛、爭奪仲裁，兩者難分難解，神的存在，是滿足人對理想的追求與崇拜？

希臘旅行靈活彈性，可在不同地點加入或轉換，五天來團友也不完全一樣。德爾菲是我們最後一站，晚上返回雅典，跟相處五天的朋友和 guide 道別，他們繼續北上 Meteora 天空之城，我說明天也會去，說不定再遇見。和當時 Agent 一樣好奇的問：爲何如此大費周章？何不直接跟 tour 前往？答案很簡單：「我想坐火車！」大家都笑了，理解接受每個人不同的堅持。

因爲這個堅持，在擁擠的火車上皮夾不見了！所幸分層擺放，除了信用卡、小額台幣，沒有什麼損失不影響行程，但提醒我更加小心謹慎，也讓火車之旅印象深刻。

火車分一般座位和包廂，六人座包廂只有我們兩人，椅子拉平可舒服躺臥。八百公里的路程，行經平原、進入山區、穿過隧道、跨越鐵橋，橄欖樹、葡萄園、馬匹農舍、野花爭豔，看著天空遊走的雲朵，廣闊無垠的田園，思想放縱飛奔遠古史詩神話。

到了天空之城 Meteora，一眼望去景象令人震懾，一塊塊聳天巨石，如一座座高山巍峨矗立，修道院就蓋在幾近垂直的巨石上，一幢幢紅瓦白牆小屋似乎飄浮空中，難怪驚呼「Meteora」（希臘文：懸浮高空）！九世紀就有修士離群索居，以繩索攀爬至岩頂洞穴苦行清修，以後越來越多修士聚集，十一世紀起陸續興建修道院，一磚一瓦都是繩索流籠吊運，修士們無畏驚險艱困，見證信仰的堅定，也留下珍貴世界遺產。

今日道路開發，搭乘小巴或摩托車登頂，再部分修築階梯進入修道院，階梯貼著岩壁狹窄陡峭，走得驚心膽顫腳底發麻，對修士們的勇氣信念無比敬意！

站在高空修道院，眺望一片綠野平疇、遠處山巒起伏、藍天浮雲掠過，遠離塵囂平和寧靜，好似眾神居所奧林匹斯山；眼前幾位修士經過，他們簡單的物質，遺世獨立冥想靜修終老一生，感覺希臘「人」比「神」更清心養性、不食人間煙火。

〇〇七電影「最高機密」在此取景拍攝，別人一定大肆利用宣傳觀光，希臘似乎不特別著墨，是不會？或不屑？

▼天空之城修道院蓋在垂直的巨石上。

愛琴海星羅棋布的浪漫島嶼

如果烏龍意外是加強記憶，那麼希臘要我永誌不忘。兩周後和 Wenny 約雅典機場見面，直接轉國內航班到 Crete 克里特島。國際出境大廳相遇，先找到國內航班登機門，時間還早飛機就在眼前，安心到旁邊餐廳等候；大半年不見興奮聊個沒完，直到登機前半小時走到登機門，空服人員提醒，猛然發現大件行李忘記 check in，趕到櫃檯已關艙無法托運。我們不能拋掉行李，只好眼睜睜「送機」說再見，枉費當時半夜搶優惠票，還預付行李托運費用！

懊惱無用只能儘速應變，該公司兩天班機全滿，只好其他航空公司一一詢問，所幸有一家剛好剩三個座位，管他票價多少搭上機就是，還好只差三小時，就當航班延誤；雖然氣惱大意和機票損失，但也佩服快速反應、解決問題的能力。

旅行有時更喜歡無傷大雅的烏龍趣事，事後談及總是樂趣無窮，如果一板一眼、不能欣賞失誤差錯，不適合自由旅行。這次「神」來一筆，讓人對希臘更愛戀癡迷！

希臘有數千個島嶼星羅棋佈散落浩瀚大海，各有旖旎風光美麗神話，我們只有兩周時間，跟樂透選號一樣難抉擇，挑選幾個一般旅行團比較不會安排的地方。

克里特島 Crete 位於地中海北部、希臘第一大島，神話中宙斯出生的地方，也是宙斯的兒子——米諾斯統治的王國；而這神奇傳說，卻在二十世紀初考古發掘得到印證。

我們參觀 Knossos 克諾索斯皇宮，優雅宏偉的建築、活潑生動的壁畫、巧妙的水利系統、精美的文物藝品，證實四千年的文明昌盛；撲朔迷離的層層階梯迷宮，以及對「牛」的尊敬崇拜，與神話中牛頭人身「米諾斯牛」潛伏的幽深迷宮相似吻合。

神話變史實！讓神祕飄渺傳說更加誘惑，看來希臘神話不全是空穴來風無中生有，或許希臘人發揮豐富想像力，根據歷史鋪陳情節故事、創造神明來處？

島嶼西邊的 Chania 古城，保留了數百年老屋舊觀，迷宮似的狹窄巷道，旅館酒吧隱身巷弄，生活就是遇見歷史古蹟。港區清澈見底的海水、桅帆飄揚的遊船，海闊天空一片湛藍。港口旁圓拱屋頂土耳其清眞寺、傾倒的威尼斯城牆，訴說歷史滄桑；岸邊整排巧意餐廳、個性店舖、遊人如織，是今日的歡樂昇平。

夜晚餐廳燭光搖曳，我們面海而坐，清涼海風吹拂，浪漫氣氛中享受異國美食；餐後悠閒散步，廣場上樂團表演傳統希臘音樂，時而激昂叛逆、時而淒涼幽怨，情緒隨之起伏波動，最後曲調轉爲歡樂，樂團示範傳統左巴舞 Zorba ，並邀請觀眾參與，我們興奮上台同歡共舞，越夜越美麗的難忘夜晚！

三天後離開，飯店座落港區陡坡巷弄，車子無法進入，必需自己推行李到主街道搭車，姊姊和 Wenny 走得很快，我一向慢條斯理，鵝卵石路面旅行箱費力拉扯，落後一大段距離；突然一位帥哥竄出提起行李，由於之前皮夾失竊，下意識伸手搶回，沒想到帥哥無辜的說：「妳朋友走很遠了，我幫妳拿下去，免得跟不上。」，我連聲稱謝也感到慚愧，以小人之心度君子之腹。

其實希臘除了扒手多以外，是個非常安全方便的旅遊國家。那個人潮聚集的地方沒有小偷？希臘人民友善風趣、樂於助人，一路得到多少溫暖幫助，只著眼百分之一的瑕疵，忽略百分之九十九的美好，是個人的損失！

搭快船到 Naxos 那克索斯島，酒神戴奧尼索斯出生之地，人們相信小島釀造的酒有撫慰心靈療效。從港口望去，方方正正的白色建築堆疊山坡上，寧靜祥和的白色山城，人口不到兩萬，旺季時旅客比住民多。

港灣永遠是最熱鬧的地方，商店餐廳雲集，服務人員熱情招呼，幽默談笑不會緊迫釘人，逛街如鄰里寒暄自在親切。大街後方曲折狹窄巷弄，錯綜複雜很容易迷失方向；許多特色商店藏身階梯斜坡，矮矮白屋小小窄門，櫥窗擺設創意吸睛，人來人往駐足觀賞，經常「狹路相逢」被擠進店裡；屋內別有洞天，商品琳瑯滿目，格局引人好奇，不知不覺東張西望，等回過頭姊姊、Wenny 不見人影！地圖資料都交 Wenny 保管，等了一下看看周遭環境，複雜巷道熙攘人群，找人頗有難度，乾脆隨意亂逛吧！

在希臘旅行，沒有目標遊走是一種樂趣，許多出乎預期的驚喜，經過教堂走過廢墟，到了一般民宅區，小店中買到一桶馬克杯大小的鐵桶裝橄欖油，宛如模型般精緻可愛。

晚上該回飯店了！店家老闆不會英文，熱心找來鄰居幫忙。糟糕！我連飯店名稱都忘了，只描述一棟兩層樓白色房屋，但是全島都是白色房屋啊?!

終於想起一個巴士站，到那邊就知道方位。十月底了，觀光客減少大半，這裡遠離港區，夜晚街道昏暗行人稀少，迷宮似的山城很難說明清楚。幾個人在屋外指指點點，正好一位東正教修士經過，瞭解狀況好心帶我走到車站。上帝同行的平安，順利回到飯店，姊姊、Wenny 幾乎同時到達，我們細說失散後的趣聞；一個有默契、不用彼此擔心的遊伴眞是幸福！

Naxos 飯店多爲家族經營，美麗老闆娘建議下，我們搭公車到山頂健行、參觀大理石村落。灰色大理石鋪設的巷道、狹窄蜿蜒曲折，白色大理石建造房舍、點綴鮮豔花朵藤蔓，古典風格幽雅靜謐，幾位穿著傳統黑色長裙、戴著黑色頭巾老婦人，說笑走向教堂，瀰漫中世紀氛圍。上山也要下海，希臘海灘之美不用贅述，這裡不像一般海灘水深，走了幾十公尺海水只及大腿，夕陽餘暉中，深入大海擁抱一波波浪花，沈醉愛琴海美麗神話。

飯店供應早餐 buffet，各式烘蛋肉餅鹹派、水果沙拉甜點，種類繁多每天變換，非常美味好吃，重點是有「家」的味道！一問才知是老闆娘媽媽每天清晨四點親手製作，如果早餐沒吃完，就分裝放進房客冰箱，每晚回來打開冰箱都有驚喜宵夜，貼心之舉令人感動。最後一天早上，品嚐每一道餐點，希望永恆記住懷念味道；窗外海天一色、純淨蔚藍，思想無邊奔放的夢幻之島，不遠處阿波羅神殿大門，孤獨屹立迎向大海，兩千多年忠心守候，等待何人歸來？

聖多里尼 Santorini 是希臘最著名的度假小島，不能免俗的一探究竟。

這是一群火山組成的島嶼，搭船接近時眼前景象令人震撼，海面隆起一座懸崖峭壁，高聳岩壁褐黑光禿荒蕪，頂上錯落有致藍白小屋宛如世外桃源，形成天堂地獄強烈對比。

這次搭乘 Blue Star Ferries，郵輪等級的交通船，設備豪華舒適；抵達時旅客提著大包小包行李蜂湧而出，無異於電視上難民爭相上岸的畫面，只是多了閒情逸致！可見希臘航運業、旅遊業興盛發達。

Santorini 是世界級的觀光景區，旅客多如過江之鯽，到處人聲鼎沸、精品名牌商店林立，如同都會城市非常商業化，然而無法掩蓋清新脫俗的自然美景、悠雅閒情的度假氛圍。

希臘風景明信片有一張招牌景緻——面向愛琴海藍色圓頂教堂，旅人拿著明信片查問追尋到此朝聖，而我住的飯店就在教堂上方，視角與圖片相同，清晨黃昏任何時間俯瞰，美不勝收令人屏息陶醉。在 Santorini 不用費心尋找，已置身靈山秀水圖畫中；不需刻意營造，無處不在的貓咪說明什麼是悠閒慵懶。希臘是貓的天堂，不管高山海島、不知有無主人，每一隻都肥肥壯壯，神情自若悠然自得，有時親人撒嬌圍繞身邊討摸摸，有時優雅高傲斜臥白色屋頂曬太陽，因爲有貓咪景致更活潑生動！

輕鬆吃喝看帥哥，也搭車健行遊小島，火山島嶼產生許多獨特景觀：佈滿火山黑色石礫的黑沙灘、富含鐵質褚紅岩壁包圍的紅沙灘，攀爬碎石陡坡，由崖頂至海面，尋找失落的亞特蘭提斯……一天參加 tour，搭乘海盜船火山島健行，整座島都是大小黑色石礫，崎嶇不平、寸草不生、孤寂荒涼，爬上最高點眺望 Santorini，純白唯美人間仙境，眞是兩個星球啊！

離開時 guide 一再清點人數擔心遺漏，因爲島上無人居住。突然有人問：「環島一圈，火山在那兒？」guide 大笑：「我們就站在火山上！」，原來這座「島」是突出海面的「火山」，剛才上下坡健行，是行走在「火山口」！

海盜船繼續開往海底溫泉，位在兩座火山後面，中間水道狹窄幾近相連，船隻無法通過，必需游泳過去。拋錨停妥，如同高空跳水，一個個噗通「跳海」，一船四十多人半數以上下海，我們旱鴨子只好船上喝咖啡聊是非編故事；Wenny 會游泳，擔心體力不支沒有下水，惋惜的說：「如果有救生圈出租，再貴也有人要租！」對啊，我一定租！

一個鐘頭後泡湯旅客陸續回來，興奮驕傲描述神奇經驗，游過冰冷海水、熱騰溫泉泡湯，愛琴海露天湯屋、天然水溫變化、三溫暖的暢快……滔滔不絕令沒下海的人欽羨不已。

爲什麼不出租救生圈？可以漫天開價、獨門的賺錢機會，我們輕鬆轉念，希臘人卻沒想到？或是不想？

回程在另一端 Oia 港上岸，城市在懸崖上方，沒有道路通行，只有狹窄階梯貼著直陡峭壁

▲二十世紀初挖掘出土的 Knossos皇宮。

▼宮內四千年壁畫色彩依舊艷麗。

▲Santorini藍色圓頂教堂。

▲夕陽、藍海、白屋、純淨夢幻島嶼。

▼郵輪抵達，乘客蜂擁而出，遊客、難民？

▲從飯店遠眺雅典衛城。

▲六女神像柱。

▼雄偉的神廟。

▲租摩托車環遊小島。

▼雅典穿著傳統軍裝的衛兵。

蜿蜒而上，仰望無盡頭的天梯，腳都軟了……就在此時！傳來最美天籟，噠噠蹄聲伴著清脆鈴鐺，一群驢子前來，二話不說立刻上「驢」以免向隅！可愛的驢子沿著「之」形階梯，一搖一擺拾級而上，坐在高高驢背上，一邊貼著岩壁、一邊蔚藍海洋，險象環生又詩情畫意。

姊姊力行「天降大任」考驗，一階一梯往上走，Wenny 陪著，佩服她們毅力和體力！

登上城市正是黃昏時分，欣賞全世界最美的夕陽「日落愛琴海」，古堡城牆大街小巷擠滿人群如同觀賞巨星表演。一輪又圓又大的火紅太陽，伴隨著絢爛瑰麗的瑞氣雲彩，海面金色波光粼粼、白色風帆片片，阿波羅駕著馬車檢閱子民，人們虔敬膜拜恭送……

再回雅典，我已三度拜訪雅典，前兩次遊覽海邊、港口、新市鎮。

雅典近郊就有多處公共海灘，藍天碧海風光明媚，潔淨細沙、陽傘躺椅，更衣盥洗設備齊全，沙灘旁整排簡餐咖啡屋；微風輕拂飄含愛琴海水霧，白雲浮遊在水天一色的藍色帷幕，一杯飲料一本書刊，心醉「神」往史詩傳奇。

Piraeus 是繁忙的港口，國際郵輪、離島船班、運輸貨輪，大大小小各型船隻如博物館般陳列展示；旅客眾多商家林立，水果攤小吃店生意興隆，在此散步逛街、吹海風看大船，悠閒愜意又熱鬧有趣。我坐大眾運輸遊遍大半雅典，新興區街道筆直寬闊、建築新穎美觀、社區規劃整齊，交通井然有序；舊城區保留古時街廓，狹窄複雜如迷宮，石板路面裂痕補洞，人車爭道擁擠混亂。

不論任何區域，令人印象深刻的是——塗鴉，站牌車廂、圍牆籬笆、堤岸橋墩，所有公共空間，都揮灑自由的色彩，不知是藝術或紛亂？總之雅典的個性！

我把雅典最經典、最精華的衛城歷史街區留到 Wenny 來時一起參觀。

▲雅典舊市區宛如迷宮。

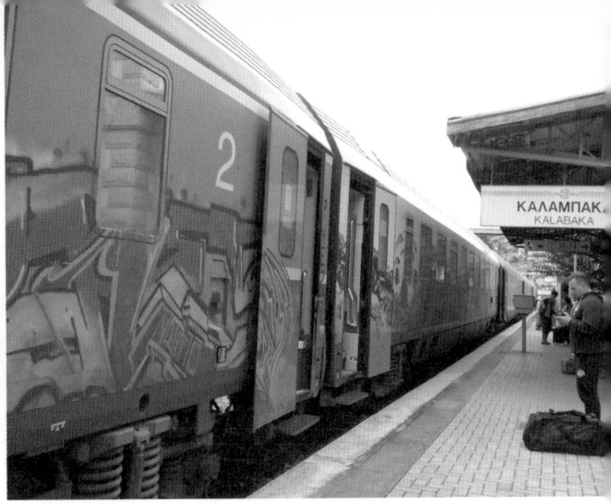

▲火車廂塗鴉，揮灑自由色彩。

智慧女神雅典娜爲雅典栽種橄欖樹，代表富饒與和平，成就了雅典的光榮不朽，商務貿易雲集、學術知識殿堂；雅典人將榮耀歸於守護女神，建造全希臘最宏偉的神廟頂禮膜拜。

依山而建的雅典衛城，是古希臘建築藝術登峰造極之作。通過巍峨高聳的山門，有三座式樣風格不同的神殿，高踞中間最雄偉壯觀的帕特農神廟，供奉著雅典娜女神，莊嚴神聖氣勢磅礡。然而物換星移，經過歷次無情的摧殘、粗暴的蹂躪，儘管斷垣殘壁蒼涼廢墟，無損其偉大永恆；一根根兀自屹立的剛勁石柱，一片片精美雕塑的殘斷簷壁，紀念昔日的光耀輝煌，也明證歷史滄桑浩劫。

爲了救贖？如今人們努力修護重建，到處鷹架吊車、儀表器具，工程人員清洗落石、拼組碎片，夕陽餘暉把影子交疊扭曲成滑稽虛幻長影，嘲弄人類幼稚愚昧、荒謬可笑？

我們買了古蹟套票，花了三天時間尋幽訪古；其實雅典處處歷史遺跡，連興建地鐵都挖掘出大批古物，直接在車站內設置藝廊公開展出。

衛城周邊的歷史街區，千年不變的石造階梯，現在是餐廳露天座位，潔白桌巾橙黃燭光，照亮前人開闢的道路，樂團吟唱傳統浪人樂曲，漂泊孤寂彷彿古人慨然喟嘆，服務人員送來餐點，幾隻貓咪俏皮對望。

希臘得天獨厚的地理環境，提供豐富魚貝蝦蟹，新鮮碩大肥美，一隻章魚腳就佔滿一瓷盤。無論燒烤肉串、海產料理，都是簡單烹煮呈現食材原味，加入大量橄欖油、希臘優格融合，地中海風味的健康佳餚，挑逗味蕾的極品美饌。服務人員幽默逗趣，隨時一個玩笑令人捧腹，看得出對工作的熱情，用餐氣氛輕鬆有溫度。

一個多月觀察，希臘人活潑樂觀、溫和善良、自由理性，而且都很漂亮；穿著白色罩袍的市場攤商、傳統筆挺軍裝的交接衛兵，路上行走的過往行人，男的帥女的美，各個都像走出博物館，吹了氣息的希臘雕像。

希臘有綺麗的自然風光，明淨天空湛藍海水，優雅和諧陶冶性情；希臘賢哲歡樂純眞的本性、自由活躍的思想、知性感性完美合一，創造璀璨恢宏的偉大文明，隨著歷史變遷，沒有衰退式微、反而擴張宏揚，至今依然光輝閃耀，甚至散播到遙遠的東方，哲理數學、建築美學、運動藝術、政治律法，與我們如此貼近，希臘人是值得驕傲的！

旅行希臘要用「心」，無論內陸或島嶼、高山或海邊，每一處荒廢的古邦城、古劇場、古神廟、古戰場，都有史詩神話美麗加持，不再是冷漠無情、枯燥無趣的殘破廢墟，而是鮮活靈動、多情善感、魅惑動人的生命故事。

我不是用功的人，經常矇混且過，只有需要、想要時卯足全力，出發前認眞閱讀希臘神話、荷馬史詩、歷史建築等。當流連古蹟遺址、撫摸殘石斷壁，腦中浮現浪漫空靈的神祕傳說，空幻無邊的想像有些實體具象的意境；想起小學上課被沒收的課外讀物，似乎平衡了委屈不服的心靈，圓滿了久遠飄渺的夢想！

天方夜譚的魔力誘惑

阿拉伯聯合大公國位於阿拉伯半島東部，面臨波斯灣與伊朗隔海相望，由七個獨立酋長國組成，簡稱「阿聯酋」。阿布達比是最大酋長國也是首都，佔全國石油儲量90%，是富裕的石油國度，距離沙漠傳奇——杜拜，大約一個半小時車程。

阿拉伯世界，第一個想到「一千零一夜」，怪誕詭譎變幻莫測、神奇智慧勇敢冒險的寓言故事，曾經沈迷扣人心弦的神魔精靈幻象中，是另一本小學上課被沒收的課外讀物。

旅行不是刻意安排，自有意象引領。

搭乘阿提哈德航空到希臘，去回都得在阿布達比轉機。天方夜譚的魔力誘惑，凡人無法抗拒，台北到阿聯酋機票昂貴，既然都到了，何不入境旅行，也節省一趟機票費用。

這一轉念行前準備變得繁瑣複雜，研讀瞭解兩個文化風情迴異的國家、攜帶符合民俗規範的衣飾、配合姊姊航班時間銜接等，最麻煩的是——簽證。申請作業時間長、條件多、還要當地保人，核發後入境時間、停留期限，諸多嚴格限制；我先到希臘一個月後才入境，是否符合效期規定？幾家知名旅行社都沒承辦過這樣行程，各自解讀條文眾說紛紜，同樣效期簽證費用相差數千元；最後自行洽詢幾個官方單位，相互印證確認資訊無誤才安心辦理簽證。每次旅行都有新的學習，計畫也越周詳順暢，未出國已先獲益，覺得開心！

夜幕低垂天地幽黑暗沈，飛機孤寂翱翔天際，突然前方地面燈火通明，荒野沙漠中格外明亮耀眼，光點集中繁密宛如演唱會人手一支螢光棒；阿布達比直接擺明不介意能源耗費！

圓拱型屋頂、彎刀式塔台，魔幻符像的阿拉伯文字，華麗新穎的機場蘊含神祕奇異的氣質，猶如戴著面紗僅露明眸的婦女，充滿魅力引人遐想。這是個規劃整齊的現代化都市，十二線以上寬闊道路，豪華跑車呼嘯疾駛，行人過馬路得兩段通行，分隔島種滿青草綠樹美化環境，幾乎忘了身處沙漠。尖端前衛的摩天大樓，爲天空劃下活潑優美弧線；身著長袍頭巾蒙面的穆斯林，點綴出鮮明獨特的街頭風采，摩登又古典、奇妙也迷惑！

阿拉伯半島天氣炎熱，夏天高溫四、五十度不適合旅行，十一月了白天氣溫仍高達三十八、九度，公車站裝冷氣不是噱頭、不得不然也，何況石油自家生產的！連走路到車站都是煎熬，這幾天都以計程車代步。晚上較爲涼爽外出逛街，人潮熙攘的大馬路，中央寬廣的分隔島公園，有巨大醒目的雕塑作品，傳統大砲、薰香煙爐、阿拉伯壺等，彷彿進入阿拉丁世界，撫摸三下說不定出現魔法精靈……

一群穿白袍的青少年，嘻笑喧鬧追逐玩耍、攀上爬下又唱又跳，調皮搗蛋正如台灣國中生，和那一身神祕古典白袍顯得唐突。阿拉丁的迷思，白袍底下是一樣的人性！

阿布達比大清眞寺是阿聯公國的標誌建築，根據伊斯蘭教義，所有清眞寺不得大於聖地麥加清眞寺；既不能最大，肯定要最昂貴奢華！爲了宣揚伊斯蘭文化，免費開放參觀，需遵守嚴格服儀規定；下車到入口得走一段長長的路，毒辣驕陽曬得皮膚疼痛，不用規定檢查，我自行披上長衫、拉上帽子抵擋陽光，恍然大悟長袍頭巾的智慧。

清眞寺是白色大理石建造的方形城堡，湛藍天空下純淨唯美，四個高聳入雲的宣禮尖塔、圍繞著錯落有致的圓形拱頂，充分體現伊斯蘭風格；地面雕琢花卉圖案栩栩如生，四周清澈池

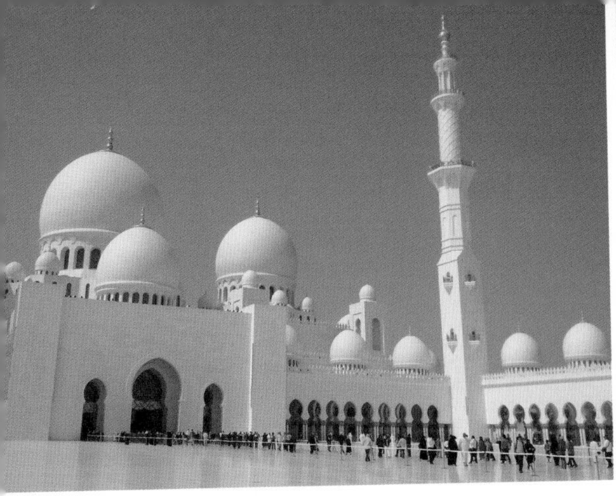

▲白色清真寺神聖純淨。

▲阿拉伯意象的英文字。

▲池中倒影唯美平和。

▲機場彎刀式塔台。

▼素淨的白，炫目的金。

▼手工打造各式阿拉伯彎刀。

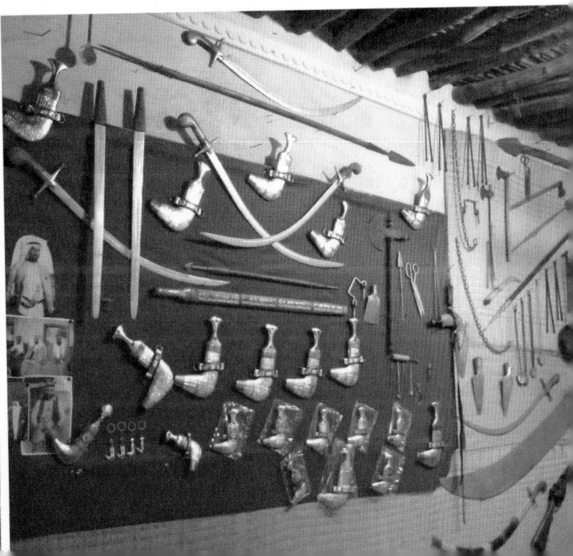

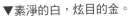

水反映壯麗倒影，聖潔莊嚴氣勢非凡。進入寺內更是嘆為觀止，石柱牆面的經文花彩浮雕，都是瑪瑙、水晶等珍貴玉石，以天然原色拼貼構成；地上鋪設世界最大手工地毯，質地柔軟綿密、精美花紋細膩編織，無任何接縫；幾盞施洛華斯奇水晶吊燈，流光溢彩耀眼奪目；圓頂、柱頂、玻璃邊框鑲金包銀，富麗堂皇無與倫比；素淨的白、炫目的金，簡潔的色調、極致的尊貴！神聖肅穆平和寧靜，令人震懾臣服、虔敬膜拜。

現代的偉大建築，將是未來世代驚奇讚嘆的歷史古蹟！

離開時走錯方向，這個出入口通往停車場，沒有排班計程車；詢問安檢人員，無論走外面或裡面，都得繞行一大圈。天哪！已經走一下午了……警衛看我們懊惱頹喪，好心拿椅子給坐，並用無線電聯絡主大門人員，招呼一輛計程車過來，貼心之舉令人感動！等待時間彼此閒聊，世界之遙隔閡之深，我對他們好奇，他對我們興趣，無論如何我相信人性是一致的良善。

感謝阿拉伯人熱心體貼，旅行時陌生的相助倍感溫暖，更添加下次出走的信心與勇氣。

法拉利世界 Ferrari World 是全球最大的室內遊樂場，除了雲霄飛車軌道外，全部冷氣開放。園區到處法拉利標誌圖騰、展示最新流線跑車，這是難得男士們失控尖叫的樂園，光是貼耳傾聽轟隆隆的跑車引擎聲，就興奮得眉飛色舞；體驗刺激 F1 雲霄飛車、或模擬 F1 飆速賽車後，更是中邪似的口沫橫飛、手舞足蹈。

不會開車的我，只當一般主題樂園，各項高科技遊樂設施、及卓越精彩表演令人激賞，對其中意涵的法拉利概念，完全對牛彈琴無感無知，似乎暴殄天物、令行家頓足。

室內園區雖不算大，要觀賞全部表演、玩遍每樣設施仍需一整天，有些熱門遊戲需要預約，一早就已額滿，我們不清楚規則錯失機會，但是怎麼旁邊隊伍阿拉伯人仍可取票？歧視啊？

不錯，金錢歧視！在這富庶國度花金錢享特權，是理所當然的事。票價分兩種，只要花高價買 Fast Track 就保留進場名額，多金的阿拉伯人都買快速通關票，隨時禮遇入場；反而外國旅客精打細算只買普通票！然而遊客不算多，排隊不過幾十分鐘，尤其晚上八點過後遊客陸續離開，空出預約名額我們及時補上不留遺憾，看來多花錢只是身分表徵？

遊樂園關閉休息，外面商場繼續營業，餐廳凌晨一時打烊，遊客眾多十分熱鬧，並非印象中節制保守的穆斯林社會，而是安全無虞的夜生活城市。

阿布達比酋長皇宮飯店 Emirates Palace ，是具有古典阿拉伯風情的皇宮建築，特點就是「大」，聽說光繞一圈得花上一小時，圖片中看得到金碧輝煌與皇族氣勢，沒住宿也要參觀。最後一天坐計程車來喝下午茶，沒想到入口處被擋住，周末不對外開放只服務住房客人。「可是今天星期五啊？」我確認日期抗議！經過說明……哈哈！伊斯蘭的周末是星期五、六！明天就要離開了，悻然外圍繞繞拍照聊慰，轉往參觀民俗村和濱海沙灘。

▲水晶吊燈，玉石拼圖。

▲玻璃浮雕鑲金包銀。

民俗村呈現古老傳統生活樣貌，仿造過去遊牧、漁業聚落，現場純手工製作彎刀長劍、油燈水壺，皮件地毯等工藝品，既表演也販售，體會沒有石油的日子。

濱海沙灘滿滿戲水人潮，潔白細沙清澈海水，夕陽餘暉金色波光，一陣浪潮襲來，興奮張臂迎接，這可是神奇魔幻波斯灣海水！旁邊一群穆斯林婦女圍坐聊天，正納悶她們如何玩水？此時幾位起身直接走入海中，穿著黑色長袍、蒙著面紗！

晚上餐廳看到一位男士帶著兩位婦女、幾個小孩用餐，和樂的一家人！好奇看著他們互動，更像偵探偷瞄蒙面女士如何用進食？她們先把食物分成小塊，快速拉開面紗放入口中，動作熟練迅速不著痕跡，但是熱湯或麵條怎麼吃啊？看樣子只有在家中才能大快朵頤！

每個文化都有形成的背景與意義，中華文化三妻四妾、綁辮纏腳，不過是幾代前的事，當自我覺醒想要改變，自然奮鬥爭取；對伊斯蘭文化認識不深的旅人，沒有資格說三道四、批判嘲弄。全球一味西方價值當道，文化侵略、思想殖民下，伊斯蘭世界反成了堅守防線的中流砥柱。波斯灣不遠，人文陌生疏離，好遙遠！

我們搭客運前往杜拜，其實三人票價和計程車資差不多，但一個多小時窩在計程車內，無法伸展反而不舒服，況且我喜歡大眾運輸，貼近一般市井生活，窺見多數平民樣貌。

以阿布達比的豪氣，客運車站顯得寒酸；和航空公司豪華接駁車相比，車輛相對簡樸。大眾運輸並非爲了服務本國人民，阿布達比和杜拜居民，眞正持有護照的公民不到一半，並且多金富裕，擁有名車司機不必搭公車；主要乘客是外籍勞工和好奇旅人。

巴士離開市區，公路兩旁廣袤無垠的沙漠，提醒這是人造綠洲，人們挑戰溽暑狂沙建造宜居城市，智慧勇氣令人肅然起敬！一個半小時到達杜拜，經濟貿易樞紐，繁華富庶無可比擬。

一千零一夜續篇：杜拜傳奇

阿布達比像是豪門大哥、沈穩氣派，毫不扭捏遮掩，大氣展示財富，也不諱言過去艱辛；杜拜就是囂張狂妄的二哥，標新立異招搖誇炫，凡事追求頂尖卓越、不遺餘力挑戰極限！

這樣的企圖，填海造鎮都要彰顯氣魄，圖騰意象的棕櫚樹島、世界地圖群島，頗有睥睨天下之驕傲，城市規劃、都會建築、交通系統都是典範標竿。

杜拜高架捷運沒有駕駛、完全自動化，幾乎每站都連接觀光景點，由於街區廣闊需行走一段長路，非常人性化設計冷氣空橋、電動步道、自動扶梯，輕鬆代步也眺望街景。

車廂男女有別壁壘分明，嚴格執行違者罰款；車內整潔明亮但乘客很多，經常塞滿擠爆難以立足，如果不想人擠人，就多花錢買金卡票券，搭乘金卡專用車廂，保證有座位，也有服務人員巡邏；在阿聯酋任何東西都可用價錢區隔，付錢就得到禮遇，現實但直接！

我特地體驗金錢差別待遇：第一節車廂沒有駕駛室，廣角玻璃窗視野清晰遼闊，高椅背沙發座寬敞舒適，還有折疊小桌，好像坐雙層觀光巴士，很適合市區瀏覽，尤其是這座金錢堆砌的城市很有看頭！

反正一日票，每天水岸碼頭、古城市集、棕櫚樹島，隨意轉乘進出；城市是建築藝術的伸展台，摩天大樓創意前衛，幾何曲線扭轉彎折，隨光影變化姿態，顛覆傳統方正剛直印象，先進科技建設、濃烈民族意象，和諧完美交集。

購物商城大如迷宮，吃喝玩樂一應俱全，匯集世界名牌精品、各國精緻工藝，看得賞心悅目、價格瞠目結舌，買不起只能開眼界。阿拉伯婦女服飾區，看似簡單的黑袍，在細微部分千變萬化，精工刺繡、蕾絲花邊，質地講究顯示高貴雍雅氣質；穆斯林婦女全身包裹，手拎時尚名牌包、腳踩精品高跟鞋進入店裡，偵探小說的神祕莫測，讓人對黑袍底下的裝扮充滿想像。

跟在媽媽旁邊的小女孩，穿著時髦可愛洋裝、綁著同色系髮帶，非常活潑漂亮；但幾年後就要跟這些彩衣華服說再見，把自己幽禁絕緣黑袍中，不知她期待長大還是抗拒？

傳播發達的年代，西方時尚美學與中東傳統服飾並陳百貨商場；愛美是天性，強烈文化衝擊、嚴苛人性考驗，何等堅定的宗教信仰對抗誘惑？又能抵擋多久？

阿拉伯人非常美麗，小孩就是明證；女人露出的雙眼勾魂懾魄，男人更是不吝展現帥氣，俊俏靈秀的五官、瀟灑飄逸的白袍，偶爾調整一下頭巾，就像女人撥弄秀髮一樣撩人，陽剛氣概中流露柔美優雅。

一群白袍俊秀的阿拉伯帥哥，坐在 Starbucks 喝咖啡聊是非；僅露雙眼的神祕蒙面女士，走進 Chanel 精品店東挑西選，奇異的結合、衝突的對撞，吸引我目不轉睛。中東旅行，阿拉伯獨特的人文是最媚惑的風景！

杜拜不斷創造紀錄，炎炎沙漠中不但有水上樂園戲水消暑，更不可思議竟能享受滑雪樂趣！全世界最大室內滑雪場，登山纜車、彎坡雪道、雪板雪橇，初學者到高難度各取所需，半山腰還有熱飲餐廳，貨眞價實複製雪地風光。

不！超越，不時還邂逅列隊行軍的企鵝呢！

沙漠滑雪像是坐魔毯跨越時空，被抨擊爲浪費能源的怪獸。是否雙重標準？北國大雪紛飛寒冬，不也許多室內人造衝浪、人工海灘日光浴？

世界第一高樓「哈里發塔」仰頭不見頂，高聳入雲的塔尖伸進天際，宛如傳說中的巴別塔，儘管耶和華變亂了語言，人類從未停止「通天」慾念、彰顯族群名望。

廣場前世界最高的音樂噴泉，晚上六點後每三十分鐘水舞表演，吸引大批人潮。中東民俗、熱門搖滾、古典交響，不同樂風舞姿各異，時而優雅曼妙、時而熱情澎湃，搭配千變萬化絢麗燈光，高潮迭起氣勢磅礡！池畔餐廳最佳觀賞場所，整晚不捨離開。

夜晚登上高塔一百四十八樓景觀台，彷彿世界踩在腳下，櫛比鱗次的壯觀建築亮起七彩燈光，輝煌閃耀光彩奪目；往下看正是水舞表演，壯闊的全場景視覺效果，少了音樂、水花臨場

▲▼捷運車廂男女有別，艙等不同違者罰款。

震撼，像是默劇誇張的比劃動作，趣味多於感動；遠處運河遊船畫舫，點點星火詩情畫意，杜拜夜晚精彩魅力！

杜拜河劃開城市兩極風情，一邊是引領風潮的超現代都會，一邊是沈澱古老的阿拉伯舊城。木製渡船是當地傳統交通工具，自從新建橋樑、捷運通車後，已不再是主要交通工具，如同往來淡水、八里間渡船，更具觀光娛樂功能。我們搭水上計程車過河，體驗昔日生活型態、感受懷舊氛圍。

這一區保留許多傳統街廓，古老建築舊式風塔、土黃外牆鏤空雕花，古典深棕色木門，似乎阿里巴巴四十大盜曾經畫過記號。轉幾個彎到達黃金市集，整條街金光閃閃富貴逼人，櫥窗內陳列的金飾令人咋舌，黃金項鍊、黃金手鐲嗎？不！根本是黃金圍巾、黃金腰帶！不知戴上去，脖子是否撐得住？手臂是否舉得起？

香料市集、布料織品市場內迷宮窄巷令人著迷，我對商品興趣不高，卻對店家人員充滿好奇，他們穿著及膝白袍與白長褲，有別於阿拉伯人整件及地白色長袍，多數來自印度、巴基斯坦，呈現另一種異國風貌。不愛下廚的我，卻喜歡逛傳統蔬果、魚肉市場，窺見一般市民生活樣貌，聽見傳統生命律動；但這個忙碌活力的市場，看不到杜拜人，只有杜拜僱傭！

這區逛街不像河的對岸，到處冷氣空橋連接，多半戶外街道、頂多加蓋屋頂遮陽。在台北夏天我經常中暑，怕熱不喜歡外出；旅行時三十七度的午後，無情陽光炙烤，竟然遊走一整天不覺疲勞，只能說強大意志力激發腎上腺素！

到沙漠地區一周了，只見科技綠洲，還沒摸過沙呢！今天參加飆沙 tour 前進沙漠，坐進白色廂型吉普車，車頂加裝泡綿、四周扶手欄杆，不知何作用？汽車飛快行駛高速公路，約半小時到達集合點，一望無際漫漫黃沙，豪邁中幾許蒼涼。

幾十部同型車輛陸續齊聚，旅客新奇興奮，脫下鞋子在沙丘上又滾又跳，為寂寥的沙漠帶來生氣。工作人員將輪胎放氣，喔！原來沙漠行車輪胎不能打氣！

一切就緒準備出發，司機關緊門窗、要求繫好安全帶，突然猛踩油門、瞬間急衝，幾十輛車同時競速奔馳，猶如越野賽車頗為壯觀。

沙漠中沒有道路、沒有方向，無邊沙丘高低起伏，流動沙粒捉摸不透，車子彈跳飛躍彷彿失去重力，繞圈俯衝急彎甩尾，掀起滾滾黃沙模糊視線，這時瞭解欄杆、泡綿、關窗的作用。如同洗衣機廣告「上沖下洗、左搓右揉」，離心扭轉五臟易位，驚險刺激更甚雲霄飛車！

驚聲尖叫瘋狂自虐一小時，滿足又痛苦的回到休息區。我們向飛車駕駛致謝，沙漠狂飆不但要精湛駕駛技術，更需瞭解沙漠地形，這位白袍帥哥應該是杜拜本國人吧！

不是?!他們來自鄰近阿拉伯國家的穆斯林，長期定居的住民，有些擁有永久居留權，儘管以此為家，也為國家建設貢獻良多，政府仍不予歸化，因為所有優渥福利，只本國公民有權享用。所以，除了機場海關官員、高級餐飲娛樂場所，不用上班悠閒享樂的阿拉伯人外，一路所見勤奮的勞務工作者，皆為外籍僱員！

邀請帥哥合照留念，他小心翼翼的問：「可以把手放妳肩上嗎?」感覺紳士風度、尊重有禮。正當擺好姿勢準備拍照，一位「督導」大叔吧，立刻示意制止！在我還搞不清楚狀況時，他已縮手正襟危坐。伊斯蘭文化不是輕易能懂的！

輪胎再度充氣，我們到另一處營地，沙地上鋪著地氈，擺上桌子坐墊，中間營火舞台，仿沙漠遊牧民族慶典聚會，工作人員忙著晚餐盛宴，賓客自由沙地玩樂。

◀世界第一高樓——哈里發塔。

▶飆沙司機來自臨近阿拉伯國家。

◀漫漫黃沙豪邁又蒼涼。

嘗試阿拉伯水煙、畫了彩繪刺青，赤腳行走沙漠感受溫度的變化，從溫熱逐漸轉涼，太陽也慢慢西沈，天空耀眼的火紅，地上流動的波紋，映出漸層橘紅；我騎在駱駝背上，大漠荒原目送夕陽西下、乃至月亮升起；不是沒騎過駱駝，卻有歸回原鄉的悸動，感受遊牧民族豪情俠氣，旅人不也漂泊不定嗎？

BBQ的香味喚醒了感傷說愁的情愫，黃沙野漠晚風拂面、藍天帷幕星月相伴，美酒佳餚杯觥交錯、狂放笑傲人生幾回？

舞台中美豔女郎表演撩人的肚皮舞，顯示曼妙身材，另一邊彩繪畫師一襲黑衣僅露雙眼，阿拉伯文化對立不解？

帥哥跳著阿拉伯旋轉舞，不斷旋轉、旋轉、旋轉……身上LED燈飛舞成迷幻漩渦，神燈精靈似的魔力誘惑，令人迷惘困惑！

晚會結束收起桌椅帳篷關上燈，回復沙漠本色，空寂寧靜幽深莫測，我們靜靜退出，夜空中星星閃爍眨眼，似乎知道許多祕密！

提到杜拜想到什麼？第一高塔、滾滾沙漠、超跑名車，還有、還有……

▲各式香料琳瑯滿目。

▲好「貴重」的黃金飾品，撐得住嗎？

沒錯，帆船飯店！舉世聞名「七星級」帆船飯店，雖然實際旅館並無七星評等，只是媒體廣告誇飾用語，代表對她卓越榮耀的肯定與推崇；當然，價格也一樣卓越榮耀！

不能再有阿布達比皇宮酒店的遺憾，這次直接訂房入住，體驗一日權貴；旅行繽紛趣味如千面女郎，今日是浪人遊蕩市場街角，明日變豪門接受尊榮款待。至於值不值得？每個人價值觀不同，見仁見智嘍！

飯店蓋在離沙灘二百八十公尺的海面上，外型酷似阿拉伯單桅三角帆船，象徵滿帆迎風啓航；進入飯店得通過唯一橋樑，不然就搭直升機降落頂樓停機坪。

最後兩天不安排任何活動，全心享受尊榮禮遇。計程車到達橋樑閘口，警衛確認訂房憑證開啓放行，管制森嚴的皇家城堡！到了飯店門口，門僮打開車門，一下車，穿著華麗合身制服的接待人員彎腰鞠躬：「周小姐，歡迎光臨！」。

受寵若驚！未進門已感受到不同凡響，閘口警衛通報客人進入，櫃檯人員同時備妥資料迎賓；接著兩天無論用餐、休閒娛樂，都是一樣超高溝通效率，前端即時通報，後方接待人員親切稱名招呼，高規格完美服務表現在每個細微環節。

進入大廳，儘管之前看過圖片影片，眼前超凡氣派仍然驚爲天人，急著想衝去摸摸瞧瞧！NO，NO，稍安勿躁不要一副土包子相，此刻起要做雍容優雅的貴婦，進退合宜舉止得體，按耐激動情緒辦理住房登記。Check in 那需站櫃檯？接待人員領位入座、奉茶解說，快速完成手續、陪同搭乘電梯，到達時門一開，樓層管家等候迎接，領進房間時行李已放置妥當。時間掌握、作業流程，精確順暢一氣呵成；細膩周到體貼尊寵，如款待遠行回家的主人。平庸小民見識不凡，得習慣提升高度！

房間超大出乎預期，上下兩層樓中樓，迴旋樓梯華麗吊燈、客廳餐廳眞跡名畫、書房臥房精品床飾、廚房吧台銀製餐具、鑲金衛浴名牌用具，這還叫房間嗎？根本是極品豪宅！科技化遙控設備，一機在手萬事皆通；按個鍵，絲絨窗簾緩緩升起，全面無縫玻璃窗視野遼闊，蔚藍天空清澈海水盡入眼簾；遙望對岸哈里發通天高塔，傲視群雄巍峨挺立，沙漠中海市蜃樓的幻影？我在那？揚帆波斯灣的「帆船」上！

飯店裝潢「金」碧輝煌，濃濃的伊斯蘭風格，懸空挑高的穹頂中庭，巨型魚缸魚群悠游，階梯噴泉夢幻水舞；炫耀的金、富貴的紅、高雅的藍，相得益彰巧妙運用，極致奢華卻不落俗套、富麗堂皇氣勢逼人，顯現首席富豪的極奢排場、與名門世家的氣質品味。

Wild Wadi是中東最大的水上樂園，屬帆船飯店集團，住房客人免費無限次使用。黃昏時分最佳戲水時段，驚險刺激滑水坡道、人造瀑布大水灌頂、或載沉載浮人工海浪，清涼消暑樂趣無窮。晚上漫步飯店私有沙灘，星光、燈光相互輝映，音樂聲、波濤聲彼此唱和，微風輕吹略有涼意，海水捲來卻是溫暖；矗立海中的帆船飯店，雷射光下變換顏色，彩虹光芒唯美超凡，也是引領方向的仙境明燈。

趁著身穿泳衣，直接到飯店游泳水療館。阿拉伯風情圖案、藍金綠相間色調，華貴高雅又平靜放鬆；寬闊空間頂級設備，服務人員一旁待命，卻不覺侵犯壓迫，拿捏得宜顯示訓練嚴格，皇族的奢侈閒情！

忙碌一天回到房間，才發現沒時間吃晚餐，還好水上樂園用過點心，餐桌上擺滿豐富水果，及各式餅乾巧克力，櫥櫃中多樣冷熱飲品，正是理想宵夜點心。豪華按摩浴缸輕鬆紓壓後，已是夜深人靜，面對窗外星空，既想一夜好眠，又珍惜不捨入睡，糾結中朦朧入眠，眞希

▲杜拜建築，摩登創新。

▼矗立海中的帆船飯店。

望這一天永恆！

第二天醒來已日上三竿，匆忙收拾行李，發現房間太大找不到東西，手機、眼鏡、化妝包在那兒？兩層樓爬上爬下、書房臥房起居室四處翻找，好不容易整理就緒。

五十六層樓的飯店只有二〇二個房間，都是兩層樓中樓，最小房型約五十坪，相當一般五星飯店的總統套房，以此標準相較於，台北一〇一附近五星飯店總統套房，房價其實不算太離譜，但格局氣度無法相提並論。精品名牌的銷售哲學，以價制量提升層次，只是如此奢華享受，最好配套到位啦！助理隨員緊跟收拾打理，哈！做夢！

面海餐廳悠閒享用早餐，精緻 buffet 一流服務，無可取代的是座落海中絕美景觀；往下看園丁修剪花木、整理草皮，清潔人員乘船撈起海中雜物、刷洗崖壁，華美景緻需要人力維護。世界永遠不會平等，否則就沒有追求，認清定位不要迷失就好。我，也不過到此一遊！

還有一個活動，check out 後不再有此權利。十一點管家帶領參觀各樓餐廳，從魚群圍繞的海底水族餐館、視野遼闊的頂樓景觀餐廳，濃濃民俗風情的阿拉伯廳、世界名廚獻藝的多國料理等等，客人未到之前，導覽解說忙碌有序的準備工作；今天不只是住房賓客，而是一日主人，管家陪同視察領地、報告管理現狀！

家家酒似的夢幻體驗，二十四小時太匆匆！

時間到了終得離開，飯店不允許閒雜進入，沒有排班計程車，提供豪華房車、配備司機送行；汽車來到橋樑閘口，欄杆緩緩升起，虛與實的分界線；後視鏡中的帆船飯店，烈日反光下耀眼得無法直視，提醒我不屬於這裡。

從天方夜譚夢境中回神，眞實世界裡，杜拜繼續寫著一千零一夜續篇！

第二章 竹安的童年往事

作者：邵竹安

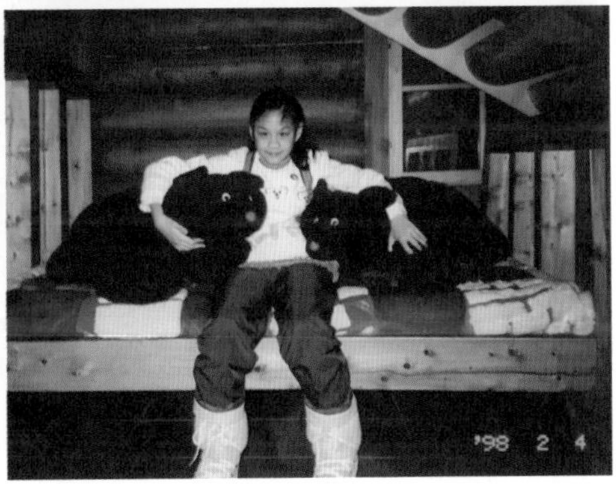
'98 2 4

魂牽夢縈小綿羊

埋首書桌，有些煩躁的翻著書頁，陽光懶懶地灑進屋裡。我回顧這個才剛搬進來不到一週的家，怎麼看都覺得有些格格不入。古董般的傢俱，南加州風味的木質牆板，地毯厚重的不適合這裡的天氣，空調卻又轟隆隆地想拉高緯度。

這是二〇一一年七月。碩士剛畢業，工作總算塵埃落定，然而地點卻是離母校十萬八千里遠的大洛杉磯區。說洛杉磯是捧了自己，我的第一份工作，只是個全美國不到百人的小公司，在離洛杉磯兩小時外的小鎮。人都說南加州華人要多過美國人，我住的這個小鎮卻只見我這麼一個黑髮黃皮膚。可我沒有時間排拒猶疑，在備受金融海嘯影響的那幾年畢業，一個沒有身份的外國人，想在美國築夢，只能來者不拒。

我隨性地翻了翻面前的模擬考題與材料。畢了業，該考的執照卻沒有終點。考試就在隔天，我拒絕了媽媽一起採買晚餐食材的邀約，卻也沒有唸書的心情。只想一個人放鬆，一個人好好的回味這樣興奮又害怕，滿足卻孤單的心情。

樓梯傳來媽媽的腳步聲，我急忙站起來迎去開門，看著嬌小的她拖拉著幾袋大包小包，不禁覺得有些罪惡，可是媽媽看起來卻是容光煥發，興奮地向我展示著她買回來的哪些有趣的食材或糖果。她說來這裡這樣陪著我搬家，從伊利諾到南加州，每天過著在咖啡廳坐一下午，逛逛商店，聽聽不同的語言對話對她來說並不無聊，她旅遊因為她生活，而生活並不只是搜集紀念品般的到處照相打卡。

我本有些狐疑，想著媽媽是不是爲了減輕我的罪惡感，但想想我們過去一同旅遊的模式，倒也就相信了。我想起芝加哥兩個月的暑期營隊，想起芬蘭的雪橇與破冰船，想起紐西蘭農場裡追著鹿奔跑，餵小綿羊喝奶。我想起媽媽纖瘦卻堅強的身影，手裡總是握著地圖與簡章，教導著我未來一個人旅遊時該注意些什麼，我想起當我走向出境口，迎向自己在美國的人生，她雖然不捨，眼眶泛出喜悅的淚水，即使這樣的支持讓我們長年分隔兩地。媽媽說，這是探險家的淚水。

黑色直長髮，纖瘦婀娜，濃眉，眼睛不算大卻慧黠，穿梭在蘭花園裡。妙齡女郎與蘭花相應，蘭花襯著女郎更出塵。幾隻狼狗秋田在日式房子的後院玩耍，見女郎走出蘭花園便興奮地撲上，力道之大女子差點站不住腳。

每次聊起旅遊，媽媽總會提起這麼一段經歷，一段她稱爲自己人生轉捩點的經歷。她說年輕的時候出國旅遊是被禁止的，很多人甚至沒想過自己能踏出國門之外的一天。但是因爲這麼一份秘書的工作，讓她接觸了當時擁有護照可以自由旅遊的一家人。她的眼界開了，克莉絲汀的火車謀殺案不再能滿足她對搭乘長途火車的幻想，她憧憬，她渴望，然後解禁之後，她親自見證了在腦海裡千迴百轉的想像，證實了世界比書本寬闊，風景比相片迷人。從踏上自己的第一段旅程後，媽媽再沒停歇，她休息過，卻從未放棄過旅行。她旅遊，因爲她生活。

從記憶還相當模糊的時候，我就隨著媽媽在世界各地留下腳印。從三歲新加坡開始，確定了我能夠不在飛機上胡鬧，之後的每次旅行，都是中長途。沒有旅行社，沒有團員，就媽媽與我兩個人。在我還能夠平躺在飛機上的兩人座位的時候，我其實都不太記得在機上的時間有多長，或者像大家所說的難熬。眞正開始感受到搭飛機的拘束感，應該是要十歲以後，身長已經達到了不能自在伸展的程度。

在紐西蘭旅遊的時候，我們住在一對當地老夫妻的農場裡。我不知道媽媽是怎麼與他們溝通的？尤其現在聽起來紐西蘭腔還眞不是我們熟識的美國腔，腔調之外，更不用說用字遣詞的差別了。我還記得一天早上，黃澄澄的陽光把背光的媽媽圈出一層黃暈，她遞上抹了果醬的吐司，跟我說這果醬是老夫妻自己做的，好像是某種桃子吧！總之不是草莓。酸酸甜甜的滋味我很是喜歡，我想媽媽也是，因爲自此之後，她每次踏上歐美國家，總要在超市尋找桃子或柑橘類的果醬，那些當年台灣買不太到的。吃完早餐，老太太給了我一雙小靴子，讓我在牧場追著羊群鹿群跑，鹿群太容易受驚嚇又跑得快，我只能驚鴻一瞥。羊群則是勉爲其難地讓我摸到了一、兩隻。

媽媽說她當年工作的蘭花園好像也是這般無垠無涯。我說不出那牧場占幾平方米，但是記得綠油油一片，動物一跑，躲進樹叢裡，還眞什麼都看不到。我想蘭花園肯定小得多，是當年在記錄一株一株蘭花的媽媽想要探索這個世界的渴望無邊無界。

時至今日，我每次出遠門總會帶著過世的阿嬤在我一歲的時候買給我的綿羊玩偶，像是給自己一個家的感覺。我的表哥表姊們到現在還是津津樂道著我有多麼喜歡這隻小綿羊，喜歡到出境檢查的時候不肯放手，甚至緊張到都要哭出來。出境人員只好讓我抱著小綿羊出關。

在紐西蘭牧場沒有跟綿羊們玩夠，隔了幾天，媽媽帶我去看了一場綿羊剃毛秀。結束的時候幾個自願的小孩可以上台餵小綿羊們喝羊奶。我本性害羞，要我像其他小孩一樣興奮地又叫又跳引起注意讓我感到彆扭，可是媽媽卻半逼迫的幫著我舉手。雖然不很自在，卻又很幸運地被挑選，一圓了我想要跟軟綿綿的綿羊們玩耍的夢。那樣的經歷此生就此一次，我再也不會回到四五歲，再也不會成爲被挑選的小孩們，可能也不會再踏上紐西蘭。

在陽光普照中離開紐西蘭，帶了一箱的綿羊油以及綿羊相關產品。肉食動物的我甚至好幾年不吃羊肉。媽媽問我下次想去哪裡，我說我想去下雪的地方看聖誕老公公。

▲▼小綿羊像寵物一起玩耍。

刻骨銘心哈士奇

眞正前往極地芬蘭之前，我們先「訓練」了自己一番。先是冬日的日本北海道，再者農曆年的加拿大多倫多。零下四度，零下二十度，再到零下六十度。

北海道風味的拉麵需要加上一片起司，這融化的奶香至今依舊是我造訪各拉麵店小小的期待。起司在湯裡融化，濃郁在唇齒瀰漫。小小一家拉麵店在雪裡冒著熱煙，店內沒有座位，人人就這麼捧著一碗拉麵秩序地站著吃。小拉麵店靠著幾階台階高過雪地，地板下不像是會放有空調管線，但就這麼幾十公分的間隔，腳居然就不冷了。

多倫多沒有拉麵，但是表哥買給我的人生第一杯熱可可也是熱在口裡，暖在心底。表哥當時交了女朋友，整個人生只爲她旋轉。他要嘛不出現，要嘛便帶著女朋友出現。我是家裡最小的孩子，又算伶俐，從小自是焦點，談話的中心不在我身上也罷，好吃的好喝的竟然還要留給女朋友，這讓才八歲的我第一次感受到什麼叫「打破醋罈子」。家人們到現在還是喜歡拿這件事開玩笑，然而過了二十年我還是沒有辦法學會對這件事自嘲。長大之後學會禮義廉恥，多少這樣眞實的情緒都被熟練的表演給粉飾殆盡。可惜在應對進退上越臻成熟的我，在日後回想起這樁，總覺得惱怒多於羞澀，玩笑也就被我當成戲謔了。

然而在每個下雪的季節裡，我還是要喝上一杯熱可可。在認知我不會佔有每個人心中最重要的位置的那個零下二十度的冬天，是這樣一杯熱可可穿透了雲層，暈染在心上。

芬蘭的溫暖則不光只是那碗鮭魚湯。直到今天，媽媽和我聊起芬蘭的那碗奶油鮭魚湯，依然覺得唇齒留香。在鋪滿動物毛皮的小木屋，鐵架把關的火爐裡真真正正的燃著柴火。這趟旅行極其特別，除了踏進了北極圈外，這也是唯一一次媽媽破天荒地讓友人同行。媽媽與我，同行的友人以其她年紀與我相仿的女兒，一行人臉頰被凍得紅通通的。走進這小木屋，奶油鮭魚湯的香味一股腦撲鼻而上，搭配著幾株新鮮的迷迭香，聞起來就像聖誕節。

外頭天寒地凍，剛進室內的我們往常總會唸個幾句，像是手腳如何僵硬，突來的暖起像是燙傷了肌膚一樣，不過面對這冒著煙飄著香氣的鮭魚湯，又是步行了有段時間，誰還有心情注意自己的手腳是否依然冰冷，坐下，開動了！

回到台灣後，媽媽憑著記憶也煮了鮭魚濃湯。口味不完全一致，但卻是媽媽的手藝裡我最喜歡的其中一道。迷迭香換成了乾燥的羅勒，金黃清透的湯汁成了綿密的奶油濃湯，不變的是一口嚥下後輕輕勾起的嘴角。然而會這麼長途跋涉到這小木屋裡，並不只是爲了一頓飯，而是飯後的雪橇之旅。媽媽和我都愛狗。媽媽愛狗因爲成長過程中被狼狗以及秋田圍繞，我愛狗，是因爲我愛媽媽告訴我的故事。

芬蘭的雪橇由七八隻哈士奇爲一隊組成。哈士奇身爲工作犬，被帶上轡繩每個都咧嘴燦笑。一聽到口令則歡歡喜喜地往前奔跑。我們坐在雪橇上被冷風吹的僵硬，即使蓋上鹿皮依然瑟縮，哈士奇則每個熱得像暖爐。中間休息時我最愛的就是：衝進狗群裡讓他們跳上我舔舐，暖暖的體溫，滿滿的熱情。

幾年後，電影極地長征問世，無垠無涯的白色天地，只有哈士奇奮力狂奔。周圍只有風的呼嘯，其餘靜默地像死亡。彷彿翱翔於一片時間靜止的空間，航向生命的是這一隊毛茸茸暖呼呼，咧著嘴燦笑的極地工作犬。我看著男主角，想像是自己，和這一隊忠心耿耿的「家人」，奔向反光的讓人張不開眼的地球盡頭。

和哈士奇的溫暖對比的，是破冰船鑿開的海中泳池。芬蘭的破冰船主要不是觀光而是有其必要，冬日的氣溫過低，海面結冰時，破冰船需要替其他船隻「開路」。將漂浮於海面的冰層切成塊狀，讓船隻能進出港口。

我們有幸搭到了觀光用的破冰船，船長在冰面上鑿開一個小型泳池般大的洞，每個人發了一

▲擁抱哈士奇寶寶。

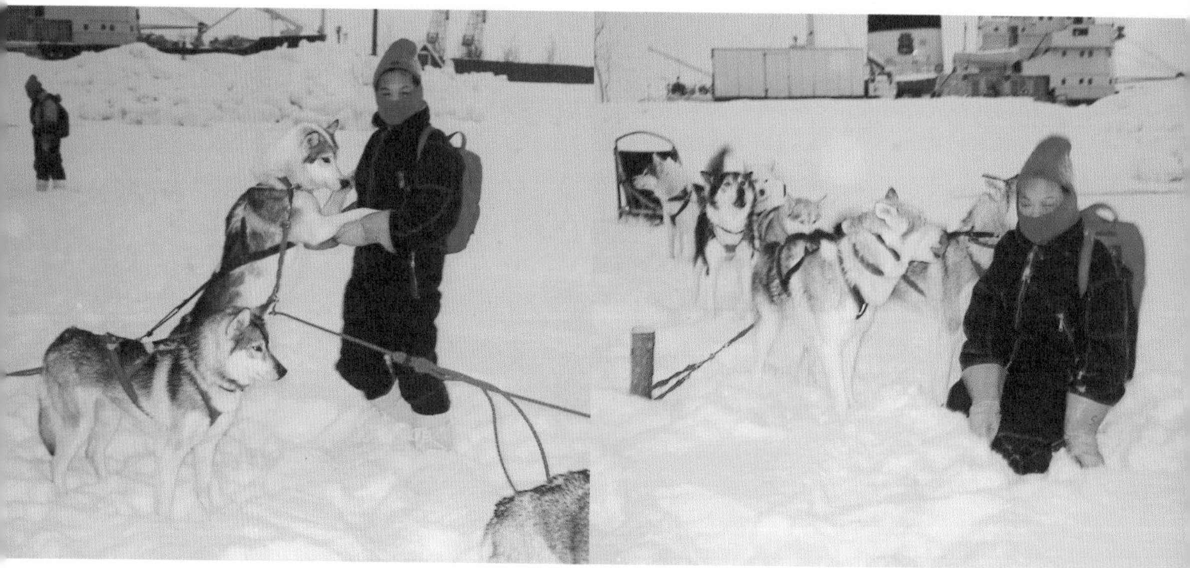

▲搭乘哈士奇雪橇「極地長征」。

件塑膠製成專用的防寒衣，讓大夥兒享受在冬日的海上游泳。

黃澄澄的陽光斜曬，沒有沙灘，只有冰冷反光的冰層；沒有比基尼，只有從頭到腳拉鍊直逼喉頭的防寒衣。這畫面多麼的滑稽卻又多麼的有趣。我正興奮之時被告知身高不夠無法下水，我沮喪地哭了，我就只差這麼兩三公分哪！這麼遠一趟，也許就這麼一次機會。我正難過之時，媽媽卻早已使出渾身解數，操著不甚流利的英文（我當時覺得媽媽的英文講得就像母語一般），和船長商量溝通到獲得了他們的首肯，願意在其他旅客離開「泳池」後，工作人員能夠盯著我和朋友的狀況下，讓我們下水。

我興奮地穿上防寒衣，這才發現朋友在旁啜泣。原來當初發現不能下水，她還鬆了一口氣。我管不上這麼多，穿上衣服，跳下「泳池」。我本用自由式，發現冰冷的海水會從略鬆的領口灌入，這才了解爲什麼有身高規定，我雖然差了兩三公分，但是制式的防寒衣對我而言還是太大了。自由式不行，那就仰式吧！我在水裡玩得樂的，發現我本抽抽噎噎的朋友終於勉勉強強下水。一下水之後，有浮力的防寒衣削去了恐懼，她竟也格格地笑了起來。

我和這朋友在這趟旅行之後並沒有太頻繁的聯絡，求學領域不同，未來發展迥異，但是聽媽媽說，她仍然記得從「泳池」起身後，身上的水珠一鼓作氣結成冰，那「唰」的一聲。

回程的路上，我們在芬蘭首都赫爾辛基的機場碰到了媽媽的朋友，一位旅遊記者。她很驚訝我們去了連她也沒有駐足過的，極圈內，更北邊的鄉村芬蘭。媽媽那時玩笑的說，「那我也可以成爲旅遊記者了！」

永誌不忘好朋友

升上六年級的暑假，我參加了位於芝加哥的夏令營。本來是想參加學校的暑期輔導，寒暑假我一向出國，師長們怎麼威脅利誘，說不參加下學期課業會落後，或者暑期輔導多好玩，同學們的感情因此多堅固，我一概我行我素。是想著要是這次不參加，我整個當時是人生唯一重要的小學生涯裡，便從來沒有參加過暑期輔導。我幻想了千百次的浪漫暑假邂逅，我想要寫的那張紙條給隔壁班長得像王力宏的同學，我想要和哪個男同學一起走路回家，路上我們會因為碰到對方的手而害羞得不知所措。

然而一個腸病毒打亂了所有計畫，暑期輔導被迫腰斬，我自以為的青澀戀情根本來不及萌芽，我就飛往了幾千里外的芝加哥。

媽媽總說芝加哥跟我有緣。在定居美國之前，來了美國旅遊兩次，美東美西都沒去過，就只待過芝加哥。第三次則是誤打誤撞，隨意挑選的交換學生計畫，竟也是將我送往伊利諾州（芝加哥南方二小時左右的小鎮）。

我本抱著期待興奮的心情參加夏令營，四歲時在多倫多讀幼稚園幾個月的記憶雖模糊，但總讓我心暖，我想著這夏令營想必也是一樣的充滿歡笑。然而我忘了一件重要的事，三四歲時，大家都在牙牙學語，十歲、十一歲時，同儕之間最是尖酸刻薄。

我在台灣也算是伶牙俐齒，到了美國簡直啞吧。當年的自尊心可能沒有現在強，但也已經知道我的語言能力明顯落後，於是便索性不講話。

剛開始就做自己的事，吃自己的飯。夏令營活動排得滿，就算不跟其他人熱烈交談，畫圖，做點心，戶外運動，也是行程滿檔。前一兩個禮拜其他人也不怎麼搭理我，但是有一天，夏令營的領隊們（他們堅持要我用他們的名字稱呼，而不要叫老師）帶我們去一個遊樂場。在我看來就像是兒童版的拉斯維加斯。投籃機，丟棒球，吃角子老虎，算數等等的遊戲機，最終是收集點數以換取各項獎品。我對球類一向不擅長，身爲獨生女，家裡沒有年齡相仿會和我互丟東西的兄弟姐妹，出門在外要大家閨秀，學校體育課乾巴巴的幾步上籃，各式發球的分解動作我更是不上心，自然在運動上顯得彆扭了。

眼手協調性的遊戲機玩不起，我便主攻數學類的遊戲。加減乘除相當簡單，畢竟是沒有年齡限制的遊樂場，然而對美國同齡的朋友們而言，我卻像是神童一般。

先是幾個人發現我默默地收集了大把大把的點數，接著想要效仿我的攻略，發現這差事似乎只有我一人可爲，於是丟球的不扔了，投硬幣的不投了，打遊戲的不打了，大家就這樣排在我後頭看我算數學。

我當下覺得：二年級那個還不了解乘法意義，卻能把九九乘法背得滾瓜爛熟的暑假，眞的太値得了！

自此之後，即使我英文講得吃力，還是有許多同學們願意慢下來跟我對話，然後他們發現了我會畫畫，發現了我的中文字寫得好（可能他們也分不出美醜，但是的確是露出崇拜的神情），對我更加有興趣了。

我交了兩個很要好的朋友，一白、一黑。我現在會稱呼這樣的組合爲符合族群多樣性，但是我當時對於種族根本沒有什麼意識，我和他們友好，純粹只是聊得來，但是這種單純即將要被打破。

某天這個黑人女孩帶了一箱自己編織的小配件來賣，箱子裡有鑰匙圈，小玩偶，自己黏製的磁鐵不等。我覺得好玩也買了一兩樣做紀念，一樣一塊錢。晚上的時候我跟媽媽說起了這件事，媽媽相當正面的稱讚了這個黑人女孩，說美國人的小孩從小就有這樣要付出才有獲得的經驗，不像很多台灣人的家庭，小孩到眞正離開學校，就業前都不知人間疾苦。

我說的開心，便唱起了黑人女孩自己編的歌謠，「I don’t mind, I don’t care, I just have my underwear!」這一唱引起了媽媽的朋友的注意，我們當時借住在媽媽的朋友家，晚餐總是一起吃。媽媽的朋友沒有小孩，是個護士，對我很是關心。我唱完之後，她問我知不知道自己在唱什麼？我說知道。她又問我從哪聽來的，我如實回答。媽媽的朋友覺得這歌詞低俗，「不要跟黑人走太近，他們很多教育程度都不好。」她這麼說。

我覺得自己做錯事了。後來跟這黑人女孩也沒有聯絡。白人女孩我們勉強互相寄了對方兩三年聖誕節卡片，但也敵不過距離。這種一生一次，只能憑回憶來思念的惆悵，在現在社群網站蓬勃的時代，倒顯得相當奢侈。

十五年之後，我定居加州，在公司裡最要好的兩個朋友都是黑人。我腦海裡某次突然閃過媽媽的朋友當年講過的這番話，有如雷擊。我想起小時候念雙語幼稚園時有個南非老師，我回家的時候，天眞的跟爸爸媽媽說老師都沒有洗臉，臉都黑黑的。他們被我的童言童語逗得發噱，跟我解釋人種與膚色。我聽的似懂非懂。

第一次意識到某個種族的人跟我不一樣，是媽媽朋友那句「不要跟黑人走太近，他們很多教育程度都不好。」

我很慶幸我不是在那樣偏頗的教育下長大，也感謝旅遊讓我接觸了更多與我不同的人。我還在學習看見與我不同的可愛，但已經能夠認知這世界上與我相同的少，與我不同的多。

世界很大，媽媽與我都還沒走完。

▲夏令營一黑一白好朋友。

第三章

浪闖秘魯

5325-4X

送別貓咪孤獨旅行

冰箱清空了，旅行箱拿出來了，意味著即將遠行……

是的！當對制式的作息覺得無趣，慣性的思維感到壓迫，就是出走時候。旅行是抽離與轉換，一個轉身，不同的生活方式，新奇、挑逗……激發生命的能量、熱情！

下午送貓咪寄宿。貓兒不識愁滋味，出發前照樣玩得開心，睡得香甜。沒關係，乖寶貝！傷心留給我，你只要快快適應新環境，快樂平安就好，三個月後一定帶你回家。謝謝鄰居好友愛心照顧，我不捨，但很放心！

明天出發了，興奮期待加一絲忐忑！旅行是孤獨的享受，就算有伴同行，也要保有個人空間，不容侵犯。三毛在「秘魯紀行」寫到：「四人租車同行，到了目的地，有默契的各自散開，省去說話的累人」，沒有綑綁，不必羈絆，多麼高尚的遊伴！

明天起，我也不想說話，甚至不想聽到聽得懂的話，陌生的語言，雞同鴨講；肢體的比劃，各自表述；所以，不受論斷，不需認可，我行我素；沒有框架，沒有制約，全然釋放！

這就是一個人旅行最美的境界！

▲貓咪不識愁滋味。

一身圖騰上路 追尋神鷹呼喚

背著印有“Quechua”的背包（南美最大原住民族，拿著旅遊手冊，穿上類似 Logo 的鞋子，一身圖騰，上路啦！

LA轉機，飯店留宿一晚。女兒前來，深知老媽習性，先來個 fine dining，主廚推薦，menu 沒有的私房餐點——lobster ravioli 看得到、吃得出新鮮龍蝦肉餡的義大利餃，濃郁醬汁搭配鮮蝦海味，完美！

在國外，我最喜歡鮮蝦料理，肥美鮮甜，帶著海洋的鹹味；重點是，一定去頭剝尾，眞實完整呈現，可以專心優雅的享受舌尖的相會！

最棒的是與女兒歡聚，妳是我永遠的驕傲！

秘魯，遙遠神祕的國度。光飛行時間就將近三十小時，幾個日落、日出，終於抵達。

爲什麼來秘魯？目的地不是重點，我追尋的是浪跡的瀟灑、放逐的浪漫、異國的情調……而想走時，自會有靈感、意象引領前行。

“El condor pasa”悠揚的樂音陪我度過輕狂年少。當時不知是秘魯民謠，吟誦著血淚過往。歌詞中豪情卻無奈，凡人的小小心願，對應印地安神鷹高傲展翅，睥睨俯視，滿足了脫逃、飛越的幻想，隨著樂聲用力嘶吼舞動，叛逆有了出口……

爲什麼來秘魯？或許condor早已呼喚我！

放下最後一片拼圖，我到了！

出了機場，直奔客運總站，搭乘「南十字星」巴士南下 Paracas，一個海濱度假小鎮。

▲飯店泳池，海鳥伴隨游泳。

▲夕陽映照海鳥群飛絕美畫面。

▲展開營業貨品齊全。

▼行動小攤機動靈活。

泛美公路像條長蛇在沙漠中蜿蜒，左邊是綿延廣袤的沙漠，右邊是浩瀚的南太平洋，汽車奔馳在衝突、絕妙的景象中。這裡的沙漠和中東不同，感覺質地較硬，流動較緩，稜線、層次清楚分明。沿途有些零星的新建住宅，和一區區漆上繽紛色彩的貧民窟，這個國家正擺脫傷感的過去，篳路藍縷，辛勤奮發，努力前進。

四小時後抵達，入住預訂飯店。拉開窗簾，被眼前景色震住，遼闊的大海，沙漠堆砌的山丘；一抹夕陽，映照著海面一片金黃；一群海鷗，打破沈寂，飛過陽台打招呼，好一幅絕美圖畫！

我，迷惑了！同時，湧起更多感動與驕傲……一張照片，像拼圖一樣，先地圖定位，路線安排，海陸空並用，買票訂房，萬里長涉，來到照片的故鄉；就像偵探，蒐集線索，抽絲剝繭，推理偵察，終於破案。放下最後一片拼圖，Bingo！我到了！

我，成就驕傲，喜悅感動！美景是回饋的禮物！

海岸、沙漠、荒原——「鳥島」

陽光燦爛、海風沁涼，Paracas 氣候舒爽、景色怡人，是出名的度假勝地，更有個聞名世界的自然保護區 Island Ballestas——鳥島。搭船前進鳥島，首先進入眼簾的是，岩壁上巨型圖案——三叉大燭台。考古學家認爲航海導航之用，但更多人願意相信它是外星人的傑作。

鳥島上堆積千年的鳥糞是秘魯的主要出口物，賺進龐大外匯。還不惜爲了這「鳥屎事兒」，和智利引爆了「南太平洋戰爭」。這裡是海鳥天堂。成千上萬的鳥群，密密麻麻，顯得太擁擠；群鳥齊飛，遮蔽了半邊天，甚爲壯觀！

在鳥群中發現一些少數民族——洪堡企鵝，唯一生活在熱帶的企鵝，一隻隻在嶙峋的岩石中跳躍。頂著豔陽看企鵝，眞是奇趣的經驗！幾個海獅家族，有的玩鬧吵成一團；有的用各種可愛又可笑的姿勢，把自己掛在岩石上，悠閒享受日光浴，安逸滿足！

遊艇巡航各礁島間、或穿行山洞中，地景的變化，令人嘆爲觀止；船長尋找最佳位置，停靠在不驚擾原住民的最近距離，彼此對望、仔細觀察。海鳥吱喳、海獅吼叫、海水拍打岩石，譜出天然的交響曲；藍天白雲對映碧波白浪，如此靜謐和諧、自然純美。我們這艘船，像是失禮的闖入者，繞行一圈後，識相的靜靜退出。這是牠們的家，對不起、打擾了！

聽見沙子流動的聲音

Huacachina，被譽爲南美最美的綠洲。碧綠的湖水被高低起伏的黃色大沙丘包圍，四周高挺的棕櫚樹和綠洲獨有的奇花異草，濃濃的異國風情！

想著古代旅人，長途跋涉，看到綠洲時的興奮、激動。去年在阿布達比，參加沙漠星空下BBQ，沒在沙漠中過夜，一直覺得遺憾。這次無論如何一定要在沙漠裡住一晚！

選擇了潟湖旁唯一古典雅緻的飯店。西班牙式的建築，美麗的庭園，數百年前的貴族莊園，處處是歷史的痕跡，時光彷彿回到那個衝突的年代……

晚上對著湖面享用美食，聽著沙子流動的聲音，清晨坐在湖邊沈思冥想，看著水中倒影，和自己對話。寧靜和諧，融入景中，沙漠綠洲的一天，我償了心願！

▲岩壁巨型圖案——三叉大燭台。

▲鳥島原住民開會。

▲海獅掛在岩石上享受日光浴。

◀▲起伏的沙丘。

▲西班牙庭園飯店。

▼沙漠綠洲湖水倒影。

瘋狂刺激疾速滑沙

秘魯的沙漠和杜拜不同。杜拜沙漠較爲平坦，適合吉普越野車，追尋的是飆速甩尾的快感；秘魯沙漠多是大沙丘，層層疊疊、高低起伏、直挺陡峭，適合衝沙、滑沙。

坐上boggie，在沙丘上橫衝直撞，一會兒像飛機起飛，猛衝上天；瞬間又像自由落體，俯衝直下，瘋狂刺激。接著，重頭戲——滑沙！整個人趴在滑板上，從數十公尺高度順著沙子溜滑。

同團老外，迫不及待，快速滑下；我躊躇著……"No problem, It's fun"，在boggie driver鼓勵、協助下，硬著頭皮趴在滑板上，莫名其妙被推出去……

Really, It's fun! 有飛翔的感覺！那知一關結束還有一關，一次比一次更高更陡，我一次次接受挑戰，刺激有趣！最後一關，天哪！極恐怖的高度，幾近垂直的陡峭，無盡頭的長度。先滑下去的人，看起來像個小黑點。又猶豫了……

下面老外們一直對我揮手呼叫（太遠了聽不到聲音），driver也一再鼓勵，是的！人生可能僅此一次，不要留遺憾，放手一搏吧！

就像condor一樣，高傲展翅、睥睨俯視，我，優雅滑行！當滑板停下時，所有團友鼓掌歡呼。我像個英雄！只是滿臉滿嘴沙子，說不出激動、感謝。跟老外一起玩，可以很豪放！

納斯卡荒野神祕巨畫

秘魯有許多歷史悠久的文化，納斯卡線是最神祕的一個。烈日沙漠、人跡罕至，一九三九

▲登上沙丘豪情萬丈。

▲蓄勢待發飛上青天。

▲boggie司機教練。

▼美味的蝦仁黎麥餐。

▼納斯卡路邊小攤生意興隆。

年前幾乎無人聽聞，直到科學家 Paul Kosok 飛越沙漠，偶然發現這神祕巨作。

從直升機上鳥瞰，橫跨五百平方公里的寂靜荒原，有數百條巨線、幾何圖形及各種動物圖像。因畫作太過巨大，必需飛上三百公尺以上高空才得以窺其全貌。是誰在這荒野大漠畫出如此令人驚嘆的巨圖？如何畫？爲何畫？給誰看？

納斯卡文明推斷存在於西元前三百年至西元五百年，當時沒有任何飛行器。因爲太不可思議，而被認爲是外星人留下的記號。

我順著機師指示，全神貫注找尋圖畫，發現泛美公路把其中一幅圖畫攔腰切成兩半，是否因此切斷了與外星人的聯繫？我們發展太空科學，是否爲了尋找回家的路？我讓想像無邊漫遊……

下了飛機，回到現實世界。遊市區、逛市集，這裡的水果色澤鮮豔、香氣濃郁、甜美多汁。晚餐享用一道精緻、美味又健康的 quinoa 料理——藜麥蝦仁，和秘魯傳統飲料 chicha——黑色玉米榨製的汁，灑上蘋果細丁，香甜可口！

管他什麼外星人，我在地球生活，開心滿意！

▲納斯卡巨畫。

搭乘南十字星 夜行安地斯山

從 Nazca 到 Arequipa，車程約十小時。我選擇了晚上十點出發的夜車，既省時間又省一晚飯店。

夜宿巴士，舟車勞頓，辛苦嗎？一點也不！

南十字星客運，號稱擁有飛機等級服務；兩位司機輪流駕駛，並有隨車人員跟行；搭車和登機一樣，需要通過安檢；上了車，每位乘客都要照相存證，相當嚴格。依不同票價，有一百四十度、一百六十度、一百八十度座椅；根據時段、路線，甚至供應熱騰騰餐點。

我挑了靠窗單人座位，枕頭、毛毯、飲料俱全，擺鋪完成，嗯！不錯！就是張個人小床！

但是，我捨不得睡。拉開窗簾，藉著星光，知道車子已離開泛美公路，進入安地斯山區。

安第斯山脈，學生時代地理課本的一個名詞，遙遠、陌生、無關。現在，置於其中，發現它不是我熟悉的翠綠山林；而是光禿禿一片黃色，陡峭的高山峻嶺覆蓋著一層黃

▲車上餐點如飛機餐。

▶南十字星客運。

▲Arequipa白色大教堂。

▲馬兒悠閒吃草。

▲Arequipa 帥氣警察。

▲原住民和小羊駝。

▲排列整齊的水果攤。

沙，險峻荒涼、空曠寂寞；車行數小時，都是一樣單調、無變的景色，可見多遼闊廣大；一路無燈光、無人跡、無寸草、一片死寂，我，還在地球嗎?!

清晨四、五點，一道曙光從山的後面升起，喚醒沈睡大地。車繼續前行，沿途陸續出現小村落；人們在小攤上吃早餐，學生三五成群上學；貓咪穿梭、狗兒追逐、活潑的一天開始……

早上七點三十分，汽車抵達客運總站。早安！Arequipa！

火山群中的白色山城

Arequipa 是秘魯第二大城。位於南部安第斯山脈的火山群中，海拔約二千三百八十公尺。以白色火山石建造，有「白色山城」之稱，是聞名的世界遺產古城。

我把行李放進 hotel，立刻變身城市遊俠。

西班牙殖民的城市，都以廣場和教堂爲中心，城區依此延展。Arequipa 廣場 Plaza de Armas 乾淨美麗，旁邊的主教堂是用白色火山石堆積建蓋的，純白聖潔。從廣場旁二樓餐廳向下望，人們坐在長椅上悠閒聊天、曬太陽；小孩與鴿子追逐嬉戲，一片祥和。

我漫步在周邊街道，西班牙式的建築，西班牙語文，彷彿置身西班牙小鎮。一路晃到 Mercado San Camilo 傳統市場。這個市場很大，分區清楚，水果區、蔬菜區、熟食區、冷飲區……擺設整潔，魚肉生鮮區也沒腥臭味，地上更沒一水滴，就像在逛 Costco，甚至還播放古典美聲樂曲，買菜都這麼有氣質！出了市場，驚喜的發現一隻可愛小羊駝，立刻衝去抱著拍照……

這個城市令人驚艷，有太多值得尋訪的。明晚就走？不！我決定多留兩天！

▲原住民婚禮。

▲幽森的修道院。

▲原住民婚禮賓客合影。

▲高聳的紅磚牆。

記住 Arequipa 的溫情美好

聯絡好 Colca canyon tour，並買了 Chivay 到 Puno 的旅遊巴士票，這幾天可以安心城市探索巡遊了！陸續參觀幾個著名景點：

Santa Catalina 修道院，雖然修女修行需要安靜清心，但圍牆高聳，有被拘困的窒息，不知修女們感受如何？

Mirador de Yanahuara 景觀台，遠眺 El Misti 火山，景色優美壯觀！

Museo Santuarios Andinos 博物館，裏面存放著一九九五年被發現的木乃伊 Juanita——五百年前獻祭給天神的十三歲少女。她生命結束了，但肉體卻永遠保存，是否另一形式的「永生」？

Arequipa 位於山區，原住民族比例明顯增加，他們穿著傳統服飾穿梭街道，新鮮有趣。有天碰到原住民婚禮，好奇的一旁拍照觀望，身著華麗傳統服飾的賓客友善的與我合影，驚喜不已！

最後一晚，再次走訪；經過廣場，聽到歡慶音樂聲，圍著黑壓壓一大群人，原來是傳統歌舞表演；正要開演呢！道道人牆，我擠不進去。靈機一動！昨天中午的餐廳就在廣場二樓，可居高臨下觀賞。我立即衝上去，服務人員看到我，就像老友相見，興奮的說"welcome again"。我指著樓下的人群，他立刻會意的挪了張靠窗的桌子，並細心的調整角度，避開柱子。我坐在VIP貴賓席，享受藜麥湯，欣賞兩個小時精彩的表演！

Arequipa 是個充滿吸引力的城市，人民善良熱心。我多留兩天，整整四天三夜仍意猶未盡；帶著滿滿的溫情，依依不捨離開；此生可能不再相遇，我會記住你的美好！

再見，Arequipa！

誰說旅行一定要呼朋引伴？

Colca 峽谷之旅是嚴峻的考驗。要登上海拔四千八百公尺景觀台，晚上則在海拔三千六百公尺的 Chivay 小鎮過夜。一般海拔二千五百公尺以上就有高山症適應問題。出發前跟醫生討論並預備藥物，這幾天飯店也貼心的提供古柯茶，希望減緩不適應狀況：因為接下來的行程都是在海拔三千三百公尺以上的安第斯山脈中。

巴士沿著曲折迂迴的山路繞行。這段山景和之前略有不同；不再黃沙覆蓋，且零散出現一些沙漠低矮樹叢，但還是一片土黃。陽光很強，飄移的白雲影子像潑墨揮灑，讓大山有了明暗層次，不再單調！由於沒有植物遮蔽，看得到山的原貌，清楚分明的稜線、嶙峋裸露的岩壁、高聳陡峭的山峰、遼闊無邊的相連，更顯出安第斯山的孤傲個性與恢宏氣度。

就算只有低矮樹叢，大地不再一片荒漠死寂；沿途景點停留，有鳥有蟲；更令人驚呼連連的是，一群群的野生羊駝——Vicuña！

車子特別停下來。無盡寂寥荒原、藍天白雲晴空；羊駝低頭吃草，或奔放嬉鬧；如此平靜和諧，大自然最動人的畫面……此刻不需照相，不需言語，不要打擾，我要安靜專注的掃描、複製這一刻；深藏心底，永不忘懷！

誰說旅行一定要呼朋引伴？屬於我的這一刻，這樣深刻感動激情，只能自己品味；就像品嚐美食，舌尖的感受，不想也不能與人分享！

如果只是表淺的讚嘆，同行遊客眾多；一個眼神、一個微笑，何懼無共鳴？

聯合國民峽谷泡湯聯誼

Chivay是Colca峽谷中的美麗小鎮。居民多爲原住民族，傳統服飾裝扮，彷彿時空錯置，更添異國風情。

Guide帶著一群聯合國民到山上泡溫泉。不像台灣泡湯者眾，本地人並不泡湯。所以僅有山邊戶外一池，是讓旅行者體驗的；水質非常清澈純淨，看得到源頭。有別於台灣滾燙的溫泉，

▲成群羊駝低頭吃草。

▲Vicuna野生羊駝。

▼騎驢原住民女孩。

這兒水溫只有三十五度，水池很大，根本就是溫水游泳池。

這一群人來自法國、德國、義大利、哥倫比亞、秘魯、台灣；泡湯好像泳池聯誼。兩天同遊，大家已熟稔熱絡，七嘴八舌討論秘魯經歷；我和來過台灣的哥倫比亞帥哥，彼此用彆腳的英文加上比手畫腳，聊得很開心；表達不清時，還請德國人翻譯，煞是有趣！

很佩服這些歐洲人，個個都是語言天才，說三、四種語言是司空見慣的。一開始，他們和 guide 都用西班牙語溝通，發現我聽不懂，立刻改用英語；雖然我也只聽一半，深深感受到他們的尊重。起先，以為他們來自英語或西班牙語國家，結果通通不是！法國女孩甚至能說簡單中文呢！每次出國都覺得應該好好多唸英文，但回台灣就沒動力了；不過……哈哈！我英文雖爛，卻剛好夠混！

我住的飯店離市場很近。秘魯市場一般營業到六至七點；把握時間，趁天黑前逛一圈。

南半球現在是夏天，但海拔三千六百公尺的山中

▲高山小攤紀念品。

▲3600公尺小鎮市集。

小城，早晚氣溫很低，有如台灣冬天寒流來襲。

市場依舊熱鬧，蔬果、用品、衣物……齊全。小吃攤特別吸引人，我好奇的東看西瞧；當地人熱心解釋，但西班牙語全聽不懂，肢體語言還更容易溝通！

在他們建議下，我喝了一杯白玉米研磨的玉米汁加巧克力熱飲；新奇組合，但香醇順口，尤其在嚴寒高山、熱情民眾，更是甜在嘴裡、暖在心裡！我又點了一杯類似青草茶的熱飲，並嚐試一些當地小吃。一個可愛小女孩跑過來，開心的讓我拍照……

我，吃飽、喝足、玩夠，踩著夕陽回飯店；旅行的每一天，都是豐富滿足！

神鷹原鄉聽見「神鷹之歌」

一早起床，喝了兩杯咖啡，精神抖擻的前往集合地點。上了車，發現有人不適應高度，高山症狀況嚴重，整晚又吐又拉又咳、頭痛暈眩，就像流感重症。大家熱心的提供出國前預備藥物，聯合國會診?!反而不敢輕心亂用。最後，guide 用秘魯民俗療法，問診

▲花草茶攤芬芳清香。

▲白玉米汁＋巧克力甜湯。

▲蜿蜒的「之」型山路。

▲白雲讓光禿的大山有層次。

▲科卡峽谷Condor景觀台。

▲家門閒聊，羊狗相隨。

▼吹排簫藝人。

▼甜美的小女孩。

量脈、察言觀色、按壓推拿；再拿出一瓶藥草提煉的精油，吸納吐氣……整個過程如同中醫診療。或許都是古老文明，先人的智慧是一致的。感謝主！我除了略喘以外，生龍活虎，鐵娘子一個！

Colca 峽谷是由 Colca river 切割形成，有美國大峽谷兩倍深。一個壯闊；一個深邃，無可比擬，但一樣令人屏息驚嘆！照相機無法呈現峽谷氣勢之萬一，乾脆放棄。用眼觀看，用心記憶！接著到 Cruz del condor，這是觀賞 condor（安地斯神鷹）的景觀台；condor 會在清晨及黃昏，爲了覓食而飛越峽谷。Condor 在印加文化中有崇高的地位，象徵天上的世界。我帶著敬意爬上 view point，只可惜速度太慢；早到的隊友近距離看到 condor 展翅高飛的雄姿，我卻只能遠觀，頗爲懊惱！爲彌補缺憾，只好買幾張明信片聊慰一下。

中午，餐廳提供美味、道地的秘魯餐點，同時有藝人現場表演；用 zampona（一種安地斯排簫）吹奏著地方樂曲。突然，熟悉的樂聲響起……

"El condor pasa"！在安地斯山中，在觀賞 condor 之後，何等的驚喜！

Zampona 簫聲聽起來滄桑悲涼，如泣如訴著哀傷往事；彷彿看到自己成長的叛逆艱辛……一陣泫然欲泣，想著流逝的歲月；想著精彩的閱歷……是感傷，也是感恩！

下午，與團友依依道別；幾天同遊，有著共同記憶；相逢自是有緣！

因爲短暫，所以彌足珍貴；

因爲單純，所以肝膽相照；

因爲眞誠，瞬間即是永恆！

的的喀喀湖 陌生的知音

搭乘 tourist bus 前往 puno。

我喜歡 bus 旅行，不但沿途欣賞風光，更有機會與各地旅人或當地人接觸互動。

秘魯的長途巴士都很舒服；尤其是爲旅人規劃的 tourist bus ，車上有英語、西班牙語 guide，提供茶水、餐飲，知名景點停留參訪……既是交通工具，又是觀光遊覽。

候車時，看到兩位中年東方面孔，探詢的問 "where are you from?" 對方直接爽快的說：「講中文，講中文！」，原來是來自多倫多的加拿大籍中國人。幾週沒說中文，我也多次去過多倫多；倍感親切，興奮開懷暢聊了！

他們一位專業攝影師、一位商務經營；都是旅行同好，經驗豐富。此次前往 puno，要在 Lake Titicaca 搭船到玻利維亞。我們從這次旅行計劃，談到旅遊風

▲古柯茶，離開秘魯就是毒品。

▲右邊為古柯葉。

格，甚至聊起過去數十年的旅遊經歷……突然，他們冒出一句話：「妳就是旅行家嘛！」。愣了一下，有被了解、相知的感動。停頓兩秒鐘，不客氣的回答：「我接受你們的讚美！」

我一向獨自旅行，和台灣習慣的團體觀光差異頗大。

自由旅行：機動靈活、直接貼近；猛烈衝擊、細膩浪漫；但若非親身體驗，也難懂難知。就像一位朋友說：「如果不是與妳同遊過，無法想像妳的描述、體會妳的感受。」有興趣的，難以理解；沒興趣的，視爲異端。不管做什麼，只要不是主流多數，經常是孤單寂寞的。

現在，地球另一端；來自不同方，去是不同向，萍水相逢的陌生人卻了解、欣賞妳，有知音相遇的安慰與喜悅！

▲山中潟湖。

▲噴烟火山。

▼Puno小鎮，寒冷的「夏夜」。

安地斯山脈宏偉遼闊超乎想像。它是全世界陸地上最長的山脈，長約七千五百公里；北起厄瓜多，南至阿根廷，涵蓋七個國家，秘魯只是其中一小段。山區旅行一、兩周了，依然雲深不知處！它平均高度四千公尺，許多山峰超過六千公尺。我已在海拔三千八百公尺高度，仍被高聳群山環繞。由於沒有樹木被覆，山脊裎露；空靈傲骨、恢宏壯觀也變幻莫測。

一陣雷雨，氣溫驟降；儘管南半球是夏天，只有四、五度。雨衣、外套、手套都在大箱裡。中途幾處景點，火山、潟湖……只能下車拍照，匆匆躲回車上取暖；看著窗外一些西方人，穿著單薄衣服，瀟灑雨中漫步，欣賞美景呢！

晚間七點多抵達 puno，萬家燈火、雨也停了。這個古樸小鎮，市區不大。把握時間逛一圈，街頭買一份熱狗薯條，淋上多種醬汁；便宜好吃又熱騰騰，在這寒冷「夏夜」！休息了，明天重頭戲——的的喀喀湖！

遺世獨立的漂浮蘆葦島

在印加神話中，的的喀喀湖是太陽神的眼淚匯集而成的；在太陽島上創造一男一女，成爲印加民族的祖先，也是他們的聖湖。

Lake Titicaca 位於秘魯和玻利維亞交界的安地斯山脈，海拔三千八一十二公尺，面積八千九百二十平方公里；是南美最大，也是世界最高且大船可通航之高山湖泊。我對數字沒概念，但知道它很大；因爲水連天、天連水，一望無際；岸邊甚至有波浪！

湖中最特別的，就是漂浮水面的 Uros floating island 蘆葦浮島。Uros people 當年爲躲避西班牙殖民入侵遷徙至此，偶然發現 totora（一種類似蘆葦的水生植物）具有很強漂浮性能；於是將其編織成大塊地基，然後在上面搭蓋房舍；像艘大船，可隨時移動位置。小的浮島像籃球場、大的甚至設有學校、郵局……最大島住了三百多人！

聽完 guide 解說，我登上二樓船頂。是個晴朗的好天氣，蔚藍天空、和煦陽光；潔白浮雲映照湖面波光粼粼，宛如置身圖畫中。船行半小時，到了浮島。島上一景一物都用 totora 搭蓋；是建材、也是食物。身穿鮮豔傳統服飾、頭戴圓帽的 Uros 婦女隨手拔起一根，示範著如何食用。大家爭相試吃。像咬甘蔗一樣，但沒什麼味道；類似粗纖的茭白筍，含豐富纖維及水分，生津止渴。

我坐著 totora 編製的「龍舟」，穿行浮島間；看到有人行船捕魚、有的島上養豬……這些水上人家彷彿遺世獨立，幾世紀以來，維持傳統生活，幾乎未曾改變。我像是掉落時空機器的闖入者，驚異、好奇的四處踩踏觸摸；珍惜的想多留住一些具體的記憶。只怕一離開，再也找不到桃花源的入口了！

在 zampona 安地斯簫聲中，遊船回航。Uros island 漸行漸遠，宛若汪洋孤島；我腦中浮現一幅神似的畫面——沙漠綠洲；都像不眞實的夢幻。或許，只是海市蜃樓，風吹即逝？

蓬萊仙島一日神仙

Lake Titicaca 湖中有四十一個島，大部分有人居住。遊船航行在無邊的大湖，前往 Island Amantani。這是個未被污染的小島，居民約四千人，仍維持傳統生活方式和社會制度——即與自然共存，和社區共榮。島上沒有汽車，沒有大型機具；蓋房家具、農務耕作，幾乎都是人工完成，公共建設則由島民通力合作。

▲水中浮島。

▲沙漠綠洲，是否神似?

▼一景一物都是蘆葦搭建。

▲蘆葦編製的「龍舟」。

▼可愛的 Uros 小島民。

島上也沒有飯店，只提供 home stay，全體居民輪流接待，讓旅客體驗真正在地生活。

船到港口，就看到十幾位身穿傳統服飾的住民，用淳樸的笑容迎接。guide 介紹接待家庭，各自相認後，帶領回家。所有房舍都蓋在山坡上，必需爬段小坡才到。天哪！海拔三千八百公尺的高地，舉步維艱，還要爬坡?!好在接我的是男主人，輕鬆幫我拿起行李；我空手緊跟在後，仍然氣喘吁吁、走走停停；十分鐘路程，我花了半小時抵達。

兩層樓的小屋，草木扶疏、清靜幽雅；上樓一望：依山面海，坐擁藍天碧湖、青山綠樹，景色秀麗；一塊遠離塵囂的人間淨土！Home 媽正在準備午餐；儘管仍用木材燃燒，但廚房沒有油霧煙燻，非常乾淨整潔。餐廳裡，主人親手製作的簡單木製桌椅，鋪上民俗特色的桌巾，樸實雅緻，陽光灑入，窗明几淨。這是三道式午餐，食材新鮮、營養美味，包括麵包、醬料全部自製；女主人正式、慎重的一道一道上菜，倍感尊寵！

島上有兩座大山，pachamama 大地之母，與 pachapapa 大地之父，山上有神廟遺址。下午三點廣場集合，guide 帶大家爬最高四千一百五十公尺的 pachapapa。其實不高，只有三百五十公尺，小島本身就已三千八百公尺了。當地人大約走三十分鐘，旅客可能需要五十分至一小時。我？想起早上的窘境，心生畏懼又不甘放棄，試試看吧！果不其然，不到十分鐘，我就遠遠落在最後；烈日當空，頭昏氣喘，眼前是叉路，該往哪個方向？正自忖著要繼續或放棄……

此時，看到前方島上唯一交通工具——馬，而且僅此一匹！我二話不說，連價錢都不問，直接衝上去！騎上馬，居高臨下；天上白雲飄盪、四面碧湖環繞、沁涼海風吹拂，愜意又帥氣！慢慢追上隊友，原以為我放棄了，看到我騎馬趕來，又好笑又歡呼，還說：「現在妳第一名了！」

站在 pachapapa 頂端——世界最高之島的最高山頂，看著夕陽緩緩沈入湖中，世界彷彿在腳

▲上學的小女孩。

▲接待家庭港口等候迎接旅客。

▲騎馬上山。

▲homestay女主人

▲homestay男主人。

◀自製的桌椅、餐巾，佈置樸實雅緻。

▼穿上傳統服飾參加舞會。

▶homestay客房，女主人手工編織的羊駝毛毯。

下，豪情俠氣！天氣變化很快；大片烏雲襲來，逼退彩霞；快下雨了，只好匆匆下山，當然是騎馬嘍！感謝馬兒相助，有幸爬上聖山，觀看遺址、欣賞美景，也是全隊唯一沒淋到雨的。

天公作美！晚餐後，大雨停了。Home 媽幫我換上刺繡精美的傳統服飾。這些衣服、桌巾、床被……等，都是她一針一線親手精工縫製。或許沒有太多文明干擾，更能專精工藝！

我穿著華麗的傳統衣飾，隨 home 爸前往大會堂，參加爲旅客舉辦的 party。團友們幾乎到齊了，彼此好奇又有趣的打量對方裝扮。台上樂團以傳統樂器吹奏著優美音樂，主人們邀請客人跳舞；跳著、跳著，我聽到「el condor pasa」；同一曲子，不同演奏方式有不一樣的效果；此時，不再滄桑悲涼，而是節慶歡愉，大家同聲齊唱、旋轉起舞，high 到最高點！

晚會結束，走出會堂；寒風襲來，天氣冷冽，應證了「早穿皮襖午穿紗」。幸虧這套服飾，厚重保暖；不只身體，更在心裡！Home 爸打開手電筒，藉微弱光線在山路行走，我抬頭仰望滿天星星，無意識的哼起「el condor pasa」，沒想到 home 爸也應聲唱和！一陣欣喜，越唱越大聲，星光下、歌聲中，我們回到家。

島上採用太陽能發電，節約能源，十點後不供電，只能早早睡覺。這是奢華的一夜！我裹著精緻的手工羊駝被，溫暖包覆、一覺到天明！旅行以來，睡得最安適、飽足的一晚！

第二天，晨曦中醒來，面對湖光山色梳妝，好似在天堂。心裡讚佩著：秘魯的旅遊規劃長遠用心，並不濫墾破壞、無度開發、俗媚迎合；而是保留傳統、融合自然、清新引人。一船一船的眾多旅客，也默契、珍惜的不忍讓它染塵。

早餐後，萬般不願的告別主人，謝謝你們誠摯招待，讓我在這蓬萊仙島當一日神仙！

再到港口，我頻頻回首，想起一首老歌「再看我一眼，再看我一眼，別急著說再見……」

船笛鳴起，終究要說再見。

時空交錯謎情印加古都

秘魯是世界上重要的古文明發源地之一。西班牙人到來前的歷史，分五個時期；各時期都有重要的文明發展。在西元六〇〇—九〇〇年間的中期，Wari 文化擴展至安地斯山區，逐步形成地方王國，經歷各階段文明演進，至晚期西元一四〇〇—一五三二年，進入全盛印加時期；來自 Cuzco 的印加人在安地斯山區建立偉大的印加帝國。因此，山區中有多處歷史遺跡。但安地斯山幅員遼闊、村落零散、往返費時；有幾處景點，原本打算捨棄。

Tourist bus 解決了這個難題！清晨六點，從 Puno 出發，沿途參觀六個古蹟遺址及博物館。Guide 每處都詳細導覽解說，各時期的關聯與相互影響。在遺址現場，更是就地取材，撿起石塊，地上畫圖說明，遺址與庫斯科的方位對應及護城功能。清楚明瞭、自然環保！好像回到童年時光，多久沒在地上寫字作畫了？

遺址旁小村落，古樸寧靜，時間似乎靜止，讓我對 Cuzco 滿懷期待。

山區中悠閒祥和，連動物也從容慵懶。我在這兒看到秘魯特有的無毛狗——除了頭上和尾巴一撮毛以外，全身黑色皮膚，像青蛙一樣光溜溜，沒有一根毛。曾在動物頻道看過，世界上最醜的狗比賽中奪冠！我好奇的撫摸，感受皮膚的溫度，是非常可愛的「醜」狗！

抵達 Cuzco 已是華燈初上，我迫不及待到市中心逛逛。這是周末晚上，交通阻塞、喇叭齊鳴；街道商店、五光十色；人群聚集、熙攘擁擠；酒吧傳來大聲音樂與喝酒喧鬧……

▲寧靜古樸的小村落。

▲遺址小鎮。

▲▼秘魯無毛狗。

▲屋頂上的守護牛。

▼山中古蹟。

▲書報攤：卡斯楚．切格瓦拉大幅海報。

▲嬉皮擺攤。

▼只容一輛車通行的「馬路」。

我期盼的古城呢？不是應該沈靜、靈氣、思古幽情嗎？

有點失落！有點迷惘！畢竟，那個印加帝國的首都，已是五百年前往事了！

叛逆又文青的嬉皮聚落

為了平衡預期落差；第二天，我決定先不看印加古蹟，直接到鄰近的 San Blas——西班牙舊城區，也是出名的嬉皮聚落。爬上一條長長的，狹窄、陡斜坡道。真的很窄，只能通過一輛小汽車；車來的時候，行人就閃往兩側階梯；名符其實的「馬」路，只有馬車的寬度。

雖然高地爬坡，氣喘如牛，但階梯步道很有特色，值得走一趟。沿路原住民族牽著羊駝行走，兩旁店家商品琳瑯滿目，停停看看，倒也不覺得累。

到了廣場，餐廳、酒吧林立，遊人如織，熱鬧非凡，很適合假日閒晃。

這裡有一種特別的唐突氛圍。嬉皮們不滿現實，離群索居的逃避與無奈；旅客們暫離現實，拋開綑綁的解放與無拘，交織成今朝有酒今朝醉的行樂與放縱；明日愁來明日愁的泰然與隨意。這樣的荒謬諷刺，更吸引人，更流連忘返！

遠處，飄盪著巨幅彩虹旗，似乎表達對「同志」的支持。心想：這個偉大古城還眞前衛包容，海納百川啊！廣場前方市集，展售商品和一般市集不同，多爲嬉皮藝術家們的自創作品。書報攤擺著前古巴總統卡斯楚書籍、南美英雄切．格瓦拉（Che Guevara）紀錄片……等等。

▲原住民、嬉皮、羊駝。

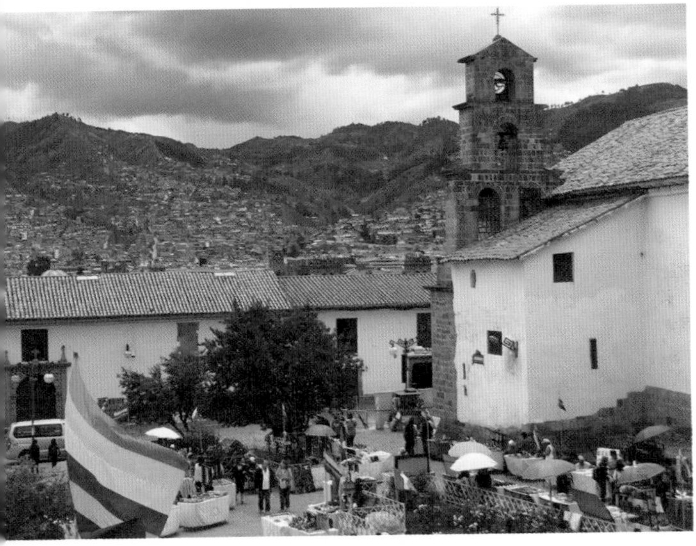

▲San Blas市集彩虹旗飄揚。

▼熱情浪漫秘魯式婚禮。

我對一幅畫和一組「十二角石」石刻拼圖模型，愛不釋手，但是價錢太高。看著畫家一筆一筆作畫、石刻家一刀一刀刻劃，都是他們心血作品。我不忍也不敢殺價，怕不識行情傷了藝術尊嚴，乾脆坐下來瞎扯閒聊。這些藝術家們眞是性情中人；談得開心，半買半送、自動降價到我可接受範圍；我歡歡喜喜的帶著紀念品回家。

我太愛這裡了，叛逆又文青！此後，在 Cuzco 的幾天，我每天都上來和他們打個招呼。

下午，San Blas 教堂舉辦婚禮，樂隊在教堂外演奏，親友、遊客興奮等候新人出來，我也湊熱鬧擠過去。樂團奏樂表演、新人婆娑起舞，甜蜜浪漫；不管熟識與否，大家歡樂同慶！別開生面的婚禮，像欣賞一場文化饗宴，我開了眼界！

晚上和一位秘魯認識的當地朋友，談到對 San Blas 的印象和彩虹旗的看法；她哄堂大笑，我則莫名其妙？她說：「Cuzco 人是接納寬容，但彩虹旗是 Cuzco 大區的區旗！」

哈！我也不禁狂笑！多麼自以爲是的誤解，多麼先入爲主的偏見！

笑聲之後，我思索著昨晚初到時，對 Cuzco 的失落感，不也是一廂情願的偏執迷情？

挑逗旅人驛動的心

解了心結，豁然開朗，興致高昂 Cuzco 城市探遊去！

自稱「太陽子民」的印加人視 Cuzco 爲「宇宙中心」，是偉大印加帝國的首都。印加人以巧奪天工的石造建築技術聞名。巨石堆疊的高牆，不需任何黏著劑，僅靠精準、工整的切割，讓形狀、大小不等的石塊緊密堆砌結合，牆縫間連一張紙片都無法插入，令人稱奇！參觀過著名的「十二角石」——這是目前發現最多角的石塊；在科技、工具都不發達的時代，是多少人力、時間，搬運巨石、精工磨合，組合得如此天衣無縫；對這純手工的高超技藝更加佩服！

印加人也熱愛黃金，它閃耀的金光像太陽。對太陽子民來說，金、銀不是財寶，而是裝飾神殿的最佳建築材料。宏偉浩大的「太陽神殿」，就是一座鬼斧神工的石造建築，牆壁貼滿了閃耀的黃金裝飾，折射的光芒讓神殿更顯得璀璨奪目，內部神像也都是黃金打造。

這樣的黃金帝國傳奇，引來了西班牙人的覬覦和侵呑，搶走所有黃金、破壞城市、毀滅帝國。只是印加人的石工技藝實在太堅固了，難以全面摧毀；只好保留石牆爲基底，再砌上新牆，蓋起殖民風格的建築，成了 Cuzco 獨有的風貌。只是經過幾次大地震，蓋在「太陽神殿」石牆上的聖多明哥教堂毀了又重建，而印加石牆迄今無損、仍昂然挺立，是否西班牙建築華而不實？

▲十二角石。

▲市場小攤大快朵頤。

▲樂團演奏濃濃藝文風。

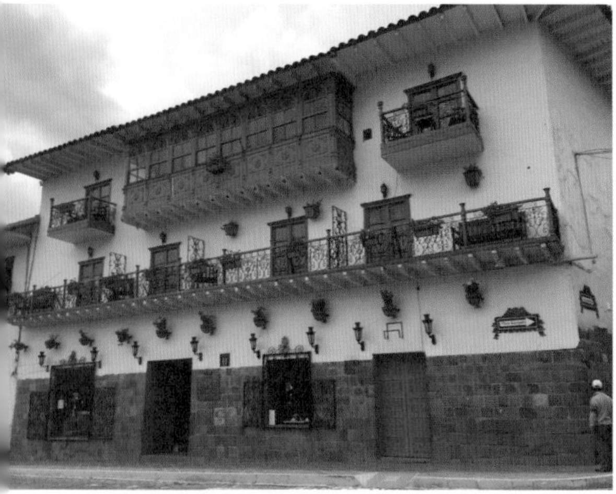

▲印加石牆上美麗西班牙窗台的高檔餐廳。

▲城市就是古蹟，街頭宛如博物館。

▼天衣無縫的印加石牆。

▼印加石牆＋西班牙窗台，百年古厝＋現代速食，衝突的存在。

被譽爲「南美考古城市」的 Cuzco，本身就是一座博物館。廣場周邊的舊城區；腳踩的石板路、手摸的石砌牆，無一不是數百年古蹟；遊走期間，猶如墜入時光隧道。

注重美食的我，與古人對話的同時，不忘尋找風味料理。市場小攤上，與草根民眾排排坐，大啃秘魯燒雞，體驗鄉土風情；旁邊還有樂隊表演，真有藝文氣質。庶民小店中，老闆親切熱情，語言不通、比手畫腳也要盡力介紹推薦；我品嚐了一碗羊蹄湯，唇齒留香、難以忘懷。高檔餐廳隱身在古厝，古色古香的華麗裝潢、貼心尊榮的服務、精緻美味的餐點、王公貴族般的享受。

Cuzco——多元的城市，多樣的選擇，滿足每個旅人不同的需求！連著幾天，我漫無目的穿梭在狹窄的街道巷弄，隨處都有驚喜與感動。百年老屋改裝的商店餐廳，懷舊迷人。一棟棟雕花窗櫺的西班牙建築，蓋在樸拙牢固的印加石牆上，兩種截然不同的文化，譜出獨特的魅力；但這些證據似乎也隨時提醒著：當年欺壓、侵踏的歷史事實，怎一個謎樣的城市？

我疑惑著：秘魯人、印加人如何看待這段過往？幾天後，我問印加後裔的秘魯朋友。她平靜的回答：「那是很久遠的事了！妳現在所看到的秘魯人、印加人或多或少都有西班牙人血緣；真正印加人很少數，居住於安地斯深山中。我們不追究過去仇恨，只要認同這片國土大地、尊重人權價值，包括很多西班牙後裔，我們都是秘魯人。我們以此爲榮！」多寬大、良善的胸襟啊！期待五百年後的台灣人也是如此胸懷。

西班牙人的入侵，帶來破壞與毀滅；但也讓偉大的印加文明得以呈現世人。今日爭戰情仇、明日插科打諢；人生短暫有限，如何評論歷史長河？不如把握當下，欣賞因緣際會的美麗邂逅！

Cuzco 如此尖銳的衝突對立，如此優美的兼容並蓄，挑逗著旅人驛動的心；我曾抱怨遊人太多，哈！我不也是經不起誘惑的其一?!

走訪聖谷朝拜失落迷城

秘魯有一座舉世聞名的失落迷城——馬丘比丘，是旅人們最渴慕朝拜的聖地。前往馬丘比丘，都是從庫斯科出發，到達山下的 Aguas Calientes（熱水鎮），再搭接駁車上山。主要方式有兩種：

一是追隨古人足跡，徒步走印加古道，在安地斯群山霧林中，上下攀爬、紮營露宿四—五天；沿路古蹟、騎馬，梯田、峭壁，雪峰、斷崖……絕對是經典首選！但要有足夠體力，且九個月前就得排隊登記，申請入山。

二是舒適快意的火車之旅，沿著 Urubamba 河，欣賞兩邊山林縱谷美景；輕鬆快捷，適合時間有限的旅人，但錯過許多著名景點。

我自知無體力走古道，又不願只搭火車；於是採第三種方式——公路＋鐵路；可飽覽山

▲原住民與庫斯科彩虹旗。

▲巴勒斯坦人贈送的「白色基督」，感謝庫斯科人民接待難民。

區風光，又不會太勞累。之前在庫斯科買一份古蹟套票，就依參觀路線前進吧！然而遺址分布零散、相距遙遠，還分成東、西兩線；一般擇一而行，我則兩者都不想錯過。山區交通不便，旅行不是苦行。於是與 agent 商議，個別安排了三天兩夜的 Sacred Valley 聖谷＋馬丘比丘 tour。

聖谷是指庫斯科和馬丘比丘間的安地斯山谷。沿著 Urubamba 河，有很多印加帝國的堡壘、神殿、墓園、祭祀聖所……等遺跡，是熱門的旅遊路線。

由東線出發，一路參訪五處遺址，印加建築都是以巨石建造。guide 說，印加人敬天愛物，不使役動物，所有巨石搬運、堆疊，或是修建水渠、梯田，農務耕作……全是人工完成。

我想起庫斯科的地標——白色基督。這是二次世界大戰後，一群來自阿拉伯世界的巴勒斯坦人到此避難，感謝庫斯科人民善意、溫情接待，回贈「白色基督」。對照今日處理難民問題的紛紛擾擾，印加子民的胸襟令人尊敬。是否安地斯山的遼闊恢宏，孕育出民胞物與的情操?!

途中經過幾個小鎮，看到許多人專程來參加心靈啓迪、或是能量療癒之類課程；短則一周，長至數月。他們相信，印加靈魂凝聚的特殊磁場、能量，可強化、淨化身心。我沒參與，不知內容。但見山區印加人，身著傳統衣飾，繽紛豔麗，如同臉上的笑容，純樸開朗。歷經西班牙人數百年欺凌迫害，依然堅定維護傳統、保存文化；並且樂觀知足，勇於助人。

所謂能量，就是這樣堅毅勇敢、良善寬大的印加精神吧！

全世界最貴的觀光火車

到達 Ollantaytambo（Quechua 語，唸得我舌頭打結），這裡是聖谷東西兩線的交會點，也是前往馬丘比丘的必經之地。從這裡到熱水鎮，除了搭火車，只能徒步印加古道，要不然就是與當地人共乘小巴，到最近的水力發電廠，再沿鐵軌走三小時，很多 backpacker 是如此苦行到達的。也因此，這堪稱是全世界最貴的觀光火車。短短八十分鐘車程，依季節、時段，最貴包廂高達四百六十多美金，最便宜也要一百美金以上；儘管如此，仍是趨之若鶩，經常一票難求，可見馬丘比丘的魅力！

進入車廂，座位寬敞舒適，兩旁及車頂大片景觀窗，視野極佳；還有帥哥美女親切服務，雖是短程，仍提供餐點飲料，媲美飛機商務艙。這是下坡路段，海拔逐漸降低；往東山下就是亞馬遜雨林，濕度較高，山區色調由土黃轉爲青綠，安地斯山的變幻，總令我迷惑！

火車在濃密樹林下奔馳，由天窗望出，快速移動的枝葉，形成一幅幅眩目的卡通圖像。一路沿著 Urubamba 河前行，隨著河道的寬窄，河水時而湍急、時而輕緩，想起電影「大江東去」，瑪麗蓮夢露低沈吟唱，

There is a river,
Called the river of no return,
Sometimes it's peaceful,
And sometimes wild and free……

在腦海的歌聲中，很快抵達 Aguas Calientes 熱水鎮——顧名思義，此地以溫泉聞名。這個小鎮完全因馬丘比丘而存在，依山而建，拾級而上，景色秀麗。雖是新興觀光山城，仍是濃厚、鮮明的傳統印加風情。鎮上沒有任何交通工具，我繞行一圈，盡是餐廳、旅館和市集；另外最多的就是按摩店，走印加古道的旅人應該很需要吧！

行經一家餐廳，門口帥哥熱情的打招呼，"Where are you from?"

▲南瓜雕刻精巧細緻。

▲熱心導遊朋友，沿路襄助讓旅行更順暢。

▲車頂景觀天窗，沿途飽覽風光。

▲舒適的車廂優美的風光。

▲火車餐桌上民俗風桌巾，精緻美味黎麥甜品。

"Taiwan"。

"Come in, Taiwanese is free"。

"Sure ?!"

"Yes, drink free!" 哈！明知是攬客術語，也被逗得開心！爲濃重的商業氣氛添點幽默趣味。

飽食一頓，順著潺潺水聲回 hotel，馬丘比丘的前哨站，一個群山環抱的可愛小鎮！

聆聽馬丘比丘低語細訴

馬丘比丘——失落的印加城市；考古學家推論興建於西元一四四〇年左右，應是皇家度假勝地或修行聖所；西班牙人入侵後棄置。由於藏身在隱密的崇山峻嶺中，切斷古道，即無路通達；山下又有 Urubamba 河圍繞，形成天然的護城河，從外看不到她的身影。西班牙佔領者從未發現過，就這樣與世隔絕，靜靜的沈睡近四百年。

直到一九一一年，歷史學家無意間發現她。就像王子輕輕的一吻，睡公主甦醒了，以優雅、高貴之姿重回王座；攫取全世界的眼光，擄獲旅人的心。從此，參拜人潮不斷……

清晨六點，和當地 guide 會合。天空飄著細細雨絲，接駁車站已是長長人龍；巴士視人潮機動調度，沒等太久。因爲沒有聯外道路，這些車輛是用直升機吊運來的。

隨著巴士蜿蜒而上，雨勢逐漸加大。但車上乘客都很興奮，志同道合的目標，讓大家很快熟絡。半小時後到達馬丘比丘，入口處更是滿滿人群；一些心急的旅客，等不及接駁車開，清晨四點就徒步兩小時上山等候。

爲維護世界級古蹟，城內禁止飲食、沒有廁所，入城人數限制二千五百人；晚到的只能等

▲空靈秀麗馬丘比丘。

▼鐵軌與河流並行絕美景觀。

有人出城，再進入。所以多數旅人選擇前一天入住熱水鎮，這也是熱水鎮興起繁榮的原因。

雖有諸多限制，旅客爲了朝覲心怡的公主，都耐性、秩序配合。今天煙雨濛濛，雲霧穿過山間；像幅潑墨山水、朦朧虛幻，使得「天空之城」更添神祕迷離。Guide 帶領，依參訪路線，從印加歷史、城區分布、建築格局、使用功能、意象圖騰……一一詳細解說。

雨勢逐漸趨緩至停歇，天空由陰沉轉爲清朗；但路面溼滑、階梯陡峭，行進速度緩慢；原本三小時的導覽，延至四小時才結束。Guide 沒有不耐，依然熱心的指引幾條適合我走的步道。看著她驕傲的神情，我很感動，除了負責敬業，更是榮耀的誇炫家園。我有一整天時間，先和 guide 下山。入口處旁的收費洗手間，連男生都得排隊等候，蔚爲奇觀。

在唯一的 cafeteria 用了午餐，休息後再度進城。我氣喘吁吁爬上景觀台，這裡可以眺望整座天空之城；清晨的霧靄、午后的清明，灰白雲朵飄移變幻，有如跑馬燈般無常……找個位置坐下，四周旅客也都安靜席地而坐；馬丘比丘似有懾人魔力，讓旅客在驚喜讚嘆、狂拍猛照後，沈靜下來聆聽她低語細訴……

馬丘比丘是座順應自然地勢，以巨石築起的殿堂，精美雅緻。整座城鑲嵌在斷崖絕壁中，和安地斯山融爲一體，輝煌瑰麗、空靈高尚！不管看過多少書籍、影片，當親眼目睹著座「失落迷城」仍是激動震撼；她的淒美，令人泫然；她的聖潔，令人謙卑。

我默默的坐了一下午，努力擷取她四百年的日月精華，放空靜思。透過她的靈氣，不用參加儀式，似已潔淨釋放、療癒啓迪……

趕在火車駛離前的最後一刻，帶著滿滿能量，戀戀不捨下山；馬丘比丘，清澈我的心、豐富我的靈！

▲明亮曙光活力早晨。

▲黃昏燈光歷史年歲。

▲700年古樸小鎮和計程車tuk-tuk。

▲雲霧中的梯田朦朧虛幻。

▼馬丘比丘的llama大羊駝。

深山裡的梯田、鹽田、天竺鼠

火車回到 Ollantaytambo 已是燈火通明，多數旅客直接回 Cuzco；相較於熱水鎮，顯得寂寥落寞。Ollantaytambo 除了一座廣大的軍事要塞遺址外，本身就是古蹟。這個幾乎和馬丘比丘同齡的平民小鎮，七百年來忠心盡責的看顧印加子民。

我在冷冽的夜晚、昏黃的燈光下，走入時光隧道中，看到了年歲的滄桑與強韌。

第二天一早，包了一輛當地計程車 tuk-tuk，請司機帶領介紹，更清楚認識小鎮。

除了增加電力、wifi……等現代通訊，印加石屋、水道溝渠，七百年來維持原貌，依然運作如故，只是人事更迭。看著拿手機的人走出石屋，有著古今混淆的困惑！

凝聚數十代印加靈魂，小鎮似乎有了生命力，難怪那麼多人來此尋求靈命啓發。

和 guide 會合，今天走訪聖谷西線。

首先到達 Moray 梯田。其實整個安地斯山

▼同心圓梯田是古代農業實驗場。

區都是梯田；印加人利用山勢地形建造一層層梯田，有些大型梯田，由山腳到山頂，非常壯觀。Moray 梯田比較特別，它是古代的農業實驗場；建於山谷下的同心圓梯田，一圈一圈的圓，有精準的間距和優美的弧線，藉以觀察每一層溫度、水分、日曬……等差異，找出適合種植的作物及生長條件。古印加人既科學又智慧！

接著前往 Maras 鹽田，這裡海拔三千三百八十公尺。

高山產鹽！難道滄海變桑田？Guide 說明：地下水流經山中鹽礦區，印加人築水道引流到山谷坡地的小池子；源源不斷的泉水注入，千年來取之不盡。

我好奇的嚐了一口。哇！好鹹！比海水更鹹！這麼高的含鹽量，怪不得水流經過的山壁都厚厚一層白色。

鹽池依地勢而建，一層一層的梯形鹽田融入安地斯山谷中，映照著藍天白雲，如詩如畫。這珍貴的高山鹽田，不僅是重要的經濟收入來源，

▼滄海變桑田？3380公尺高山鹽田。

▶介紹天然傳統染整技術。

▶養殖食用天竺鼠，可愛模樣怎捨得吃？

▲▼安地斯山聖谷風光。

也是迷人的名勝古蹟。

最後來到 Chinchero——一個寧靜的小農村，有著美麗的梯田和一座十七世紀的白色教堂。當地農家介紹傳統染整技術和編織技巧；只用天然植物和礦石印染成鮮豔絲線，再以手工一線一線編織成美麗圖案。

並且參觀了農家圈養的禽畜。我看到了天竺鼠！比一般寵物鼠大很多。天竺鼠是安地斯山的知名料理，看到牠可愛的模樣，怎捨得啊？

晚間回到庫斯科，這次可熟門熟路的到處閒晃！最後一天下午，我到 San Blas 跟嬉皮藝術家們道別；晚上要離開，前進亞馬遜，這次眞的——不會再見了！

世界太大，生命太短；這裡不是順路可達之地，就讓一切一切的美好，深烙腦海、銘記在心，成爲永恆的回憶吧！

亞馬遜狂野的聲聲催喚

亞馬遜河發源於秘魯安地斯山脈，二〇〇七年的測量長度六千九百九十二公里，是流量、流域最大，支流最多的世界第一長河。它以寬廣的水域、無數的水道與叢林交織成巨大的綠色盆地。與之共存的亞馬遜雨林，面積七百萬平方公里，相近於一個澳洲；橫跨南美八個國家。有原始、壯麗的自然地景，和最多樣、珍奇的生物資源；是全球最大、物種最多的熱帶雨林。

這片生機盎然又兇猛險惡的「地球禁區」是科學家、探險家們亟欲窺知、探索的極地！就算不是學者專家，一般旅人也被深深吸引，有無限的憧憬和期待。

誰？能拒絕這狂野的聲聲催喚?!

秘魯有兩處可造訪雨林的村莊，我選擇路線較順的亞馬遜河支流港口——Puerto Maldonado。除非是資深探險家，有完善齊全裝備；否則，想要進入亞馬遜，必需有專業guide帶領。因此，我再請熟識的agent安排jungle tour。

從Cuzco搭南十字星夜車，清晨六時抵達Puerto Maldonado。可能很少東方人單獨坐bus過來，當其他乘客引頸相尋時；接待司機拿著名牌，直接走來和我招呼。司機不會英文。不過，多年的旅遊經驗，我已練就一身爐火純青的比劃功夫，溝通無礙。原來，旅遊辦公室九點才上班；所以先派當地計程車tuk-tuk接我。由於時間還早，就請司機帶著四處逛逛。

這是個活力充沛的小村莊，一早就勤勞忙碌。一路看到，無論上班、市場購物、或載送小

▲活力充沛的亞馬遜小鎮。

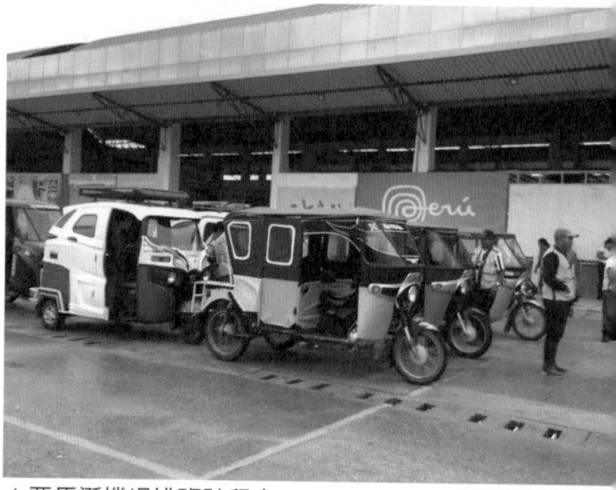
▲亞馬遜機場排班計程車。

▲騎摩托車上班上學。

孩上學，大部分都騎摩托車。大概除了台灣以外，我看過最多以摩托車爲主要交通工具的地方。我好奇，爲何很多騎士穿黃背心？司機說，那是是摩托計程車。類似北投的機車載客；但需要登記、納爲管理，並穿制服區別。吃過早餐，來到辦公室，guide 已在等候。

進入雨林的唯一通道就是——河流；我們搭著機動小船，沿 Madre de Dios 河順流而下，清新的涼風吹散亞馬遜的熱氣，一小時後，到達叢林營地。

蠻荒野地嗎？不！根本是令人驚豔的度假村！一間間獨棟的高腳茅屋，錯落在綠意盎然的林間，屋前露台掛著舒適的吊床，融於周邊環境；隨處可見奇花異木、小巧動物……已是濃濃的熱帶雨林風情！

Guide 帶領，認識營地環境，並說明接著三天的活動安排。這時才知道：不知是 agent 深懂我標準喜好？還是覺得我挑剔難搞？不但挑了設備較好的度假營地、訂了一間獨立小屋、還跟上次一樣，乾脆請一位私人 guide 陪同。難怪！我早上還納悶？爲何小船只載我一個人！

中午，餐廳提供在地風味的四道式精緻美食。這裡所有食材都得從 Puerto Maldonado 用船運來；荒野雨林中，如此餐飲廚藝、細膩服務，超乎預期！

既是個別行程，我有較多閒暇時間，輕鬆自在、享受叢林野趣。黃昏時分，回到我的小屋。躺在吊床上；夕陽彩霞斜照、輕風徐徐拂過，聽著樹葉婆娑之聲、蟲鳴鳥叫音樂，在亞馬遜的氣息中，進入夢鄉……

神祕河流夜訪鱷魚

從三千四百公尺的高山來到平地，頓時覺得全身輕快舒暢。

亞馬遜潮濕悶熱，白天氣溫約攝氏三十三

▼進入雨林的唯一通道——河流。

▲獨棟高腳茅屋，蠻荒野地令人驚艷的度假村。

▲茅屋前廊吊床清風徐來舒適好眠。

▼房間有蚊帳，蠻荒中的奢華。

度、相對濕度高達百分之八十，甚至百分之百，很多人不適應。但對於來自一樣濕熱海島的我，倒是習以爲常，就像台北的夏天；並且早晚輕風徐來、帶著涼意，頗爲舒服；晚上不需冷氣，也清爽好眠。度假營區作息規律，上午八時早餐、中午一時午餐、晚上八點晚餐；下午五點三十分—十點三十分提供電力，wifi 則全日都可用。

亞馬遜生活狂野豪放、也勞苦疲憊，整天觀察植物、追逐動物；白天 jungle hiking，晚上 night safari；日出而作、日落仍不息，對於我這「城市弱雞」，眞是極限挑戰！悠閒用過早餐，guide 說前一天下大雨，林中泥濘溼滑，營地備有雨靴，帶我選取換上。何其幸運！這一路旅行，每到一地，總聽說前一天下雨，而我停留的日子，都是風和日麗好天氣，感謝恩典！

穿著長袖、長褲、雨靴，擦上防蚊膏，戴起眼鏡、帽子；全副武裝、架勢十足，探險去！

第一次踏入雨林，眼目所及是一大片青蔥鬱綠、高聳蒼勁的林海，深廣無邊、令人敬畏。這個活動主要是認識植物。亞馬遜有上千萬種植物，許多藥物是從這些植物中萃取提煉出來的；還有更多植物功能、用法，只有雨林中土著才知道。Guide 像個植物學家，詳細說明解釋。只是專有名詞太多，說中文都不見得聽懂，何況是英文！我對植物也沒什麼興趣，就當是山野健行、體能訓練吧！

中午回營地，汗流浹背、像個泥人，洗過澡後，才用午餐。午間太熱，不安排活動。營區設備完善，可以游泳、打球、慢跑……或到 bar 看電視、玩遊戲、閒聊聯誼；我則累得躺上吊床、睡著了……

三點三十分集合，是 canopy tour。又是一段嚴苛艱辛 hiking，到達另一處林中。Canopy 就是蓋在參天巨木上的高台，爬上高台眺望雨林。

天啊！約四十五公尺，相當於十五層樓高！只用鐵架、木條搭起的簡陋階梯，直上雲霄。我手腳並用、亦步亦趨，驚險攀爬；卻見遠處一隻猴子，一躍瞬間登頂、並掛在枝頭吊盪。面對老祖宗，自嘆弗如，某些技能似乎退化了！費了一番功夫才爬上高台。不同於林中幽暗封閉，眼前一片空曠開朗；廣闊無垠的蒼

▲開山刀砍枝葉驅趕蚊子。

▲叢林中的精緻餐點超乎預期。

鬱樹海，一望無際、精神也爲之一振！

Guide說，許多動物都在樹上活動。但是我沒看到，只見多種不知名鳥類。guide這時又是賞鳥專家了，拿著望遠鏡、指著每一隻鳥，介紹名稱、習性……太專業了，我還是聽不懂！不過，有些同音、或同義語詞，各自解讀、雞同鴨講，鬧了不少笑話；讓彼此很快熟絡，也讓苦行增添許多趣味。

只要出門一趟，回來都是汗水淋漓、全身溼透；在這兒，一天得洗三次澡。兩趟野地walk，對於只逛百貨公司的我，明顯吃力透支。guide看我疲弱狼狽模樣，提醒道：這只是暖身而已。

啥！那明天會是怎樣？

晚餐後，guide說要去看「caiman」。我不懂「caiman」，只知道「carmen」卡門。

雨林看歌劇?!又是各說各話、溝通良久，才弄清楚是要坐船探險，夜訪「caiman」——亞馬遜鱷魚！

小船緩緩行駛在暗黑的河上；一行十多人安靜分坐兩側，以免船身失去平衡；看不成鱷魚，反而是送晚餐。夜間的河流，神祕莫測、凶險難料；夜色中，一片

▲黑夜神祕河流，藉手電筒微光偷窺水豚家族。

死寂，一股凝重氣氛……

Caiman Safari 需要兩位 guide 配合。一位在船頭，拿著手電筒、用精準的目光，快速搜尋獵物。此時，他們是生物學家，熟知各種動物習性、藏身處；一旦發現目標，小船熄了引擎、慢慢靠近；另一位 guide 指導團員觀看並解說，大家屏氣凝神，藉著手電筒的微光，全神貫注、偷窺……

這趟生態 safari，看到很多珍奇動物：鱷魚、烏龜、食人魚、蛙類、鳥類……等等，尤其是從未見過的 capybara 水豚，眞是大開眼界、收獲滿滿。

夜巡後回小屋，營地十點三十分後不再供電，但全日供應熱水。藉著透進屋內的月光淋浴，原始克難與文明便利在此相會。

新奇、疲累的一天，在漆黑、寧靜中，昏頭沈睡……

天啊！那是 PUMA 的腳印！

一早五點集合。亞馬遜的清晨，深沈純淨；我很難得這麼早起，又如此貼近大自然，看著月亮西沉、旭日東昇，宛如虛擬幻境、不眞實的感覺。

今天全日野地探索、尋訪動物。亞馬遜是野生動物的天堂，想要遇見就必需走近。我們帶齊飲水、餐盒、雨衣、木杖……等裝備，搭船更深入雨林；機動快艇乘風破浪、快速前進，激起陣陣水花；一個多鐘頭後到達 Tambopata 保護區。

這邊的樹木更高大密集，還夾雜著各種藤蔓攀附纏繞，怪誕詭異；濃密枝葉像個綠色屏障

◀車頂景觀天窗，沿途飽覽風光。

隔絕陽光，陰沉幽深。叢林中沒有「路」，只有前人走過的通道。Guide 拿著開山刀、披荊斬棘開路，大家依序順著狹窄彎曲的羊腸小徑前行。地上落葉堆積、盤根錯節、混雜凌亂；到處泥水坑洞、崎嶇不平、寸步難行；蚊子迎面飛舞、螞蟻大如蟑螂、昆蟲四處橫行。

我戰戰兢兢，一步一步、小心謹慎，要提防圍繞糾纏的蚊蟲，又深怕踩入泥沼，無法自拔。舉步維艱，更甚於安地斯高山！一般一位 guide 帶領八至十位隊友，大家緊緊跟隨、不能掉隊。我走得辛苦緩慢，一下子就遠遠落後。這時就真心感謝 agent 了，幸虧安排一對一 guide 陪同。否則，叢林落單是很危險的！

在亞馬遜，每一位專業 guide 都是雨林專家。他們透過聞氣聽聲，判斷鳥的種類、或任何動靜；也能通過觀察腳印，知道何時、何處有什麼動物出沒……

這裡不是動物園，動物不會定點不動。叢林中動物都有保護色、不易察覺；不然就是驚鴻一瞥、倏然閃過，所有相遇都是擦肩偶然。

Guide 目光銳利，尋找動物蹤影；一有發現，立刻把望遠鏡遞給我，並清楚指出方向、高度；我看到很多

▲出了樹林豁然開朗。

▲穿過雨林看見湖水。

▲水獺家族曬太陽

▲野鳥枯枝歇歇腳。

珍禽異獸：野豬、長鼻浣熊、各類猴子、飛鳥……

也指引我觀察各種青蛙，及蜥蜴、蜈蚣……等爬蟲類；甚至用一根長長的樹枝，伸入洞中，引出大蜘蛛、毒蠍子；我大開眼界，也羨煞其他隊友。

休息時，我看到泥地上一些腳印，自以爲是的說：好大的狗腳印！鄰隊 guide 好笑的回答：那是 PUMA 的腳印！

我突然意識到：猛獸離我這麼近！

一幅凶惡、血腥畫面浮現，幾分驚悚、更多興奮！腎上腺素瞬間爆發，此後路程都不再落後！

繼續再往雨林深處前進，到 Lake Sandoval。這個湖很隱密，四周全被森林圍住，沒人指引、難以探知。

我們在樹林間的狹小水道，換小船遊湖。兩旁大樹從水中拔起，像天篷一樣，遮蔽光線，完全不見湖的蹤影。

划了一會兒，出了樹林；柳暗花明、豁然開朗，湖水如鏡、碧波蕩漾，天空雲朵與湖面相互輝映；湖邊大樹對應水中倒影，寧靜秀麗、美不勝收。幾隻水鴨滑過平靜湖面、水獺家族慵懶的趴在伸入湖中的粗幹上、旁邊的細枝，水鳥們排排站，唯美的詩境！

湖光水色的桃花源蘊含著豐富的生態，但和諧美麗的表象下，潛藏著兇殘生物，鱷魚、食人魚……幾艘小船時而划行、時而停留；我們遊湖野餐，也邊搜尋動物。天氣炎熱，幾個老外乾脆跳下水游泳……

大膽！我看到水草間裡有 caiman！

回程 guide 問，想不想順路去 Capuchin Island?

cappuccino ?!下午茶嗎?!當然要！

No，No！是再坐船去看猴子。一整天下來，不是看了很多猴子嗎？Guide 拿出圖片解釋：猴子有 squirrel monkey、howler monkey、spider monkey……多種，而這個島上只有聚集這種 "capuchin monkey"，而且猴數眾多。管他 "capuchin" 或 "cappuccino"！既來之、則安之，都到亞馬遜了，就瘋狂爽快吧！

一日探險結束，知道什麼叫做「筋疲力盡」！

晚餐時，有團友詢問要不要參加 Ayahuasca 起靈體驗?

亞馬遜原始蠻荒，很多鄉野傳奇。Ayahuasca 死藤水，是一種亞馬遜雨林特有的迷幻草藥；為原住民的傳統用藥，可治病、通靈；現代醫學也運用在催眠、和心理治療上。由巫師念咒、作法後，喝下 ayahuasca，在半夢半醒間，產生幻覺、穿越時空，讓潛意識與自然萬物、或自我溝通，藉以感知宇宙合一的生命本質，進而得到身心靈釋放療癒；醒來後，覺得快樂、祥和，思想明敏、清澈。（每個人反應不同）

儀式歷時五小時，從九點到凌晨三點。我不敢嘗試，怕啓不成聖靈，反而喚醒潛伏的邪惡！況且，力不從心啊！明早四點集合呢！

「世界禁區」驚心動魄的美

凌晨三點多起床，摸黑準備；這個時間，在台北有時還沒上床呢！到了集合地點，昨晚ayahuasca體驗的朋友，居然都到齊了！真佩服他們的精神體力，或許啓靈儀式見效吧！

亞馬遜的蚊子兇狠毒辣，在度假村內還好，只要一進入雨林，蚊子立刻集體包圍，讓人無所遁形。台灣的防蚊液在此無效；出發前，女兒在美國幫我買了強效防蚊膏。幾天下來，團友們或多或少被蚊蟲叮咬。這時眾人正在檢視災情，有人傷勢嚴重，全身紅腫、搔癢難受；看到我竟然毫髮無傷、一疱也沒有，大家嘖嘖稱奇！

哈！我的防蚊膏有效！我開心的請大家試用。但是看guide們，每個人短袖短褲，都不用塗擦任何防蚊藥劑，一樣全身而退、沒被叮咬。我好奇的問爲什麼？他幽默的回答：「我每天帶這麼多人來餵食，感謝都來不及，怎敢叮咬！」得了便宜還賣乖，最好是啦！

亞馬遜旅行，因參加的營區位置、停留天數不同，每個人的活動安排不一樣，隊友也會有變動。這是我在亞馬遜的最後一個野地活動——clay lick，鸚鵡舔土。

此地鸚鵡長期吃到一些含毒的漿果種子，毒素沈積體內；而岩壁上的泥土富含特殊礦物質，可幫助排出解毒、避免殘留。每天早晨、太陽升起時，成千上百不同品種鸚鵡會飛到岩壁啄食黏土。這是國家地理雜誌曾刊登的「世界上最奇妙的野生飛鳥景觀」之一。

我們必需比牠們早到、守候；否則，就只有看「土」的份了！

大家整裝出發，又是一段艱辛hiking。亞馬遜雖然生態豐富，但景色單調；眼目所及都是一樣翠綠的參天巨樹，一進林中就失去方向，無人引領、鐵定迷路。

五點多，到了林中一間小茅屋，四周一片寂靜；大家無聲、依指示躲進小屋內，從小小的觀察孔偷窺……在這片不可測的雨林中，能否看到？看到什麼？都是運氣偶遇！

▲鸚鵡岩壁啄土。

▼蜿蜒曲折不見首尾的亞馬遜河。

▼樹上猴群靈活吊盪，倏然閃躍。

我很幸運！半小時後，陸續聽到鳥兒吱喳聲，但只停在高高枝頭上合唱，不肯下來。此時，只能安靜、耐心等待；稍有風吹草動，鳥兒立刻展翅四散了！

看鸚鵡吃土，等一、兩小時是很平常的。不知過了多久，才看到一隻先鋒部隊飛到岩壁啄食、接著又飛來幾隻、然後一群、再一群……愈聚愈多……群鳥盤踞、壯觀美麗！

大家聚精會神觀賞這難得的生態奇觀；很興奮又不敢哼氣吭聲、只能比劃，模樣好笑！待了兩個多小時，直到鸚鵡吃飽滿意、陸續飛走，我們才意猶未盡返回 lodge。

這趟旅行，親眼目睹了許多 discovery 頻道才看得到的珍稀畫面；竟然置身在這遙不可及的稀世場景中、感動想哭；雖然勞筋骨、苦心志，但非常值得，不虛此行！

亞馬遜是生機蓬勃的動物天堂，也是存亡交鬬的殘酷戰場；這片神祕雨林隱藏著太多人類未知的祕密，吸引無數科學家、探險家窺探征服的慾望。

這樣驚心動魄的美，也誘惑著旅人踴躍前行！但，亞馬遜絕對不是輕鬆舒適的度假，而是嚴苛的鍛鍊與考驗。我不是學者專家，無法深入探祕，但有幸踏足「世界禁區」邊緣，也讓生命更完全！

旅行不是趕集利馬流連徘徊

搭機從 Puerto Maldonado 到利馬，經過雨林、高原、沙漠，看到秘魯國土的多樣複雜、天氣的千變萬化，這個國家光是地理、氣候就很多元。

出了機場，坐上計程車，直接前往預訂的飯店。車子行駛在筆直的公路，景觀很特別；一邊是蔚藍浩瀚的南太平洋、一邊是垂直削齊的峭壁，城市就在懸崖絕壁上。飯店位於利馬新城區 Miraflores，整潔寬敞的街道、高聳矗立的大樓、擁擠時尚的人潮……熟悉的都會風貌，顛覆我對利馬的印象。

久違了！現代新穎的飯店、豪華舒適的客房，窗外望去：夕陽餘暉印染得天空多彩絢麗，也灑落得太平洋一片金黃，一棟棟高樓像參天巨木……我從蠻荒叢林回到都市叢林，就先爲自己洗塵吧！好好享受飯店提供的服務與設施，美食、水療、健身房、三溫暖……

利馬是秘魯首都，一五三五年由西班牙人一手建

▼垂直削齊的峭壁城市建在懸崖上。

造的城市，古蹟林立的舊城區被列入世界文化遺產。近年來，人口快速增加，二〇一六已達九百九十萬，約占全國三分之一。經濟也蓬勃發展，在新興區，現代摩天大樓櫛比鱗次、井然有序的公寓整齊排列。進步的過程，也造成貧富懸殊；繁華的濱海高級區外，有散落於山坡、漆著繽紛色彩的貧民窟。

利馬——秘魯的縮影，融合不同時期的多種風貌，如同地形、氣候一樣，處處衝擊，令人迷亂！旅行不是趕集！我安排整整五天探訪，這個城市值得細細品味！

驚喜參與嘉年華遊行

請飯店櫃檯聯絡 Uber 前往舊城區，接近市中心時，突然嚴重塞車，因爲是單行道，動彈不得。喇叭聲此起彼落、喧囂嘈雜；但人們似乎沒什麼不耐煩，甚至下車聊起來；感覺像台灣廟會，等待出發的車隊，或許只是習慣音效配樂吧！

等了十多分鐘，決定下車走路。我喜歡隨興、不設限的旅行，只安排大方向、不預設小細節，往往有出其不意的驚喜。果不其然！走了幾條街，看到人頭攢動，是嘉年華遊行！

明明是天主教節慶，但融入印加文化，形成秘魯風格的民俗盛典。吹奏、舞蹈，面具、神像，繽紛華麗的服飾、高亢嘹亮的歌聲，歡樂活潑、熱鬧有趣！

我興致勃勃的拍照。西班牙的熱情、印加的豪爽、譜成秘魯人的親切友善，他們邀請好奇的我加入行列，借我帽子與面具，我受寵若驚，興奮的跟隨隊伍，在世界文化遺產城區，我，參與了一場民俗藝術的盛大演出！

一個城市兩樣風貌

▲公路兩旁櫛比鱗次現代摩天大樓。

▼山坡上繽紛色彩的貧民窟。

利馬舊城區，如同任何一座西班牙城市，都是以一個大廣場爲中心，向外輻射發展。Plaza de Armas 是全市最古老的主廣場，是經濟文化中心、宗教慶典場所、休閒聚會地點，更是熱門觀光景點。

遊行隊伍在此結束，正好趕上廣場旁總統府的衛兵換崗儀式。儀仗隊帥氣出場，操槍表演、隊形變化，整齊劃一、雄糾威武，歷時約三十分鐘。我眞是有福！因爲是節日，多加一場三十分鐘的軍樂演奏，氣勢磅薄、震撼人心。

觀看群眾不時報以熱烈掌聲、熱情歡呼，並隨音樂唱和舞動。秘魯式的直爽豪邁，讓氣氛 high 得宛如另一場歡樂嘉年華！相較於樂儀隊的莊重威儀，門口的警衛顯得隨意鬆散。雖然荷槍實彈，卻三兩交談，或跟群眾擠眼、微笑；有些警衛肥胖挺肚，滑稽好笑。

秘魯人樂天開朗，熱愛文化藝術，專注投入；但似乎不太擅於嚴肅。

廣場附近，有多座富麗堂皇的教堂。最令人

▲威武帥氣的儀仗隊表演。

▲荷槍實彈卻擠眼微笑的衛兵。

▲戴上面具，歡樂活潑秘魯風格的民俗盛典。

▼借戴孔雀羽毛帽子加入遊行隊伍。

印象深刻的是「人骨教堂」Monasterio de San Francisco。這座巴洛克式建築的教堂，有南美最古老的圖書館，保存上萬冊古老經書，悠久典雅，感覺像進入哈利波特魔法學校的圖書館。最驚悚的是，發現於一九四三年的地下墓穴，存放著七萬人的骨頭。這些人骨依部位分類放置；大腿骨一區、小腿骨一區……整齊排列；骷髏頭另置一區，彼此相望、緊緊依偎；或許在另一個世界，他們正相濡以沫、杯酒交歡呢！

利馬是殖民時期的政經中心、富裕又重要的城市，所以城區廣大。Plaza de Armas 和 Plaza San Martín 之間，棋盤式繁華的商業區，古典建築、時尚商品，濃濃歐洲風情……

今天擦肩偶遇的嘉年華遊行、樂儀隊表演，佔去太多時間，改天再來逛吧！

▲像書本一樣排列堆疊的千年金字塔型古蹟。

滑翔飛行傘展翅上青天

睡到自然醒，拉開窗簾，和煦的陽光灑得滿室生輝；遠處高樓外的太平洋與天空連成一片灰藍布幕，幾朵鮮豔的飛行傘點綴其中；風和日麗的好天氣，讓人感到雀躍！

飯店早餐供應到十一點，明亮舒適的環境、精緻豐富的buffet；我悠哉的享用早餐，並翻開地圖、規劃路線。飯店位置很棒，本區著名景點，都在方圓三、四公里內，步行即可到達。餐後，整裝出發！

在Miraflores，高級餐廳、五星飯店齊聚的現代都會區內，走路不到半小時，竟然有一個千年古遺址Huaca Pucllana。這個金字塔型建築群，可追溯至西元四世紀的利馬文明時期，是祭祀用的聖地。

有別於印加建築的巨石堆砌；它是由一塊一塊的泥磚，像書本一樣、一本一本整齊排列，再一層一層堆疊，有如巨型書架一般、層層疊疊，共七層、高達二十二公尺。這座金字塔經過千年物換星移、孤寂聳立，對望周邊興建中的摩天大樓；古今

▲太平洋岸新興區高樓林立。

▲南太平洋美麗夕陽餘暉。

並列、歷史與未來共存，時間線在此似乎迷失了？

步行最能品味城市氛圍。我換一條路，散步到著名的海邊商城 Larcomar Shopping Center。此商城位於懸崖下、面向太平洋，景緻優美；有時尚奢華的精品名店、新穎前衛的餐廳酒館；是高檔的購物中心、更是著名觀光景點。相較於昨日無心插柳的運氣，今天是有心栽花卻不開的遺憾。走到目的地，才發現前幾天火災，暫停開放。人生不一定都照計畫走，學習應變吧！

我繼續沿著懸崖邊漫步，一會兒到了 Parque del Amor「愛的公園」，以「愛」爲主題，浪漫唯美的公園；除了情人約會、家庭踏青外，附近居民遛狗、慢跑、打球、運動，更吸引大批觀光客流連駐足。

公園很大，綠草如茵，徜徉其間、安閒自在，我坐在海邊 cafe，啜飲咖啡、眺望太平洋，沐浴在絢爛的彩霞中、怡然恬靜，人已融於畫中。

看到空中飄過色彩豔麗的飛行傘，我前往探究，是有專業教練陪同的飛行體驗。二十分鐘/八十美金，工作人員問我想不想嘗試，今天最後機會，再十分鐘 close。選日不如撞日，尤其是旅行！我立即塡寫資料、付款，隨 pilot 一起上青天！

雙人滑翔飛行傘，只要繫好安全帶、環扣，坐上套袋軟墊，pilot 坐後面操控；聽從指示、說跑就跑、叫停就停。算好距離，從懸崖逆風向前往崖邊跑；感覺像要直衝、掉入太平洋！

霎那間，傘翼上提，我像 condor 一樣，展翅飛翔！視野從綠色草坪變成藍色海洋，車子、房子小如積木；世界在我腳下，和諧美麗；微風輕輕拂過，空中如此安靜！

我陶醉於海天一色的高空美景，心中哼唱著"el condor pasa"

I'd rather be a sparrow than a snail,
Yes I would, if I could, I surely would.
I'd rather be a hammer than a nail,
Yes I would, if I only could, I surely would,
Away, I'd rather sail away,
Like a swan that's here and gone,
A man gets tied up to the ground,

▼飛行傘教練帶領翱翔壯麗天際。

He gives the world it's saddest sound,

It's saddest sound……

這時，聽到 pilot 說：「我們時間快到了，妳是我今天最後一個 passenger，工作結束後，我都自得其樂，飛更高更遠，不知妳願意與我同行，或者先送妳回地面？」

喔！不用麻煩，我當然陪你飛！Pilot 似乎在表演，突然越洋爬升、盤旋打轉、凌空飛舞……我優游在海闊天空的壯麗天地間，享受翱翔天際的飛行快感！原本二十分鐘的飛行，我四十分後才回到地面。我一謝再謝，又謝，感激 pilot 送我這份特別禮遇！

回飯店途中，經過繁華熱鬧的商業區；正是送禮佳節，路上車水馬龍、霓虹燈閃爍；百貨公司、商店，擠滿熙攘購物人群。利馬手工皮革製品，精巧細緻、物美價廉，我加入血拚行列……雖然 Larcomar 因火災停業，我仍然大包、小包，滿載而歸！

生命沒有遺憾錯過，只是風景不同！

公車旅行看見城市兩端

每到一個城市，我一定逛傳統市場和搭公車。公車是參觀城市最理想的交通工具。一般觀光巴士只帶人看它想呈現的部分；公車路線都是連接市中心和郊區。任何路線，起點坐到終站，大概都可看到一般民眾生活素養，和比較眞實、完整的城市樣貌。

之前在舊城區，看到 metropolitano ，這是有專用車道的公車捷運系統 BRT（Bus Rapid Transit）。詢問飯店櫃檯人員相關資訊，並用西班牙文寫下站牌名稱。

依指示走到 Kennedy Park，一整排公車站牌，卻找不到 metro。問了警察，才知道得先搭公車轉乘，並且需購買儲值卡。他建議搭普通公車，一樣直達舊城區，並熱心帶我到站牌候車。

其實，搭什麼車都無所謂，我只想嘗試大眾運輸。利馬公車可在站牌附近，跟穿黃背心的售票員買票，或上車跟司機買。車來了，人很多又擠。我不趕時間，等下一班，有座位再上車。

大約四十分鐘，到了舊城區。我不想下車，乾脆繼續坐到終點，更清楚了解這座城市，這是旅遊介紹不會提到的。從飯店所在的高級新興區、經過觀光重點舊城區、再往一般平民百姓居住的郊區，道路從筆直寬闊到

▲行動雕像藝人宛如藝術雕塑，真假難辨。

▲搭乘公車，先跟黃背心售票員購票。

▼BRT新穎快速的兩節車廂。

▼搭公車隨意逛街頭即景。

崎嶇顛簸、摩天大樓變老舊房舍、雙B轎車換成殘破舊車，甚至有三輪、四輪拼裝車；人們裝扮也從時尚講究改為簡單輕便，太平洋岸的清新空氣變成飛沙走石、烏煙瘴氣，天空也灰濛一片。不過，沿路也看到街道正在拓寬、房屋整修、公共建設興建，這個城市力求轉型、進步中。

我搭了一個多小時，在一個很多人下車、看起來熱鬧、應該接近終點的地方，也跟著下車。在附近走一圈，看看城市不同的面向，再搭原路線到舊城區。

輕鬆的漫步在兩個廣場間，走過每一條懷古的街道巷弄……找一家咖啡館，喝下午茶。服務人員熱心招呼，動作優雅卻步調緩慢；慢活的態度與歷史年歲的歐風古厝，好似掉入過往時代。在秘魯，經常有不知身在何時、何處的時空錯亂！

傍晚，搭公車回 Miraflores。正值尖峰時刻，道路最右線調撥成公車專用道。

一個令我很驚訝的景象！每個十字路口，兩側最右線，擺放五、六個交通三角錐，禁止一般車輛通行。每個三角錐後，站著一位穿安全背心的工作人員，看到有公車過來，一人負責一個、快速拿開三角錐、退到路邊，讓公車通行。等公車進入車道，立刻把三角錐放回去，阻擋其他車輛進入。每個十字路口，都有一組這樣的工作人員，做一樣的動作，兩側皆同。

有些汽車駕駛人，不遵守規矩，尾隨公車；在工作人員來不及阻擋

▼除了噴泉廣大園區像個遊樂場。

▼隨意下車的街角一個小小的噴泉。

前，伺機闖入專用道，但下一個路口就會被擋下。不同於台北固定的公車專用道；調撥使用、靈活彈性，道路功能發揮最高效益。

但是，未免耗用太多人力了！或許是為了提供工作機會吧！開發中國家解決失業問題的權宜之計。

晚上到噴泉公園 magic color fountain，這是金氏紀錄，全世界最大規模的舞台噴泉，共有十三座魔幻水舞秀的奇妙噴泉。有的以高度取勝、有的以寬闊吸引、有的以流量震撼、有的以雷射奪目……每一座各有不同姿態、結構之美；在七彩燈火輝映下、水霧迷濛，顯得很夢幻！

有些噴泉可以互動，遊客隨著音樂與水柱起舞。因噴射方向變換太快，大家來不及應變，而淋成落湯雞，引來陣陣歡笑，似乎很享受淫透的快感！

我走入一個像隧道的噴泉裡，感受水花飛噴、卻不會淋濕。燈光變換，忽紅、忽黃、忽綠……我進進出出、來回穿越多次，玩得盡興！

很難想像，如此先進科技、奢華極致的遊樂場，是在利馬！上午，隨意下車的街角，也有一個小小噴泉。一個城市、兩樣風貌；經濟懸殊、兩端差異，赤裸顯見！

一日公車之遊，便宜、眞實；貼近、深入；衝擊、震撼！

極品廚藝盛宴　經典完美句點

秘魯美食舉世聞名，食物和民族一樣包容多元；安地斯傳統古味融合西班牙地中海料理，再混合非洲風格與亞洲口味，融匯各地精華，突出本地特色，別具一格，創造出獨特的秘魯佳餚。

美食，是秘魯人的全民信仰！而利馬更是世界有名的美食之都，全球五十大餐廳（The World's 50 Best Restaurant），利馬就榮登三家。由於秘魯地理環境的多樣性，海岸、沙漠、高原、叢林……豐沛的物產、新鮮的食材，提供大廚們天馬行空、揮灑創意，達到登峰造極境界。旅遊部門更是大力推動宣傳，以美食吸引遊客，發展觀光。

Central Restaurant 是二〇一五年起連續幾年榮獲全球第四、南美第一的餐廳，主廚 Virgilio Martinez 榮獲兩項大獎。這種世界頂級餐廳，一般最基本的 tasting menu，至少美金三百至五百元起跳，還不含稅金、服務費。由於秘魯物價不高，幾乎只要半價即可品嘗，非常值得！

美食，是我旅行主要目的之一，怎可能錯過？

儘管出發前四個月就上網訂位，能選擇的時段已剩不多。幸好我在利馬停留多日，勉強湊合一天，是下午九點第二場時段。訂得到位，已是幸運！

旅行有時風塵僕僕，有時閒定優雅。我換上正式晚裝，雍容赴宴。

餐廳隱身在安靜的小巷裏，小小的入口，沒有招牌；門口兩位警衛，確認訂位後，帶領進入；內部裝潢，簡約典雅；與其說是餐廳，更像私人招待所，內斂低調。

一般這樣的高級餐廳都會有 tasting menu，是主廚精心研發設計，極品美味的經典佳餚。我在訂位時，就已點選了 16 course 的 tasting menu，如此才能品嘗到主廚的獨到廚藝。但餐廳每季更換菜單，所以，不知會有什麼樣的驚奇！

現場看了 menu，才知道這是一趟秘魯食物旅行。食材從海底二十公尺的太平洋海味、沙漠生長的植物果實、亞馬遜河流的生鮮野味、安地斯山的藜麥、牛肉，一路往上到海拔四千一百公尺的酢漿草、各種塊莖植物……等。主廚利用秘魯當地特產，巧思創作，帶領顧客進入一個美食奇幻旅程。

主廚對食材深入研究、瞭解，運用高超的烹飪技術，調製出完美、驚艷的最佳賞味；並依其特性，創意擺盤，訴說故事。例如：有道前菜，名爲desert plants：食材來自海拔二百三十公尺，熱帶沙漠的瓜果。以洋蔥、yellow chili 調和鋪底、放上mamey（一種水果）、再覆蓋 yellow chili、最上面插放huarango（熱帶牧豆樹）細枝，擺放在破碎的陶盤上，營造出沙漠植物的意象。並且，要直接用手拿起來吃；一口咬下，酸甜多汁、濃郁芳香、綿滑細緻，和諧的恰到好處；就像在炙熱沙漠中，發現一棵果樹，伸手摘下果子食用，生津止渴、暑氣全消……心中滿足，對自然大地充滿感激！

哈！享受美食，還兼哲理領悟呢！

在這兒，用餐不只是美味飽足，更是藝術美學。主廚們不只會做菜，也是藝術家；餐盤是畫布、食材是顏料，在廚師的精巧手藝下，一道道餐點，有了生命思想！

廚房用整片玻璃隔開，整潔明亮、一目了然。

▲玻璃窗後整潔明亮的廚房。

▲desert plants 沙漠植物，藝術美學的擺盤。

幾十個廚師，各司其職、又合作無間，共同譜繪秘魯大地的豐美，裝飾餐點達到眞、善、美的極致感官饗宴。製作過程認眞專注、一絲不苟，像研究室般的精確嚴謹。

服務人員素質精良，親切有禮、專業用心；利用前兩、三道菜，觀察客人用餐速度，調整上菜時間。喜歡細細咀嚼品味的我，對上菜速度很挑剔；這樣的貼心細膩，令人感動；看得出餐廳的高尙、講究。每道菜上來，服務人員都會解說食材來處、創意理念。我聽得一知半解，但從他們流利的英語，以及其他桌英語交談的客人，可知這餐廳主要招待國際旅客。

秘魯人用美食振興國家形象！

犒賞味蕾、獎勵視覺、提升五感新視野的盛宴！美妙絕倫的美食旅程結束，我的秘魯旅行也告一段落。

利馬的最後一夜，華麗巧合，經典完美！

▲spiders on a rock 淡菜、貝類和海藻，並運用殼屑、修剪海藻，營造蜘蛛攀爬岩石的意象。

LA long stay 歡喜過新年

我一向善用轉機功能，發揮機票最高價值，結束秘魯旅行，回到ＬＡ探望女兒。相較於秘魯翻山越嶺、長途跋涉的勇闖壯遊，LA long stay 的居住生活像是輕鬆小品。有居家的舒適溫馨，也有旅行的新奇趣味。

ＬＡ大眾運輸規劃其實蠻完善，只是城市實在太大了，車程遠、班距長、耗時久，下車後往往仍需走一大段路。但以旅人的心情，不趕時間、隨意漫遊，反而是市區觀光的理想工具。

平日，我搭著不同路線 bus 或 metro（很多平面路段）瀏覽街景，看到熱鬧區段，就下車逛大街、或用餐 shopping，每天都有新發現。幾天下來，對於街道、商家，竟然比只開車走快速道路的女兒還清楚熟悉。原來，使用不同交通工具，對城市的認知，觀點也是不同的。假日，則由女兒開車到其他城市，或較遠景區郊遊踏青。我很享受這相聚時光，和這樣的生活旅行！

Disneyland 慶祝農曆新年，有一連串特別表演、煙火、及投影水舞，非常精彩。女兒安排跨年，玩遍兩個園區。難得腦筋空空當跟班，只管吃、喝、玩、樂，輕鬆又幸福！

Disneyland 不只遊樂設施一流，餐飲更是一流；口碑好的餐廳，數週前就得預訂，沒出現還會被扣錢呢！謝謝女兒總知道媽媽喜好；花錢、花時間，做最好的安排與陪伴，享美食、住豪房、看名劇，歡喜過新年！

▲家中貓咪睡得很香甜。

▲虎斑貓咪與我對望。

▲比佛利山精品名店街。

▲首爾梨泰院，似乎仍在美國。

▼L.A 歡聚過新年。

▼韓國傳統服飾衛兵。

想起貓咪該回家了

旅行就是不斷的移動，離別是爲了下一次的相聚！

女兒送行，經首爾轉機回台。想起當年懷孕，第一次母女「同遊」韓國，再次發揮機票效益入境回味。雖然是短期停留，仍需準備資料、規劃行程、訂房打包，看著幾個月來，不斷茁壯的行李，裝箱成了挑戰！

首爾發展快速，改變很大。東大門昔日老舊商場，如今一棟棟新穎大樓，目不暇給快速時尚集散地；新興的江南區規劃整齊，匯集名牌精品、高檔餐飲與國際接軌。

我走在異國風情的「小法國村」，感受濃濃歐風情調；梨泰院的「美國區」，Chicago 餐廳、Las Vegas 酒館，令人錯亂身在何處？

除了歷史古蹟和特定保留的古老巷弄，幾乎找不到往日足跡，有點悵然、但也欣慰：我仍然自由闖蕩旅行！

一天隨意彎進一條窄小街道，驚喜發現整排都是寵物店，我一家家佇足觀賞、隔著櫥窗逗弄貓狗；一隻橘色虎斑貓，汪汪大眼與我對望……一模一樣的毛色，想起我的貓！

啊！該回家了！

我在機票效期的最後一天回到台北。

三個月不見，貓咪歡喜迎接我，帶回家後四處巡查探索、腳邊磨蹭撒嬌，找到熟悉舒服的位置，安穩香甜入睡！

國家圖書館出版品預行編目資料

無框旅人任性出走：周佳蘭以自助旅行探索世界 / 周佳蘭作. -- 初版. -- 臺北市 : 商訊文化, 2018.09
面；　　公分. --（生活系列；YS02121）

ISBN　978-986-5812-76-8（平裝）

1. 自助旅行　2. 世界地理

719　　　　107016364

商訊文化
生活系列｜YS02121

無框旅人任性出走

——周佳蘭以自助旅行探索世界

作　　者／周佳蘭
出版總監／張慧玲
編製統籌／吳錦珠
責任主編／吳錦珠
封面設計／黃祉菱
內頁設計／唯翔工作室
校　　對／周佳蘭、吳錦珠、翁雅蓁、羅正業

出 版 者／商訊文化事業股份有限公司
董 事 長／李玉生
總 經 理／李振華
行　　銷／胡元玉
地　　址／台北市萬華區艋舺大道 303 號 5 樓
發行專線／ 02-2308-7111#5607
傳　　真／ 02-2308-4608

總 經 銷／時報文化出版企業股份有限公司
地　　址／桃園縣龜山鄉萬壽路二段 351 號
電　　話／ 02-2306-6842
讀者服務專線／ 0800-231-705
時報悅讀網／ http://www.readingtimes.com.tw
印　　刷／宗祐印刷有限公司

出版日期／ 2018 年 09 月 初版一刷
定價：450 元